公路安全保护条例
释义

《公路安全保护条例释义》编写组 编

人民交通出版社

内 容 提 要

本书针对《公路安全保护条例》(以下简称《条例》)的条文,从诠释含义,普及知识,介绍历史沿革及现状情况,阐述政策及立法本意等角度,对《条例》中总则、公路线路、公路通行、公路养护、法律责任、附则六章所有条款进行了全面解读,对《条例》的立法精髓,内涵进行了深入阐释。本书由直接参与《条例》起草和审核工作的人员编写和审稿,因此不失为一部宣传、学习、理解、掌握、执行《条例》的较权威读物。

本书可供地方各级人民政府、各级交通运输主管部门、公路管理机构以及从业者和相关科研教学单位、社会各界人士学习和使用。

图书在版编目(CIP)数据

公路安全保护条例释义 /《公路安全保护条例释义》编写组编. -- 北京 : 人民交通出版社, 2013.5

ISBN 978-7-114-10607-1

Ⅰ. ①公… Ⅱ. ①公… Ⅲ. ①公路-交通运输安全-条例-法律解释-中国 Ⅳ. ①D922.296.5

中国版本图书馆 CIP 数据核字(2013)第096457号

Gonglu Anquan Baohu Tiaoli Shiyi

书　　名:公路安全保护条例释义
著 作 者:《公路安全保护条例释义》编写组
责任编辑:韩亚楠　赵瑞琴
出版发行:人民交通出版社
地　　址:(100011)北京市朝阳区安定门外外馆斜街3号
网　　址:http://www.ccpcl.com.cn
销售电话:(010)59757973
总 经 销:人民交通出版社发行部
经　　销:各地新华书店
印　　刷:北京武英文博科技有限公司
开　　本:720×960　1/16
印　　张:20
字　　数:245千
版　　次:2013年5月　第1版
印　　次:2024年6月　第6次印刷
书　　号:ISBN 978-7-114-10607-1
定　　价:68.00元

《公路安全保护条例释义》编写组

李　华　　马森述　　魏　东　　王　太

梅秀兵　　朱作鑫　　张雅萍　　冯　辉

吴春耕　　杨国峰　　顾志峰　　杨　亮

燕　科　　丁　建

前　言

2011年3月7日,国务院第593号令颁布了《公路安全保护条例》,自2011年7月1日起施行。这部条例是继1997年制定颁布公路法之后,我国交通运输立法领域中又一件大事。它的颁布施行,标志着我国公路保护工作迈上更加规范化、制度化、法制化的轨道,对于依法开展公路保护工作,确保公路的完好、安全和畅通,进一步促进我国公路事业又好又快发展将起到十分重要的作用。

公路是经济社会发展的重要基础设施。改革开放30多年来,在党中央、国务院的正确领导下,我国公路建设取得了显著成就。截至2011年底,全国公路通车总里程从1999年底的135万多公里增加到410万多公里,其中高速公路从1.1万多公里增加到8.5万多公里,位居世界第二。但在公路建设大发展的同时,各类破坏、损毁公路及其附属设施的现象也频繁发生,这既影响公路的完好和正常使用,又危及交通安全。针对公路保护方面的突出问题,完善相关法规制度并严格执行,切实把国家花巨资修建的公路保护好、利用好,已成为一项重要而紧迫的任务。

1997年,国家出台了《中华人民共和国公路法》,确立了我国公路保护工作的基本原则和制度,为依法开展公路保护工作,促进公路事业发展提供了坚实的法律基础。随着经济社会的发展,新形势、新情况不断出现,新经验也不断得到总结,尤其是近年来国家卓有成效地开展车辆超限治理以及公路突发事件的应急处置等工作，有益地探索了公路保护方面的新机制、新举措，进一步使公路保护工作不断得到完善和加强。因此，及时出台《公路安全保护条例》，在公路法规定的原则和制度框架下，进一步补充和细化公路法所确立的公路保护方面的法律制度，巩固公路保护的新经验，为进一步开展公路保护工作提供更加充分、细致的制度保障是十分必要的。

《公路安全保护条例》的制定以科学发展观为指导，在深入调研的基础上，认真研究相关制度，力求科学、合理地反映公路保护的客观规律。在立法过程中遵循了以下原则：一是立足全面保护的原则。从保护主体看，条例不仅明确了交通运输主管部门和公路管理机构的保护职责，而且规定了各级人民政府、各相关职能部门以及社会公众等各方力量广泛参与公路保护工作。从保护对象看，既明确了公路、桥梁、隧道、渡口等公路主体线路以及公路附属设施的保护，又加强了对公路用地、公路建筑控制区、公路两侧集镇规划控制区、桥梁禁止采砂区、桥隧禁止影响安全作业区等立体空间的管理。二是突出服务便民的原则。维护公路的完好、安全、畅通是各级交通运输主管部门和公路管理机构的职责，做好公路保护工作的出发点和最终目的是为广大人民群众提供方便、快捷、安全的出行条件。为此，条例始终坚持以执政为民、服务群众为指导思想，不断强化公共服务职能，充分体现了以人为本的思想和宗旨。比如，明确了公路管理机构和有关部门对公路养护作业的及时公告和保畅义务，防止养护施工区域路段发生交通堵塞；建立了跨省超限运输联合审批机制，进一步提高行政许可效率；提出了路网运行监测，通过多种形式向社会发布公路交通出行服务信息等。三是重点强化治超的原则。违法超限运输危害极大，是最为严重的公路“杀手”。为此，条例将建立治超长效机制作为重中之重，从管理手段上强化超限治理措施，在管理环节和管理力量上突出了综合治理，从车辆的生产、销售、改装、注册登记、货运装载、站点检测、责任追究等环节入手，对超限治理作了详细规定。四是坚持依法行政的原则。坚持依法行政是依法治国的必然要求，是建设法治政府的核心所在。条例严格遵循《国务院关于全面推进依法行政实施纲要》确定的基本原则和要求，不仅明确了公路管理机构的行政主体资格，赋予了必要的执法手段，又规定了应当承担的法律责任，实现公路执法的权责统一，有利于建立起事权清晰、精简高效、权责一致、运转协调、分工合理、执行顺畅的公路管理体制，进一步促进公路管理机构的职能转变。

这部条例作为我国第一部专门规范公路保护的行政法规，总结了公路法的成功经验，也体现了与时俱进的要求，进行了制度创新，针对性和操作性比较强。为贯彻好、实施好条例，各级交通运输主管部门、公路管理机构等单位要高度重视条例的学习，通过多种形式有计划、有层次地对干部职工进行培训，要把学习条例纳入交通运输行业“六五”普法计划，坚持长期和系统学习，确保相关工作人员特别是领导干部深刻理解和准确把握条例的基本精神和主要内容，不断提高管理能力和服务水平。

为配合条例的学习、宣传和贯彻实施，国务院法制办和交通运输部参与条例起草审核的工作人员共同编写了《公路安全保护条例释义》一书，以释义的形式对条例的立法原意作了具体阐述，以便各级人民政府和有关部门的工作人员以及社会各界准确理解和把握条例的精神实质与内涵。除编写组成员外，安徽、浙江、四川、陕西、广东等省公路管理局的彭道月、张文彪、吕铮、祝新星、李宪生、单青风、陈俊丽、蔡志强等同志，以及张柱庭、姚晓霞、范金国等专家和学者也参与了本书的编写。借本书出版之际，向他们一并表示衷心地感谢。

本书编写组

二〇一三年三月十日

目　　录

第一章　总　　则

［**本章提要**］一部法律，就其内容结构而言，一般包括总则、分则、附则三个组成部分。总则，通常是对这部法律的立法目的、立法依据、适用范围、基本原则、管理体制等重要问题作出规定，对其他章节的规定具有概括和指导的作用。全面、正确地理解、领会总则的精神，是学习这部法律的重要基础，对正确理解、把握并执行好分则中的具体条款是至关重要的。

本章共九条，包括《公路安全保护条例》（以下简称《条例》）的立法目的、立法依据、各级人民政府及其有关部门的公路保护职责、公路管理体制、公路保护经费保障、公路建设、管理和养护水平与社会发展相适应原则、公路突发事件应急预案体系建设及应急装备物资储备保障、社会公众保护公路的责任和义务等。第一条，明确了制定《条例》的目的，即加强公路保护，保障公路完好、安全和畅通，以更好地发挥公路在社会经济发展、社会主义新农村建设以及人民群众安全、便捷出行方面的重要作用。在"完好、安全和畅通"三要素中，完好是基础，安全是保障，畅通是目的。第二条至第四条，明确了实施公路保护的主体和职责。一是规定了各级人民政府的公路保护职责，公路是政府为社会公众提供的公益性公共产品，因此，在公路保护工作中，各级人民政府不仅承担领导责任，而且还依法履行一定的具体职责，如建立健全公路保护的专职管理机构，按照公路管理事权建立层次清晰的公路保护经费保障机制，建立健全政府主导、部门联动的工作机制，监督相关部门依法履行公路保护职责，加强车辆违法超限治理，负责确定公路用地的范围以及划定公路建筑控制区的范围并公告等；二是规定了县级以上各级人民政府交通运输主管部门和公路管理机构的公路保护职责，即交通运输主管部门主管公路保护工作，公路管理机构具体负责公路保护的监督管理工作；三是规定了县级以上各级人民政府相关部门和管理机构在公路保护工作中的职责分工。第五条，明确了县级以上各级人民政府关于公路保护经费的保障责任和义务。第六条，确立了公路建设、管理和养护水平与社会发展相适应原则。第七条，明确了县级以上各级人民政府交通运输主管部门关于公路突发事件应急预案体系建设的职责，同时明确了公路管理机构、公路经营企业应根据公路突发事件应急预案的要求落实组建应急队伍并定期组织应急演练的职责。第八条，确立了公路突发事件应急装备物资储备保障的基本制度。第九条，明确了社会公众的公路保护义务，这是总括性规定，具体义务在《条例》其他章节中有详细规定。

第一条　为了加强公路保护，保障公路完好、安全和畅通，根据《中华人民共和国公路法》，制定本条例。

【释义】本条是关于《条例》立法目的和立法依据的规定。

改革开放以来，我国公路事业得到了长足发展，截至2011年底，全国公路网总里程达到410万多公里，其中高速公路通车里程达到8.5万公里，国省干线公路通车里程达到47.3万公里，农村公路（包括县道、乡道和村道）通车里程达到356万公里，“五纵七横”12条国道主干线全部建成，西部开发8条省际通道基本贯通，极大促进和保障了我国经济社会的发展。公路在大发展的同时，也面临着在保护和使用管理上的很多问题和困惑,如损毁公路和随意占路问题、公路遗洒物和掉落物问题、公路街道化问题、车辆超载超限问题等。这些问题的存在严重影响了公路的安全、完好和畅通,使公路不能充分发挥安全通行的效益,对社会公众人身和财产的安全造成了严重的威胁。如何运用法律手段进一步加强公路管理,提高公路保护水平,规范和提高公路养护水平,针对公路保护出现的新情况、新问题,特别是加强对违法超限运输行为的管理、及时有效地应对和处置雨雪冰冻灾害、地震、泥石流等公路突发事件,确保公路始终处于良好的技术状态,以更加充分和有效地发挥公路服务国民经济和社会发展全局、服务社会主义新农村建设以及服务人民群众安全便捷出行的作用,成为交通运输行业面临的一项重要任务。

从法律制度上看,《条例》出台前国家层面公路立法的框架主要由"一法两条例"和多部部颁规章组成。"一法"是 1997 年 7 月公布的《中华人民共和国公路法》(以下简称《公路法》);"两条例"是 1987 年公布的《中华人民共和国公路管理条例》和 2004 年公布的《收费公路管理条例》。《公路法》确立了公路保护工作的基本原则和制度,赋予了交通运输主管部门和公路管理机构实施公路保护的责任和必要的手段。但作为母法,《公路法》的规定比较原则,针对性和可操作性不够强。《中华人民共和国公路管理条例》是在《公路法》颁布的 10 年前颁布的,是关于公路建设、管理和养护全面规定的一个条例,但内容已较为陈旧,《公路法》出台后虽没有明确废止,但许多内容已被《公路法》代替,一些内容因与《公路法》抵触已不适用。《收费公路管理条例》则是针对收费公路发展政策的专项性规定。因此,从法律、行政法规的层面看,公路路产如何得到保护、各级人民政府及各相关部门在保障公路的安全、完好、畅通上如何发挥作用、主管机构如何养护好路、社会如何规范地用路,针对这些方面还缺乏系统又明确的规定。2004 年 6 月中旬,经国务院同意,国家有关部委在全国开展车辆超限超载治理工作，并提出“在总结治理工作的基础上，抓紧制订、修改有关公路设施保护的法律、法规，将治理工作纳入法制化轨道”[①]。因此，制定一部专门规范公路保护的行政法规，解决公路保护所面临的亟待解决的问题就显得非常的必要和紧迫。

2004年底，《条例》起草工作启动。2007年底，完成《条例》送审稿并报送国务院审查。2008年开始，国务院法制办组织开展审查工作，征求了全国人大常委会法工委、中央编办、发展改革委、公安部、财政部、工业和信息化部、国土资源部、水利部、质检总局等27个中央有关部门、机构和浙江省、安徽省、山西省、湖南省、河北省等15个地方人民政府的意见，并向社会公开征求意见，同时多次深入基层进行实地调查研究，举办不同层次和范围的专家咨询会、论证会，听取意见，研究论证。在此基础上，国务院法制办组织有关部门对送审稿进行了反复研究和修改，最终形成《条例》草案。2011年2月16日，国务院第144次常务会议审议并原则通过《条例》草案。2011年3月7日，国务院总理温家宝签署国务院第593号令颁布《条例》，自2011年7月1日起施行。

一、立法目的

《条例》的立法目的是加强公路保护，保障公路完好、安全和畅通。

（一）保障公路完好

公路完好，是指公路经常处于良好技术状态，也就是公路自身的物理状态符合有关公路技术标准的要求，包括路面平整，路肩、边坡平顺，有关设施完好。公路完好并不是要求公路不存在

①参见《交通部、公安部、国家发展和改革委员会、国家质量监督检验检疫总局、国家安全生产监督管理局、国家工商行政管理总局、国务院法制办公室印发关于在全国开展车辆超限超载治理工作的实施方案的通知》（交公路发〔2004〕219号）。

任何问题，而是应以《公路工程技术标准》、《公路养护技术规范》等公路技术标准来判断。实践中，公路不可避免地存在物理损害，只要这个损害不是技术标准所认定的病害，应当认定为公路完好，处于良好技术状态。

（二）保障公路安全

公路安全，是指公路本身的安全及整个路网运行的安全。公路安全与交通安全密切相关，但不能等同于交通安全。交通安全是一个由人、车、路和环境等要素构成的“公路安全生态链”，系统中任何一个要素的行为或性质发生变化都会对整个公路交通安全产生影响。在我国现行法律体系中，围绕道路交通安全所产生的法律关系主要是由《中华人民共和国道路交通安全法》及其实施条例调整。如《中华人民共和国道路交通安全法》第三条规定：“道路交通安全工作，应当遵循依法管理、方便群众的原则，保障道路交通有序、安全、畅通。”而公路安全更多的是指公路本身静态的安全，如非法挖沟引水、采石、取土、采空作业等活动都会严重危及公路安全，为此，《条例》规定任何单位和个人不得破坏、损坏、非法占用或者非法利用公路、公路用地和公路附属设施。

（三）保障公路畅通

公路畅通，是指公路的通行功能正常。公路畅通必然以公路完好和安全为前提，畅通就要求公路是完好的、安全的。比如，公路未出现坍塌、坑槽、隆起等影响公路完好的病害、损毁现象，公路沿线无挖沟引水、采石、取土、摆摊设点、堆放物品、倾倒垃圾、放养牲畜、打场晒粮等影响公路安全的违法行为，否则，必然影响到公路的畅通。此外，公路畅通不仅指某条或某段公路的畅通，还包括整个公路网的有效运转。如《条例》第五十条关于公路管理机构统筹安排公路养护作业计划以及建立公路养护作业省际沟通协调机制的规定，就是要求大路网的通畅运行。实践中，要注意区分公路畅通与交通秩序畅通。交通秩序畅通是公安机关交通管理部门依据道路交通安全管理法律法规，运用宣传教育、现代管理科学、现代科学技术，对交通系统实施控制管理，取得最佳的道路交通通行效能，如道路交通事故的发生和处理导致的道路通行效能的降低，及其表现出来的道路通行不畅。

(四)加强公路保护

为保障公路完好、安全、畅通，必须从以下方面加强公路保护：

一是加强养护管理，是指公路管理机构、公路经营企业等养护管理责任主体为保障公路的安全和畅通，并使公路处于良好的技术状态，在公路运行期间按照相关的法律、法规、规章和技术规范、操作规程对公路、公路用地和公路沿线附属设施开展的保养、维修、水土保持、绿化和管理的各项业务工作，即保障公路的“完好”。

二是加强路政管理，是指县级以上人民政府交通运输主管部门、公路管理机构，依据《公路法》、《条例》等法律、法规、规章的规定，为保护公路、公路用地、公路附属设施，维护路权，以及为发展公路事业并以公路为对象而实施的行政管理，即保障公路的“安全”。

三是加强路网运行监测与应急管理，是指在养护管理和路政管理的基础上，根据公路沿线经济发展水平、交通流量等因素，着力完善路网结构，构建一张规划布局科学、干线支线交错、技术等级合理、路路衔接紧密的公路网络，同时积极利用信息化等科技手段，构建路网调度网络和指挥、执行系统，建立高效的路网信息发布制度和公路突发事件应急处置机制，充分发挥路网体系的调度和疏导功能，确保整个路网的畅通，提高路网抵抗自然灾害等突发事件的应急能力和公共服务水平，即保障公路的“畅通”。

总体上看，养护管理、路政管理、路网运行监测与应急管理是公路保护工作的三种不同表现形式，同时三者又紧密联系，互为基础，缺一不可。比如，车辆超限运输管理属于路政管理内容，组织对违法超限运输造成损坏的公路桥梁等设施进行检测和维修则属于养护管理内容，因维修桥梁等公路设施采取分流措施以及发布公路交通阻断信息则属于路网运行监测与应急管理内容。

加强公路保护，保障公路完好、安全和畅通是《条例》的直接立法目的。法律和法规作为上层建筑的组成部分，是为经济基础服务，为促进生产力发展服务的。制定《条例》，用法律手段加强公路保护工作，其最终目的是要促进公路事业的发展，以适应社会主义现代化建设事业的发展和人民生活水平提高对公路基础设施的需求。这一立法目的不仅体现在《条例》各具体条文之中，更是《公路法》的立法核心所在，贯穿于整个公路管理法律体系。

二、立法依据

《条例》的直接立法依据是《公路法》，这是调整公路保护法律关系的基本法，在公路规划、建设、养护、路政、收费公路等方面确立了一系列的基本原则和基本法律制度。《公路法》第四章、第五章对公路保护作了比较全面的规定，主要包括公路养护主体、养护经费来源、养护作业、绿化管理、涉路施工许可、公路建筑控制区管理、桥隧构造物保护、超限运输车辆管理、公路附属设施保护、公路损毁抢修等方面的规定。《条例》在《公路法》所规定的基本原则和制度框架内，针对公路保护工作的特点及近年来公路保护工作中出现的新情况、新问题，制定了一系列具体的安全保护及监管制度。

此外，《条例》的立法依据还包括《中华人民共和国宪法》、《中华人民共和国物权法》、《中华人民共和国国务院组织法》、《中华人民共和国行政许可法》、《中华人民共和国行政处罚法》、《中华人民共和国侵权责任法》、《中华人民共和国土地管理法》、《中华人民共和国森林法》、《中华人民共和国道路交通安全法》、《中华人民共和国铁路法》、《中华人民共和国水法》、《中华人民共和国突发事件应对法》、《中华人民共和国人民武装警察法》等法律。

三、《条例》在公路保护工作方面所作出的制度创新

（一）全面加大了对公路线路本身的保护力度

针对公路线路及周边一定范围内容易损坏公路结构、威胁公路安全的情况作了相对完善的规定。一是对公路周边区域作出了保护性规定。在《公路法》的基础上，对公路建筑控制区、公路两侧集镇规划控制区等保障公路安全、畅通的区域范围作出了细化规定，明确了对相关区域的保护责任和义务。二是加大了对涉路施工的监管力度。针对在公路上增设或者改造平面交叉道口、穿跨越公路修建管线设施等影响公路安全的涉路施工进行了监管，要求建设单位制订合理的施工方案和险情应对方案，报公路管理机构批准，同时增加了验收等后续监管制度。

（二）建立了符合管理实际的公路桥隧安全保护制度

一是在公路桥梁周边及跨越的河道一定范围内严格禁止采砂，并严格限制抽取地下水、架设浮桥等行为；二是对可能影响桥梁安全的船舶航行等情况进行了严格规范；三是禁止利用公路桥梁进行牵拉、吊装等施工作业，禁止利用公路桥隧堆放物品、搭建设施、铺设高压电线和输送易燃易爆物的管道；四是对重要公路桥隧武警守护进行了规定；五是对公路桥隧进行定期检测和评定，保证其技术状态符合有关技术标准。这些制度，对保障公路桥隧安全将起到十分积极的作用。

（三）加大了对违法超限运输行为的查处与监管力度

作为车辆超限治理的一项重要措施，《条例》首次以行政法规的形式在源头治理方面加强了监管，包括强化车辆生产和销

售环节、车辆登记环节以及货运场站装载环节等方面的源头管理,明确了相关主体的责任或义务,确保源头治理的效果。同时,加强了路面监控网络的建设,对固定超限检测站点建设和管理等作了进一步的明确,并加大了对车辆超限的责任追究力度。总的来说,《条例》通过一系列规定对近年来超限治理的有益经验进行了巩固,力求治超制度环环相扣,取得长效,为进一步开展车辆超限治理提供了法制基础。

(四)强化了对公路养护秩序的规范化管理

《条例》以有效保障公路良好技术状态为出发点,进一步强化了公路管理机构、公路经营企业等有关主体对公路管理、养护的相关责任,提出了公路养护专业化、社会化的发展方向,明确了公路养护作业标准和操作规程,并为避免集中开展养护施工作业造成部分路段拥堵,规定了相应的措施。这些规定,将进一步促进公路养护的规范化和科学化,提高公路养护的质量和效率,为人民群众提供更加良好的出行条件。

(五)完善了应对公路突发事件的规定

一是要求建立国家公路突发事件应急装备物资储备保障制度,确保关键时刻能够迅速调集装备和物资抢通修复公路;二是明确了公路管理机构、公路经营企业在出现公路突发事件时应当及时修复公路、恢复通行,并要求交通运输主管部门及时调集抢修力量,下达路网调度指令,配合有关部门组织绕行、分流;三是将武警交通部队力量纳入公路突发事件应急体系,规定了武警交通部队按照国家有关要求承担公路、公路桥梁、公路隧道等设施的抢修任务;四是要求公路管理机构开展公路突发事件的监测、预报和预警工作,并利用多种方式及时向社会发布公路出行信息。

(六)创建了政府主导、部门联动的工作机制

《条例》不仅在治超方面明确了发展改革、工业和信息化、公安、工商、质检等相关主体的工作职责,建立了政府主导、部门联

动、齐抓共管、综合治理的治超工作格局，而且在建筑控制区管理、穿集镇路段管理、桥隧保护等方面还规定了国土资源、规划、住建、安监、水利等部门的公路保护职责，赋予了相关部门依法查处和纠正公路违法行为的必要手段，形成了职责清晰、管理有力的多部门联合工作机制。这些设计，将促使公路保护工作由部门行为升至政府行为，形成强大合力，有利于开创公路保护工作的新局面。

四、颁布施行《条例》的重要意义

(一)有利于全面提高公路交通网络的公共服务能力

公路与人民群众出行息息相关，依法保护好公路，从而提供高质量的公共服务，是交通运输行业义不容辞的责任。《条例》围绕进一步提高公路交通网络的公共服务能力这一目标，加大了对公路基础设施的保护力度，通过建立和完善公路保护区制度、涉路施工许可制度、公路桥隧安全保障制度以及车辆超限治理制度等一系列制度规范，着力提高公路基础设施的安全运行保障能力。同时，更加强化了公路管理机构、公路经营企业等有关主体对公路管理、养护的相关责任，有利于提高公路管理养护水平，确保公路处于良好的技术状况。此外，《条例》还规定公路管理机构要加强路网运行监测，为公众提供全面、准确的公路信息服务，满足人民群众日益多样化的出行需求。这些规定，有力维护了公路使用者的合法权益，也必将大大提升公路路网的公共服务能力，最大限度地发挥公路在经济社会中的基础性作用。

(二)有利于全面提高公路交通网络的应急保障能力

近年来，我国一些地区相继发生了地震、泥石流、冰冻雨雪灾害等影响、损毁公路的突发事件。在党中央、国务院的领导下，各级交通运输主管部门积极应对，较好地完成了公路抢通、保通任务。通过总结应对重大突发事件的经验，《条例》在应急预案建设、应急队伍演练、装备物资储备、应急力量建设、路网运行监测等方面构建了较为完善的制度,具有较强的可操作性,不仅有力推动了公路应急处置的科学化和制度化,而且有效地充实和完善了国家突发事件应对体系,必将对保障人民群众生命财产安全发挥重要作用。

(三)有利于建立健全车辆超限治理长效机制

从20世纪90年代以来,我国公路货运车辆非法超限问题日益严重,不仅损坏公路、桥梁等基础设施,危及人民群众生命财产安全,而且扰乱道路运输市场秩序,影响我国汽车产业的技术进步和健康发展。2004年6月20日,经国务院同意,国家多个部委在全国组织开展了集中治理工作。经过近些年各地各部门的共同努力,并通过行政的、经济的和法规的手段进行综合治理,全国治超工作取得了阶段性成果,货车超限率大幅度下降,严重超限的态势得到有效遏制,运输市场秩序明显改善,公路交通安全事故发生次数大幅下降,公路设施破坏速度有所放缓。但是,治超是一项非常复杂而艰苦的工作,涉及部门多,综合性强,巩固治超成果的难度大,部分地区反弹严重,还缺乏从根本上防止和制裁违法超限行为的系统的法律规范。《条例》把治理工作中的成功经验和做法确定下来,使其制度化、规范化,必将推动治超长效机制的建立健全,有利于进一步巩固和扩大治理工作成果。

(四)有利于深入推进公路保护和依法行政

《条例》是继《公路法》、《收费公路管理条例》颁布之后的又一部重要的公路法规。《条例》的颁布施行,进一步完善了公路法律制度,为各有关部门开展公路保护工作提供了重要的法律依据。同时,《条例》的立法原则、有关制度构建充分体现了国家全面推进依法行政工作的有关要求,进一步促进了公路管理机构职能转变,在继续加强行业监管的同时,更加注重完善公共服务,并在行政许可的实施等方面贯彻了高效便民的原则,既明确了公路管理机构的行政主体资格，又规定了应当承担的法律责任，实现了权责统一。贯彻实施《条例》，对加强公路法制建设，深入推进依法行政将发挥十分重要的作用。

第二条　各级人民政府应当加强对公路保护工作的领导，依法履行公路保护职责。

【释义】本条是关于各级人民政府有关公路保护职责的规定。

一、各级人民政府对公路保护工作的领导职责

本条所称各级人民政府，是指国务院（即中央人民政府）和省、市、县、乡地方各级人民政府。公路是现代交通的重要组成部分，是为国民经济、社会发展和人民生活服务的公共基础设施。公路的现代化程度和水平，直接关系到一个国家或一个地区的经济发展、社会进步和人民生活水平的提高，是衡量一个国家经济实力和现代化水平的重要标志。建设公路和保护公路不仅仅是交通运输主管部门和公路管理机构的职责，也不仅是哪一级政府的事，各级人民政府都应当高度重视公路建设和保护，从促进本地区、本区域经济社会发展的高度，加强对公路建设和保护工作的领导，采取措施积极扶持、促进公路事业的发展。公路作为公共基础设施，其公益属性决定了它是各级政府管理重点之一。

根据《公路法》、《农村公路管理养护体制改革方案》（国办发〔2005〕49 号）等规定，公路按其在公路网中的地位分为国道、省道、县道、乡道和村道。将公路划分为不同的行政等级，主要是为了对不同等级公路的建设、养护和管理实行分级负责，使各级人民政府依法在自己职责范围内，组织有关部门做好相应等级公路的建设、养护、管理等各项工作。县级以上人民政府交通运输主管部门在本级人民政府的统一领导和上级人民政府交通运输主管部门的指导下，主管相应等级公路的建设、养护和管理工作，对《公路法》、《条例》等法律、法规的贯彻执行进行管理、监督。

二、各级人民政府对公路保护工作的具体职责

《公路法》第四十三条第一款规定："各级地方人民政府应当采取措施，加强对公路的保护。"《条例》也指出，各级人民政府应当加强对公路保护工作的领导，依法履行公路保护职责。具体来讲，各级人民政府对公路保护工作的具体职责主要有：

（一）车辆违法超限运输的治理

近年来，车辆违法超限运输现象十分严重，不仅损坏公路基础设施，引发大量的道路交通事故，而且直接导致道路运输市场的恶性竞争和车辆生产使用秩序的混乱。根据国务院的统一部署，交通运输部、公安部、国家发展改革委、中宣部、国家工商总局、国家质检总局、国家安全监管总局、国务院法制办、国务院纠风办、工业和信息化部联合在全国范围集中开展车辆超限超载治理工作。治超工作涉及部门多，治理难度大，直接关系到社会主义市场经济秩序、安全生产、道路运输事业健康发展等重大问题，必须在地方政府的统一领导下，才能更好地实现各部门之间的相互配合、协作、支持，才能做好各项工作措施的贯彻和落实，才能正确处理好治理工作与经济发展的关系，才能真正建立治超长效机制。为此，国务院办公厅2005年专门下发了《关于加强车辆超限超载治理工作的通知》（国办发〔2005〕30号），明确要求地方各级人民政府要把治理工作列入年度工作重点，实行目标责任制和责任追究制，加强领导，落实经费，积极研究解决治理工作中出现的问题和困难。

地方人民政府加强治超工作，就是要把治超工作列入本地

政府年度工作的重点，将治超工作经费纳入部门财政预算范围，对本级政府各有关部门及下级人民政府实行严格的目标考核制和责任追究制。此外，《条例》第三十九条还规定了省级人民政府对设置公路超限检测站的审查批准权，即省、自治区、直辖市人民政府应当根据建立健全路面治超监控网络的需要，负责批准设置公路超限检测站。

（二）农村公路保护

《公路法》第八条第三款规定："乡、民族乡、镇人民政府负责本行政区域内的乡道的建设和养护工作。"《条例》第七十五条规定："村道的管理和养护工作，由乡级人民政府参照本条例的规定执行。"此外，根据《国务院办公厅关于印发农村公路管理养护体制改革方案的通知》（国办发〔2005〕49号）精神，省级人民政府主要负责组织筹集农村公路养护资金，监督农村公路管理养护工作。地方各级人民政府应根据农村公路养护的实际需要，统筹本级财政预算，安排必要的财政资金，保证农村公路正常养护。农村公路原则上以县级人民政府为主负责管理养护工作，县级人民政府是本地区农村公路管理养护的责任主体，主要职责是：负责组织实施农村公路建设规划，编制农村公路养护建议性计划，筹集和管理农村公路养护资金，监督公路管理机构的管理养护工作，检查养护质量，组织协调乡镇人民政府做好农村公路及其设施的保护工作。

此外，农村公路以及国道和省道的沿线路域环境整治、穿集镇路段农贸市场管理、沿线群众爱路护路意识的培育、爱路护路村规民约的签订等都离不开地方政府牵头负责。为防止超限运输车辆破坏乡道、村道，根据《条例》第三十四条规定，县级人民政府交通运输主管部门或者乡级人民政府可以根据保护乡道、村道的需要，在乡道、村道的出入口设置必要的限高、限宽设施。

（三）划定并公告公路建筑控制区范围

县级以上地方人民政府应当自公路初步设计批准之日起30

日内，根据保障公路运行安全和节约用地的原则以及公路发展的需要，组织交通运输、国土资源等部门按照《公路法》第五十六条及《条例》第十一条、第十二条规定，依法划定公路建筑控制区的范围并公告。

（四）划定公路用地范围

根据《公路法》第三十四条规定，县级以上地方人民政府应当确定公路两侧边沟（截水沟、坡脚护坡道）外缘起不少于 1 米的公路用地。由于公路建筑控制区范围是以公路用地外缘为起算点的，为此县级以上地方人民政府应当积极履行《公路法》第三十四条规定的职责，否则将无法确定公路用地和公路建筑控制区的具体范围。

（五）确定国道、省道的管理体制

根据《公路法》第八条和《条例》第三条的规定，县级以上地方人民政府交通运输主管部门对国道、省道的保护职责由省、自治区、直辖市人民政府确定。

（六）公路突发事件应急处置

根据《中华人民共和国突发事件应对法》、《公路法》第四十条、《条例》第七条和第五十三条规定，县级以上地方人民政府交通运输主管部门应当在本级人民政府领导下制定地震、泥石流、雨雪冰冻灾害等损毁公路的突发事件应急预案，并报本级人民政府批准后开展有关应急处置工作。因严重自然灾害致使国道、省道交通中断，交通运输主管部门、公路管理机构、公路经营企业难以及时修复时，县级以上地方人民政府应当及时组织当地机关、团体、企业事业单位、城乡居民进行抢修，并可以请求当地驻军支援，尽快恢复交通。

（七）落实公路保护经费

在公路保护工作中，各级人民政府应当按照公路管理事权建立层次清晰的公路保护经费保障机制，落实公路保护经费。

（八）其他职责

公路保护工作是一项综合性的工作，需要各级人民政府加强领导，营造良好的执法环境，建立健全政府主导、部门联动的公路保护工作机制，督促相关部门积极履行公路保护职责，通过制定规章、制度来强化公路保护工作。

第三条　国务院交通运输主管部门主管全国公路保护工作。

县级以上地方人民政府交通运输主管部门主管本行政区域的公路保护工作；但是，县级以上地方人民政府交通运输主管部门对国道、省道的保护职责，由省、自治区、直辖市人民政府确定。

公路管理机构依照本条例的规定具体负责公路保护的监督管理工作。

【释义】本条是关于公路管理体制的规定。

一、国务院交通运输主管部门主管全国公路保护工作

根据《公路法》等法律规定，国务院交通运输主管部门具有特定指向，就是中华人民共和国交通运输部。根据第十一届全国人民代表大会第一次会议批准的国务院机构改革方案和《国务院关于机构设置的通知》（国发〔2008〕11号）规定，为优化交通运输布局，发挥整体优势和组合效率，加快形成便捷、通畅、高效、安全的综合运输体系，国务院在机构改革后组建交通运输部，为国务院组成部门，将原交通部、中国民用航空总局的职责，原建设部的指导城市客运职责，整合划入新成立的交通运输部。据此，《条例》所称国务院交通运输主管部门为中华人民共和国交通运输部。

根据《中华人民共和国宪法》和《中华人民共和国国务院组织法》的规定，确定国务院各部委的职责，属于国务院的职权。2009 年 3 月 2 日，国务院办公厅印发了《交通运输部主要职责内设机构和人员编制规定》(国办发〔2009〕18 号)，交通运输部主要职责为，拟订并组织实施公路、水路、民航行业规划、政策和标准，承担涉及综合运输体系的规划协调工作，促进各种运输方式相互衔接等，内设机构共 12 个，其中公路局主要职责是：承担公路建设市场监管工作，拟订公路建设、维护、路政、运营相关政策、制度和技术标准并监督实施；承担国家高速公路及重要干线路网运行监测和协调；承担国家重点公路工程设计审批、施工许可、实施监督和竣工验收工作；承担公路标志标线管理工作；指导农村公路建设工作；起草公路有关规费政策并监督实施。

二、县级以上地方人民政府交通运输主管部门主管本行政区域内的公路保护工作

《条例》所称县级以上地方人民政府交通运输主管部门，是指县级以上地方人民政府的交通运输厅、局、委。县级以上地方人民政府交通运输主管部门，在本级人民政府的统一领导和上级人民政府交通运输主管部门指导下，依法主管本行政区域内的公路保护工作，对《条例》在本行政区域内的贯彻执行进行管理、监督。

根据《公路法》第八条的规定，对国省道的管理职责，由省、自治区、直辖市人民政府自主确定。实践中，各地根据区域经济发展需要和地方政府财政实力，为了充分调动各级人民政府和有关部门修路筑路的积极性，更好地促进公路交通又好又快发展，依据《公路法》的授权，由省级人民政府结合本区域公路管理实际情况，对地方公路管理体制不断进行改革探索，逐步形成了不同的国省道管理模式。目前，各省、自治区、直辖市对本行政区域内的国道、省道管理，主要有条条管理、条块结合、块块管理

三种管理模式。考虑到实践中各省、自治区、直辖市对国道、省道的管理体制的不同情况,《条例》在规定县级以上地方人民政府交通运输主管部门主管本行政区域内的公路保护工作的同时,以但书的形式规定,“县级以上地方人民政府交通运输主管部门对国道、省道的保护职责,由省、自治区、直辖市人民政府确定”,以适应各地的不同情况。

从近年来公路发展以及各地公路管理体制的实践看,国道、省道由省级交通运输主管部门和公路管理机构统筹管理的格局能够更好地适应公路网络化运行与应急处置工作的需要。本款表述方式,既与《公路法》第八条的规定保持一致,同时也为今后国道、省道的管理体制改革提出了方向,为推进国道、省道由省级交通运输主管部门和公路管理机构统筹管理预留了空间。

三、公路管理机构具体负责公路保护的监督管理工作

《条例》所称公路管理机构,主要是指各级人民政府以及其交通运输主管部门独立设置的公路管理局(分局、段、处)。目前,各地公路管理机构基本上都是事业单位,行使公路行政管理职责。事业单位行使行政管理职责主要有两种途径:

第一种途径是行政机关的委托,委托的方式可以是行政机关设立事业单位时直接明确其职责,也可以是单独订立委托协议,但接受委托的事业单位并没有取得行政主体资格,其行使的行政管理权是受限制的,一是不能行使行政许可权,二是只能以行政机关的名义不能以自己的名义行使受委托的行政管理权,行政机关要对受委托的事业单位的行政行为承担责任。

第二种途径是法律、行政法规直接授权给事业单位,赋予其行政主体资格。《条例》规定公路管理机构具体负责公路保护的监督管理工作,这就是通过行政法规授权的形式,明确了公路管理机构的行政主体资格,赋予了公路管理机构行使公路行政管

理职责的权力和手段,公路管理机构能够以自己的名义独立行使公路行政管理职责,并独立地承担相应的法律责任,对引起的行政争议,能够以自己的名义参加行政复议和行政诉讼。

《条例》采用直接授权的方式明确公路管理机构行使公路行政管理职责,主要是基于以下考虑:

(一)满足公路管理的现实需求

根据《公路法》和《条例》规定,公路行政管理职责不仅包括查处公路违法行为、强制拆除违法建筑、审批涉路施工和超限运输、公路监督巡查等行政执法内容,也包括养护秩序维护、出行信息发布、公路损毁抢修、路网运行监测等行政服务内容,涉及工程建设、交通安全、收费与运营管理、行政执法、应急处置等多个领域,具有较强的专业性和技术性。因此,有必要进一步明确和强化公路管理机构的行政主体资格,并赋予相应的管理手段和措施,以满足公路管理的现实需求。

(二)符合依法行政的要求

根据《中华人民共和国行政许可法》规定,行政许可权只能委托有关行政机关行使,或者由法律、法规授权的组织行使,只有通过法规的明确授权,公路管理机构才能够以自己的名义行使行政许可权,并以自己的名义独立地承担法律责任。在公路行政管理中,行政许可数量多、范围广、责任重,同时《公路法》和《条例》对公路违法行为规定了 5 万元以下的罚款、扣留违法车辆、拆除违法建筑等行政处罚和行政强制。对这些形式复杂、管理强度大的行政职权,通过法规授权公路管理机构行使并独立承担法律责任,对于强化责任、责权一致和减少层级、提高效率都是有益的,更符合公路保护工作实际,符合依法行政的要求。

根据《公路法》和《条例》规定,公路管理机构应当独立行使《公路法》和《条例》规定的各项公路行政管理职责,包括《公路法》和《条例》规定的行政许可权、行政处罚权和行政强制权。但以下三种情形除外:

一是根据《公路法》第四十七条、第五十七条和《条例》第十七条规定，在公路桥梁、公路隧道、公路渡口以及公路两侧规定范围内因抢险、防汛需要修筑堤坝、压缩或者拓宽河道的，应当经省、自治区、直辖市人民政府交通运输主管部门会同水行政主管部门或者流域管理机构批准；

二是根据《公路法》第七十四条和第八十二条规定，违反法律或者国务院有关规定，擅自在公路上设卡、收费的，由交通运输主管部门责令停止违法行为，没收违法所得，可以处违法所得3倍以下的罚款，没有违法所得的，可以处2万元以下的罚款；对负有直接责任的主管人员和其他直接责任人员，依法给予行政处分；

三是根据《公路法》第七十五条和第八十二条规定，违反本法第二十五条规定，未经有关交通运输主管部门批准擅自施工的，交通运输主管部门可以责令停止施工，并可以处5万元以下的罚款。

根据《公路法》和《条例》规定，涉及上述三种情形的行政管理职责，由有关交通运输主管部门行使，公路管理机构不得行使相关职责。

四、我国现行公路管理体制

我国现行公路管理体制是按照统一领导、分级管理的原则建立起来的。公路建设、养护和管理的事权均以地方为主。总体看，已经形成中央、省、地、县四级较为健全的公路管理体系，基本模式是：交通运输部主管全国公路工作，主要负责法律法规、宏观政策、国道规划、技术标准等的起草制定和对全国公路工作实施行业管理和业务指导；省、自治区、直辖市人民政府设立交通运输厅（局、委），主管辖区内公路的建设、养护和管理，具体管理工作由交通运输厅（局、委）下设的公路局（处）、高速公路管理局等机构负责；各地市以下机构基本与省级机构对应设置，地市级、县级人民政府设交通运输局，在地市级交通运输局下设公路总段（局、分局、处）；县级设公路段（局、分局、站）；部分乡镇政府还设有交通运输管理站（所），业务上接受县交通运输局领导。

（一）国道、省道的管理体制

国道和省道（不包括高速公路）的建设、养护和管理的事权均以地方为主，但是各省的管理体制差别较大。按照省、地市与县公路管理机构之间的关系，全国有三种形式：

一是条条模式。省级公路管理机构直接负责国道、省道及部分重要县道的建设、养护和管理。地市公路管理机构、县级公路管理机构的人、财、物由省级公路管理机构实行垂直管理。县乡公路以地市交通运输主管部门为主实施规划、建设、养护和管理，省级公路管理机构给予技术指导和一定的资金补助。如图1-1所示。

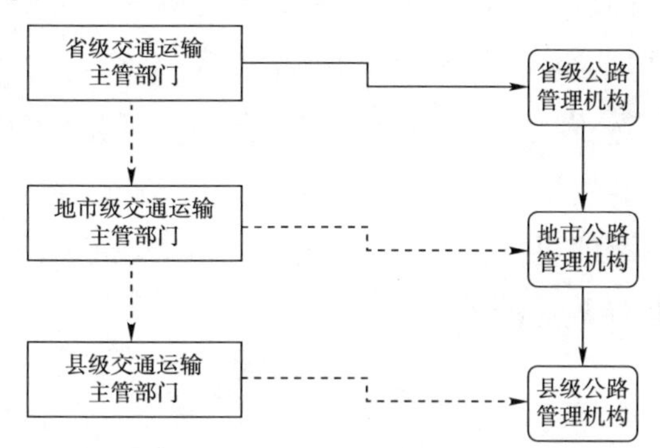

图1-1　普通国省干线公路的条条管理模式

注：图中虚实线表示条块结合管理，实线表示直属管理，虚线表示行业指导，下同。

二是块块模式。省级公路管理机构只是在业务上对各地市公路管理机构实施归口管理和业务指导。地市公路管理机构的人、财、物均在当地政府，受各地市级交通运输主管部门管理，并负责辖区内包括国道、省道和县乡公路的建设、养护和管理。地市以下的公路管理体制由各地市人民政府确定，一般来说包括两种,即地市以下垂直管理和条块结合管理。如图1-2所示。

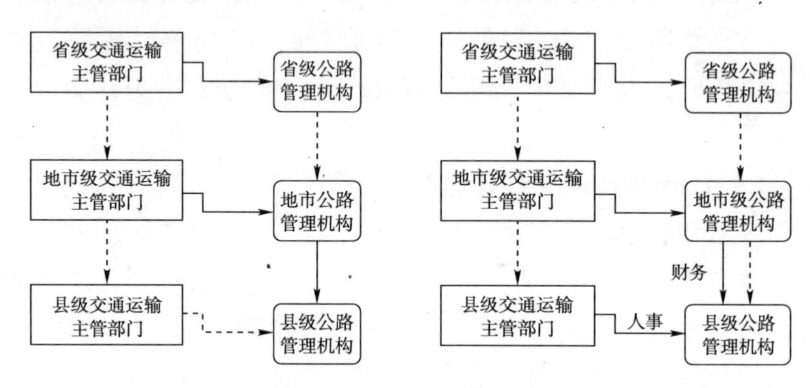

图1-2 普通国省干线公路的块块管理模式

三是条块结合模式。一般是省级公路管理机构将国省干线公路的管理下放到地市,但计划、财权在省级公路管理机构。地市公路管理机构的包括人事权在内的行政领导归属当地政府。县乡公路仍由地市、县级交通运输主管部门负责。根据地市公路管理机构与县级公路管理机构的关系,又可分为两种管理模式:其一,地市公路管理机构对县级公路管理机构实施计划、财权的管理,人事权则归属当地政府交通运输主管部门管理。其二,地市公路管理机构对县级公路管理机构的人、财、物实行垂直管理,如图1-3所示。

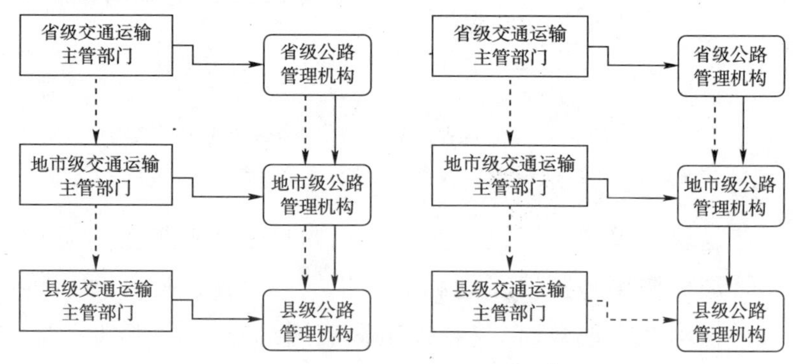

图1-3 普通国省干线公路的条块结合管理模式

(二)高速公路的管理体制

我国高速公路的管理是伴随着1988年我国第一条高速公路①的竣工通车相应产生的。在由计划经济向社会主义市场经济过渡时期,我国高速公路管理体制的形成与国家的政策措施和法规密切相关。在国家投融资体制改革政策的指导下,高速公路建设筹资方式由单纯依靠政府投资,逐步发展到政策筹资和社会融资,从单一的公路规费、专项基金发展到利用银行贷款、向社会发行债券、股票和有偿转让公路收费权以及利用外资等多元化、多样化的格局,建立并坚持了"国家投资、地方筹资、社会融资、利用外资"和"贷款修路、收费还贷、滚动发展"的投融资机制,有效地缓解了高速公路建设资金不足的状况,推动了全国高速公路建设的快速发展。

1992年3月,国务院办公厅印发了《关于交通部门在道路上设置检查站及高速公路管理问题的通知》(国办发〔1992〕16号),通知指出:"目前我国高速公路正在起步阶段,如何管好高速公路,需要有一个积累经验的过程。因此,各地对高速公路管理的组织机构形式,由省、自治区、直辖市人民政府根据当地实际情况确定,暂不作全国统一规定。"1997年公布的《公路法》和2004年公布的《收费公路管理条例》在制定过程中,充分吸收了上述文件精神,并考虑了我国高速公路仍处于大建设大发展阶段,管理模式和思路并不完全成熟,对高速公路的管理问题并未单独作出明确规定。

随着"十五"和"十一五"期间我国公路建设的加快,特别是为应对1998年亚洲金融危机和2008年以来的国际金融危机,国家两次采取了积极的财政政策和适度宽松的货币政策,全面加快公路基础设施建设,我国高速公路也取得了飞速发展,截至

①1988年10月31日,全长20.5公里(其中达到高速公路标准的路段长15.9公里)的沪嘉高速公路一期工程通车,标志着大陆地区高速公路实现了零的突破。

2011年年底我国高速公路总里程达到8.5万多公里,国家高速公路网的主骨架已经基本形成。在高速公路规模总量快速扩张的过程中,在省、自治区、直辖市人民政府主导下,从最初的路段建设指挥部,逐步过渡到高速公路路段公司,演变到高速公路管理局,后来还有部分转化为高速公路集团公司,高速公路管理体制呈现多种模式并存的局面,各省之间不完全相同,甚至于同一省份内部也存在多种形式。

目前,我国高速公路管理的模式呈现以国有高速公路集团公司和高速公路管理局为主体,以非国有公司和上市公司为补充,多种模式并存的发展态势。主要有三种模式:

一是组建省政府授权并直接领导的国有独资或控股性质的高速公路集团公司。这种模式下的高速公路集团公司一般归省国有资产管理机构统一管理,直属省政府领导,省级交通运输主管部门和公路管理机构依法负责高速公路的行业管理。

二是组建由省级交通运输主管部门领导的高速公路融资实体。省级交通运输主管部门从融资角度将辖区内高速公路予以整合,成立独资或控股的高速公路集团公司。

三是组建事业性质的高速公路管理局或者其他类似实体的事业机构。这种管理模式下,省级交通运输主管部门下设省级高速公路管理局对高速公路进行管理,省级高速公路管理局根据路段下设高速公路管理处,全面负责收费、运营、养护、路政等管理工作;其余路段由企业负责经营,省级高速公路管理局负责行业管理。目前,部分省份实行了“一厅两局”模式,即单独成立与现有省级普通公路管理局并列的省级高速公路管理局。还有一些省份实行“一厅一局”模式,在省级层面成立一个公路管理机构,负责省内包括高速公路在内所有公路的行业管理。

此外,以转让经营权、BOT为代表的特许经营模式,例如一些高速公路路段由非国有独资或控股的民营、外资股份公司管理,另一些由经股份制改造并在资本市场上市的公司管理等,也成为以上三种模式的有益补充。目前我国高速公路的管理模式如图1-4所示。

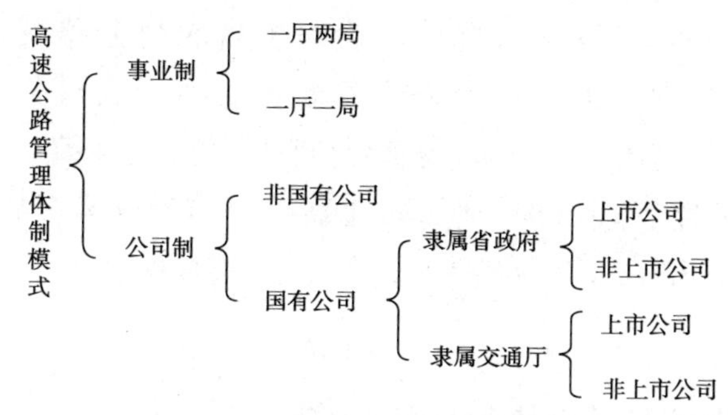

图1-4　我国高速公路管理体制的组成结构

（三）农村公路的管理体制（县道、乡道、村道的管理体制）

长期以来，农村公路中的部分县乡公路（原来属于省管路段）和普通国省干线公路一起由地市、县级公路管理机构代管，其余县道建设、养护和管理工作由市、县政府负责，乡道的建设、养护和管理由乡级人民政府负责。有些省份为了加强对农村公路的行业管理，在省级公路管理机构专门设立农村公路管理处（科）或称地方道路管理处（科）。尽管我国村道总里程在公路网中占了很大比重，但是由于《公路法》颁布实施时没有明确其法律地位，在2005年之前，村道主要还是由村委会负责建设，养护工作局限于群众突击和季节性养护，路政管理也基本未开展。

2005年9月，国务院办公厅下发了《农村公路管理养护体制改革方案》（国办发〔2005〕49号），明确指出，县级人民政府是本地区农村公路管理养护的责任主体，同时明确了乡级人民政府、县级交通运输主管部门及其所属公路管理机构的职责。目前，依据农村公路管理的职责划分和相应机构的设置情况，全国县、乡、村公路管理的模式可以从两个角度进行划分：一方面，按照县道是否部分上收管理分为两大类，一些省份将县道中的一些重要线路与国省干线公路一起由县级以上公路管理机构养护、管理；另一方面，按照农村公路是否单独设立管理机构分为两大类，一些省份市、县两级的公路管理机构有两套，分别负责干线公路和农村公路的养护管理。随着国办发〔2005〕49号文件的下发，各省、自治区、直辖市纷纷出台农村公路管理养护的办法，进一步理顺了农村公路管养职责。由于农村公路中村道的里程多，有些省份为了落实基层管理单位，在乡镇一级也设立了专门的公路管理机构，例如浙江嘉兴等市设立乡公路管理站，相关人员纳入乡镇事业编制，业务上接受县级公路管理机构的指导。

五、我国公路管理体制的改革方向

改革开放以来，我国公路管理体制改革在探索中不断取得突破，逐步形成了以地方为主的公路管理体制，这种体制模式充分调动了地方各级人民政府发展公路交通事业的积极性，极大缓解了公路建设资金不足等关键问题，促进了公路事业的持续快速发展，并取得了举世瞩目的发展成就，为破解交通运输对国民经济发展的制约瓶颈、服务和保障国民经济发展大局发挥了巨大作用。但随着近年来公路规模总量的不断增长和国家干线公路网络的逐步完善，以地方为主的现行公路管理体制也逐步暴露出一些深层次的问题。比如，公路行政管理主体多元化，导致路网分割管理，整体运行效率不高，应对突发事件的指挥调度能力不强；政府管理职能尚未有效转变，政、事、企不分的现象较为普遍，公共服务职能相对较弱，市场监管职能不到位；公路管理机构设置重复、职责交叉，相互之间权责不清、关系不顺；制度体系不够健全，监督机制不够完善，缺乏有效管理手段，管理和服务能力总体滞后。这些问题，既不利于提高行业管理效率和公共服务水平，更不利于促进公路事业持续稳定健康发展，深化改革势在必行。

按照国家统一部署，2008年以来，我国新一轮行政管理体制改革正在稳步向纵深推进。在推进新一轮行政管理体制改革过程中，国务院组成部门机构改革后组建了交通运输部，部调整组建了公路局，加强了公路管理的机构和职能。地方人民政府政府机构改革中，根据大部门体制要求组建了新的交通运输主管部门。在重构地方交通运输行政组织体系中，公路管理的机构设置和职能调整将成为重要环节。特别是成品油价格和税费改革后，国家取消了公路养护费等六项交通规费，并推进实施了政府还贷二级公路取消收费，原有的主要以养路费和以二级公路收费权质押为基础的公路融资平台已经不复存在，在普通公路发展融资平台重构的过程中，相应的公路管理体制必须作出调整和完善。在《国务院办公厅转发发展改革委财政部交通运输部关于进一步完善投融资政策促进普通公路持续健康发展若干意见的通知》（国办发〔2011〕22 号）文件中，鲜明指出了理顺公路管理体制机制问题的重要意义和紧迫性，第一次明确了理顺公路管理体制机制的政策依据。此外，中共中央和国务院联合印发《关于分类推进事业单位改革的指导意见》（中发〔2011〕9 号），提出了分类推进事业单位改革的总体思路和完成期限，特别是“政事分开、事企分开和管办分离”的改革原则，对现有大部分为事业单位性质的公路管理机构的未来改革具有重要的指导意义。

根据国家行政管理体制改革、事业单位分类改革和普通公路发展投融资体制改革的总体要求，我国公路管理体制改革的总体目标是建立起事权清晰、精简高效、权责一致、运转协调、分工合理、执行顺畅的公路管理体制。通过改革，实现公路管理向行政资源集中、职能有机统一、事权关系分明的根本转变；实现各级公路管理机构向政企分开、政资分开、政事分开、政府与市场中介组织分开的根本转变；实现行业管理组织体系向决策、执行、监督三权适度分离，中央、省（自治区、直辖市）、县（市）三级权责清晰的根本转变；实现行政运行机制和管理方式向规范有序、公开透明、便民高效的根本转变；努力构建财权和事权相匹配相统一，各级政府的公路建设与养护管理责任清晰明确，中央和地方形成合力并相对集中统一的公路管理体制，不断提高管理绩效和公共服务水平，顺应人民群众对公路交通发展的新期待。

（一）科学划分公路管理事权

正确界定公路管理事权，是完善公路管理体制、明确各级政府责任的前提。根据不同行政等级公路在路网中的功能、作用和影响范围，国道、省道和农村公路的事权分别属于中央、省、市、县、乡级人民政府。根据公路划分以及《公路法》相关规定，公路管理实行统一领导、分级管理。国道规划由国务院交通运输部编制，具体建设、养护和管理委托省级人民政府负责，中央应加大对国道建设、养护和管理的投入力度。省道规划由省、自治区、直辖市政府交通运输主管部门编制，建设、养护和管理由省、自治区、直辖市公路管理机构负责，省道建设和养护资金由省级政府为主负责筹集。农村公路规划分别由地级市、县级交通运输主管部门编制，建设、养护和管理分别由县（市）公路管理机构和乡级人民政府负责。政府国有资产监督部门所履行的国有资产出资者职能、高速公路经营企业所承担的运营管理职能，不能混同甚至替代政府公路行业管理职能，交通运输主管部门及其公路管理机构应当切实依法承担起保护公路资产、监督收费运营的政府职责。

（二）合理设置公路管理机构

在处理好发展和稳定、推进改革和尊重历史传统关系的基础上，稳步推进公路管理机构改革工作。

一是强化“统筹管理、分级负责”的公路管理机构构架。省级层面要逐步整合高速公路、普通国省干线公路、农村公路的行政管理资源，依法强化交通运输主管部门对各级各类公路建设、养护、运营的政府监管职责，统筹公路发展规划、建设项目计划、财政资金安排、公路资产管理、路政执法监督、路网运行管理、公共服务监督等行政事务。推进决策职能和执行职能相分开，凡涉及制定公路法律规范、行业政策、发展规划等抽象行政行为的决策职能，原则上由交通运输主管部门集中行使；凡涉及直接从事公路公共服务和行政执法等具体行政行为的执行职能，由公路管理机构集中行使，确保公路建设、养护管理等职能与路政管理执法职能的统一，防止公路管理机构散化、弱化。按照"坚持一件事情原则上由一个部门负责"[①]的要求，省级交通运输主管部门原则上只设一个公路管理的行政执行机构，统一行使全省公路建设、养护、运营以及路政管理的行政执行职能。

二是完善"权责清晰、协调配合"的工作机制。省级交通运输主管部门在省级人民政府指导下，本着有利于提高管理效能和尊重公路网管理规律的原则，主动协调，加强沟通，明确与其他行业部门（如发展与改革部门、财政部门、公安机关交通管理部门、国资管理部门等）在公路建设项目计划与管理、财政资金安排与投融资管理、公路交通安全管理、公路资产管理等方面的职责关系，确保权责一致、责任明确。要在地方政府统一领导下，建立健全部门协调配合机制。认真做好公路管理机构的"三定"工作，明确其职责边界，切实解决行业内部不同机构之间职责交叉和关系不顺的问题。要通过制度规范，明确和强化公路管理机构的责任，加强责任追究。

（三）优化公路管理的行政组织体系

一是依托各级事权，建立分级管理体制。加强省级交通运输主管部门对全省公路公共行政的统一领导，强化省级公路管理机构对全省公路行政执行职能的统筹协调。根据不同公路事权，实行"国道国管，省道省管，农村公路县以下管，国道建养管委托省负责"，统筹省级以下公路管理的体制安排。公路管理机构可依托现有行政层级实行三级设置。省级公路管理机构要全面承担起省道建设、养护和管理的责任，并受中央政府委托，承

①参见国务委员兼国务院秘书长华建敏在第十一届全国人民代表大会第一次会议作关于《国务院机构改革方案》的说明。

担国道建设、养护和管理责任;县级公路管理机构要全面承担起农村公路建设、养护和管理的责任。市(地)级公路管理机构受省级公路管理机构委托,具体负责国省道管理的相关事务。要结合减少行政层级的改革趋势,积极推行“三级路网、二级管理”的公路行政体制模式,即国省道实行省与市(地)垂直管理、以省为主,农村公路实行省指导县、以县为主的体制模式。

二是国省道管理组织体系。国、省道的管理应由省级公路管理机构和按地域划分的派出机构具体负责。省级公路管理机构职责侧重点在于拟订公路发展计划,统筹安排公路发展资金、制定行业管理规范标准和公共服务信息平台的统一建设管理等;派出机构(或市公路管理机构)的职责重点在于工程项目的具体组织实施、负责对外提供公共服务和相关市场的日常监管等。省级公路管理机构可在现有公路管理机构基础上,通过逐步整合其他独立存在的具有行政管理职责的公路建设管理机构、高等级公路管理机构、路政管理或者执法机构、收费公路管理机构等组成,原各机构的公路行政管理职责统一纳入新设立的省级公路管理机构中,其余职责则按照事业单位分类改革要求,另行予以定位调整。条件具备的地方,采取以省为主、集中管理的组织模式,将分散于多个部门的高速公路管理职能统一集中于省级公路管理机构,解决多元化管理、分割式管理带来的弊端。同时,淡化经营性高速公路的营利性目标,回归政府社会管理者角色,逐步实现高速公路管理目标由“保值增值”向“为公众出行提供优质服务”转变,探索建立以特许经营制度为基础、以高速公路为主体的收费公路管理体系。

三是农村公路管理组织体系。农村公路管理应坚决贯彻国务院办公厅印发的《农村公路管理养护体制改革方案》(国办发〔2005〕49号)规定,省及地(市)交通运输主管部门应切实担负起本行政区域内农村公路的行业指导职能。县级人民政府是本行政区域内农村公路管理养护的责任主体,其所属交通运输主管部门是辖区内农村公路管理养护的实施主体。乡级人民政府应承担本区域内的乡道、村道公路养护工作，拟订乡道、村道公路养护建议计划并按照批准的计划组织实施，对乡道、村道养护质量进行检查验收，做好村道并协助做好乡道的保护工作。

第四条　县级以上各级人民政府发展改革、工业和信息化、公安、工商、质检等部门按照职责分工，依法开展公路保护的相关工作。

【释义】本条是关于县级以上各级人民政府相关部门公路保护职责的规定。

公路保护工作涉及面广，是一项社会性、综合性的工作，县级以上各级人民政府有关行政管理部门应按照职责分工，在各自职责范围内，依法开展公路保护的相关工作。

一、县级以上各级人民政府相关部门在治理车辆违法超限超载等公路保护方面的工作职责

2000 年以来，交通运输部与公安部先后在全国开展了车辆违法超限超载治理工作，取得了一定成效。但由于这一问题是车辆生产与管理、运输市场、管理体制等诸多矛盾在运输环节的集中反映，涉及多个部门，治理难度大。

2004 年 6 月开始，经国务院同意，交通运输部、公安部、国家发展改革委、国家质检总局、国家安全监管局、国家工商总局、国务院法制办成立领导小组[①]，在全国道路安全工作部际联席会议

①2004 年 6 月 20 日，全国治理车辆超限超载工作领导小组成立，交通运输部、公安部、国家发展改革委、国家质检总局、国家安全监管局、国家工商总局、国务院法制办等七部委为成员单位。2006 年至 2009 年期间，为了进一步加强对全国治理车辆超限超载工作的组织领导，经国务院同意，分别增加国务院纠风办、中宣部、工业和信息化部为成员单位。

的框架内,在全国开展部门联动的集中治超工作。经过近几年各部门各地方的共同努力,并通过行政的、经济的和法律的手段进行综合治理,全国治超工作取得明显的阶段性成果,货车超限超载率大幅度下降,道路交通安全形势、公路通行效率、汽车生产和改装行为、公路路况水平有了很大的好转。

2007 年以来,按照国务院统一部署,交通运输、公安等部门开展探索构建治超长效工作机制,进一步明确了发展改革、工商、质检等部门在治超工作的职责任务。为依法治超,从根本上杜绝超限运输行为,《条例》将建立超限治理的长效机制作为重中之重,从管理手段上强化超限治理措施,在管理环节和管理力量上突出了综合治理,从车辆的生产、改装、注册登记、货运装载、站点检测、责任追究等环节入手,对超限治理作了详细规定,并将发展改革、工业和信息化、公安、工商、质检等部门在治超工作中的职责也以法律的形式予以明确。根据国务院办公厅《关于加强车辆超限超载治理工作的通知》(国发办〔2005〕30 号)精神及全国治理车辆超限超载工作领导小组《关于印发全国车辆超限超载长效治理实施意见的通知》(交公路发〔2007〕596 号)等文件规定,县级以上各级人民政府相关部门在治超工作中履行以下职责。

(一)交通运输部门

组织路政执法人员开展路面执法,查处违法超限运输车辆;派驻运管执法人员深入货站、码头、配载场及大型工程建材、大型化工产品等货物集散地,在源头进行运输装载行为监管和检查,防止车辆超限超载;负责超限检测站点及治超信息管理系统的建设和运行管理工作;建立货运企业及从业人员信息系统及信誉档案,登记、抄告超限超载运输车辆和企业等信息,并结合道路运输企业质量信誉考核制度,进行源头处罚;调整运力结构,采取措施鼓励道路货物运输实行集约化、网络化经营,鼓励采用集装箱、封闭厢式货车和多轴重型车运输;将路面执法中发现的非法改装、拼装车辆通报有关部门,配合有关部门开展非法改装、拼装车辆查处工作。

(二)公安部门

加强车辆登记管理,禁止非法和违规车辆登记使用;配合维护超限检测站的交通及治安秩序;组织交警开展路面执法,依法查处超载等交通违法行为;依法查处阻碍执行职务等违法犯罪行为。

(三)工业和信息化部门

加强《车辆生产企业及产品公告》管理,监督、检查汽车生产企业及产品,查处违规汽车生产企业及产品。

(四)发展改革部门(含经贸、物价部门)

指导和监督超限超载治理相关收费政策的执行,制定超限超载车辆卸载、货物保管等收费标准。

(五)工商部门

查处非法拼装、改装汽车及非法买卖拼装、改装企业行为,依法取缔非法拼装、改装汽车企业。

(六)质检部门

对治超工作所需的检测设备依法实施计量检定;定期公布经验收合格的承压类汽车罐车充装站单位名单;实施缺陷汽车召回制度;检查从事改装、拼装车辆生产企业的生产场所及标准执行情况,杜绝无标生产行为;实施车辆强制性产品认证制度,查处不符合认证要求的汽车生产企业及产品。

(七)安全监管部门

加强危险化学品充装单位的安全监管,严禁超载、混装;选择主要公路沿线的大中型化工企业作为危险化学品的超载车辆卸载基地;会同有关部门,对因超限超载发生的特别重大的伤亡事故进行调查处理,依法追究相关单位和人员的责任。

(八)法制部门

配合有关部门研究、起草治理超限超载工作的相关规范性文件，依法裁决相关行政复议案件。

（九）宣传部门

组织协调新闻单位做好超限超载治理工作的宣传报道，提高宣传工作的针对性和实效性。

（十）监察机关（纠风部门）

对相关部门在治理超限超载工作中的执法行为和行风进行监督、检查，查处行业不正之风及违纪违规等行为。

二、县级以上各级人民政府相关部门在公路建筑控制区管理、公路两侧集镇规划控制区管理、公路桥隧保护等公路保护方面的工作职责

（一）国土资源、规划、住建等部门

不得批准利用公路建筑控制区范围内的土地修建住宅、厂房等建筑物、地面构筑物及进行相关权属登记注册（《条例》第十一条、第十三条）；在批准新建村镇、开发区、学校和货物集散地、大型商业网点、农贸市场等公共场所时，应尽可能在公路一侧建设并与公路建筑控制区边界外缘保持一定距离，防止造成公路街道化，影响公路的运行安全与畅通（《条例》第十四条）。

（二）水行政主管部门、流域管理机构

与有关交通运输主管部门、公路管理机构共同做好因抢险、防汛需要修筑堤坝、压缩或者拓宽河床及抽取地下水、架设浮桥等行为的审批工作（《条例》第十七条、第十九条）；查处和纠正在公路桥梁跨越的河道上下游的一定距离范围内采砂（《条例》第二十条）。

（三）安全生产监督管理部门

查处和纠正在公路两侧一定范围内设立生产、储存、销售易燃、易爆、剧毒、放射性等危险物品的场所、设施（《条例》第十八条）。

（四）中国人民武装警察部队（武警交通部队）

执行公路、桥梁、隧道等交通设施抢修抢建任务和国家重要公路桥隧管护任务（《条例》第二十四条、第五十四条）。

（五）公安部门

办理车辆登记并当场查验、查处车辆装载物飘散或者掉落、疏导交通、审查影响交通安全的涉路施工项目、将危险物品运输车辆通过特大型桥梁或者特长隧道的相关信息提前告知并进行现场监管、对危及交通安全的公路损毁及时采取措施和疏导交通并通知有关部门、及时通知公路管理机构到场调查处理交通事故造成的公路路产损失案件、查处违反治安管理行为、受理移送或者查处涉嫌犯罪行为的职责（《条例》第二十八条、第三十一条、第四十二条、第四十三条、第四十七条、第七十一条、第七十四条）。

第五条　县级以上各级人民政府应当将政府及其有关部门从事公路管理、养护所需经费以及公路管理机构行使公路行政管理职能所需经费纳入本级人民政府财政预算。但是，专用公路的公路保护经费除外。

【释义】本条是关于县级以上各级人民政府公路保护经费的保障责任和义务的规定。

一、公路保护经费纳入政府财政预算管理

根据《国务院关于加强预算外资金管理的决定》，从1996年起，公路养路费纳入地方财政预算管理，即收入应当由地方交通运输主管部门全部上缴地方国库，支出通过地方财政预算安排，实行专款专用。2008年12月18日，国务院印发了《关于实施成品油价格和税费改革的通知》，并决定自2009年1月1日起实

施燃油税费改革，提高成品油消费税并取消公路养路费等六项交通规费和逐步有序取消政府还贷二级公路收费。新增的成品油消费税为中央收入，具有专项用途，除由中央本级安排支出外，其余全部由中央财政通过规范的财政转移支付方式分配给地方。同时明确改革后形成的交通资金属性不变、资金用途不变、地方预算程序不变、地方事权不变，新增税收收入主要用以替代公路养路费等六项收费的支出。2008 年 12 月 24 日，财政部、交通运输部等部门下发了《关于实施成品油价格和税费改革有关预算管理问题的通知》（财预〔2008〕479 号），明确自 2009 年 1 月 1 日起，取消公路养护费、航道养护费等六项收费，原通过上述收费收入安排的人员支出以及公路养护和建设、公路运输和站场建设与养护、航道养护和水路管理及中央本级替代性等方面的支出纳入一般预算管理，由财政部门通过部门预算或经财政部门批准的列支渠道予以保障。同时，为保证成品油价格和税费改革顺利实施，针对个别地方出现了资金拨付不够及时、管理不尽规范等情况。2009 年 9 月 15 日，财政部、交通运输部下发了《关于规范成品油价格和税费改革资金管理有关问题的通知》（财预〔2009〕351 号），明确省级财政和交通部门按照财政管理体制和财力与事权相匹配的原则，尽快建立和完善省对下成品油价格和税费改革转移支付管理办法，按期拨付资金，保证市县成品油价格和税费改革后相应资金需求。

本条规定进一步明确了公路保护经费纳入政府财政预算，实行财政统一安排。这有利于有效确保公路保护经费来源稳定，同时也有利于加强财政监管，规范和约束预算资金的使用，确保公路保护经费专款专用。

需要明确的是，纳入政府财政预算管理的公路保护经费是指交通运输主管部门、公路管理机构从事公路管理、养护所需经费及公路管理机构行使公路行政管理职能所需的经费。公路管理、养护和公路行政管理是政府部门或授权的机构履行国家职能和政府职责,其经费应由政府财政予以保障。这其中也包括对经营性公路履行行政管理所发生的费用。《收费公路管理条例》第四十五条规定:“行政执法机关依法对收费公路实施监督检查时,不得向收费公路经营管理者收取任何费用。”行政执法是国家行政机关根据法律、法规授权而实施的产生法律效力的行为。它是一种国家职能活动,其目的在于实现公共利益,维护公共秩序。这些执法活动体现的是国家职能,履行的是政府职责,属于行政执法机关的正常工作,所需费用应从行政机关正常行政事业经费中列支。目前,一些地方的行政执法机关在收费公路上进行执法工作时,向收费公路经营管理者收取数额较大的行政管理费用。这种做法,一是影响执法的公正性,可能造成将政府运行成本转化为社会负担,有损于政府形象,也危及企业与政府的关系。二是加重了收费公路经营管理者的负担,影响了收费公路还贷效率,间接地将本应由政府承担的行政成本转嫁到收费公路使用者的身上。基于此,本条明确规定,公路管理机构行使公路行政管理职能,包括对经营性公路行使行政管理职能的经费,一律应由政府财政预算安排。

根据公路保护工作的特点及实践,公路保护预算经费应当分为公路养护费、路政管理费、路网运行监测与应急管理费、行政管理费等,相关科目主要如下。

(一)公路养护费

主要包括:日常保养、局部修复(小修)费,预防性养护、功能性修复(中修)、结构性修复(大修)费,危桥改造费,安保工程费,公路灾害防治费,示范工程创建费,水毁工程抢修费,应急抢险费,前期工作费,养护工程设计费,监理费,科技与信息化费,路基路面、公路桥梁、公路隧道检测评定及决策咨询费,路况及交通量调查费,公路渡口运营及维护费,公路绿化费,公路标志、标线设置与维护费,养路机械、车辆、设备购置费,公路管理用房、养护工区、道班房、公路服务设施建设与维护费等。

（二）路政管理费

主要包括：执法检查费，路政执法装备、车辆、服装购置费，路政管理信息化费，路政用房建设与维护费，路政宣传教育费，治超专项经费（含公路超限检测站建设与运行费），法制建设费等。

（三）路网运行监测与应急管理费

主要包括：路网运行监测设施及网络建设与维护费，应急装备物资储备中心建设与维护费（含应急车辆、机械、设备、物资购置费），征用物资补偿费，应急队伍培训与演练费，科技与信息化费等。

（四）行政管理费

主要包括：人员经费、公用经费、离退休人员经费等。

二、各级人民政府应当按照公路管理事权建立层次清晰的公路保护经费保障机制，落实公路保护经费

我国公路按其在公路路网中的地位分为国道、省道、县道、乡道和村道，并按技术等级分为高速公路、一级公路、二级公路、三级公路和四级公路。按功能对公路进行分类，意义在于通过建立层次分明、功能明确的公路网体系，以满足不同层面的社会经济发展需求，同时也可以使中央、省、地市、县、乡镇各级人民政府在各层次公路的规划、建设、管理等方面职责分明，更好地协调局部与整体的利益关系，从而最大限度地发挥不同层次路网的效率。因此，各级人民政府应当根据其对各层次公路的管理事权建立相匹配的公路保护经费保障机制，落实公路保护经费。

三、经营性公路的养护经费和专用公路的保护经费不纳入政府财政预算

需要纳入政府财政预算的公路保护经费，不包括经营性公路的养护经费和专用公路的保护经费。

（一）经营性公路的养护经费

根据《收费公路管理条例》的规定，经营性公路的养护工作由公路经营企业负责，相关养护经费从公路通行费中支出。

（二）专用公路的保护经费

专用公路是由企业或者其他单位建设、养护、管理，专为或者主要为本企业或者本单位提供运输服务的道路。这类公路主要服务于自建、自养和自管该公路的企业或单位，其保护经费应由其养管企业或单位自行承担。

第六条　县级以上各级人民政府交通运输主管部门应当综合考虑国家有关车辆技术标准、公路使用状况等因素，逐步提高公路建设、管理和养护水平，努力满足国民经济和社会发展以及人民群众生产、生活需要。

【释义】本条是关于公路建设、管理和养护水平与社会发展相适应原则的规定。

公路是为国民经济、社会发展以及人民群众生产、生活服务的公共基础设施，是衡量一个国家经济实力和现代化水平的重要标志。与航空、铁路和水路等其他主要运输方式相比，公路运输能够直接提供“门到门”的运输服务，因而显得更为方便，在各种运输方式中始终占有不可替代的重要位置。2011 年全国公路运输所承担的客、货运输量分别达到 351 亿人和 369 亿吨，公路运输已成为我国综合运输体系中的重要组成部分，其通达深度和广度，是其他运输方式所不能比拟的。综观国际国内经济发展史，可以说，经济的发展，离不开公路的发展；经济发达的国家和地区，其公路网也必然发达。

一、县级以上各级人民政府交通运输主管部门应当综合考虑国家有关车辆技术标准、公路使用状况等因素，逐步提高公路建设、管理和养护水平

《公路工程技术标准》是公路工程建设最基本的技术法规，是进行公路建设前期工作的重要依据和制定公路工程勘察、设计、施工及养护等标准、规范、规程的纲领性文件。每一个时期的公路工程技术标准都是国家有关经济技术等政策在公路交通行业的综合体现，也是相应时期公路规划、设计、施工等技术以及经济实力的综合反映。我国现行《公路工程技术标准》的前身是《公路工程技术准则》，1972 年修订时改名为《公路工程技术标准》。建国初期，交通运输部在 1951 年制定颁发了《中华人民共和国公路工程技术准则（草案）》，在以后的 60 多年中，随着公路建设事业的不断发展，交通运输部先后在 1954 年、1956 年、1972 年、1981 年、1988 年、1997 年以及 2003 年作了 7 次修订。《公路工程技术标准》（JTG B01—2003）于 2004 年 1 月 29 日正式发布，3 月 1 日起实施。修订后的标准，总结了近年来我国公路建设的经验，借鉴和吸收了国外相关标准和先进技术，体现了安全、环保及以人为本的指导思想和修订原则，能够更好地指导我国公路建设事业的发展，基本适应了当时和其后一个时期我国社会经济发展的需要，对统一全国公路工程技术标准，指导这一时期全国公路工程建设发挥了重要作用。

国家有关车辆技术标准，主要是指车辆的外廓尺寸、轴荷、质量限制标准。2004 年，国家质检总局印发了由交通运输部、公安部、国家发展改革委联合制定的《道路车辆外廓尺寸、轴荷及质量限值》（GB 1589—2004）国家强制性标准，该标准在综合考虑交通安全、公路承载能力、车辆生产标准等多种因素的基础上，确定了车辆外廓尺寸、轴荷及质量限值等一系列指标，作为汽车生产、牌照发放、车辆装载等工作的标准与依据。从数据指标来看,《道路车辆外廓尺寸、轴荷及质量限值》与《公路工程技术标准》中提出的限定标准基本一致,确保公路与车辆在标准规范设计上保持匹配性;从管理实践看,车辆轴荷对公路路面影响较大,是影响公路路面寿命的最主要因素。因此,公路的建设、管理和养护必须以有关车辆技术标准为依据。与此同时,随着公路运营时间的增加,公路技术状况表现出逐渐衰减的发展趋势,因此,县级以上各级人民政府交通运输主管部门应当综合考虑路网结构、公路使用状况、地方经济发展需要、政府的财力状况等各种因素,及时调整优化公路路网规划,不断完善路网结构,并根据实际情况,适时安排公路改扩建、大中修等养护工程,确保公路使用状况良好。同时,要充分考虑公路与水路、铁路、航空、管道等运输方式的衔接,进一步构建综合交通运输体系,充分发挥公路沟通水陆空的重要作用,努力服务于国民经济和社会发展以及人民群众生产、生活需要。

二、公路建设、管理和养护水平应当与经济社会发展状况和财力相适应

需要特别强调的是,公路建设、养护和管理水平的提高是一个科学的、历史的过程,每个发展阶段都必须符合经济社会发展现状,公路建设、养护、管理可以适当超前,但决不能盲目超前,而是要与各地经济社会发展状况和财力相适应。

我国公路除按照技术等级分为高速公路、一级公路、二级公路、三级公路和四级公路以外,还按其在公路路网中的功能分为国道、省道、县道和乡道,这种分类与公路交通出行特性、公路交通出行需求及公路服务特性密切相关。按功能对公路进行分类,意义在于通过建立层次分明、功能明确的公路网体系,以满足不同层面的社会经济发展需求。公路主干线形成公路交通运输的大通道系统,为实现区域社会经济长远发展战略服务,公路次干线提高主干线的通达深度和辐射效应。对公路管理而言,明确各层级公路的功能，可以使中央、省、地市、县、乡镇各级在各层次公路的规划、建设、管理等方面职责分明，更好地协调局部与整体的利益关系，从而最大限度地发挥不同层次路网的效率。

第七条　县级以上各级人民政府交通运输主管部门应当依照《中华人民共和国突发事件应对法》的规定，制定地震、泥石流、雨雪冰冻灾害等损毁公路的突发事件（以下简称公路突发事件）应急预案，报本级人民政府批准后实施。

公路管理机构、公路经营企业应当根据交通运输主管部门制定的公路突发事件应急预案，组建应急队伍，并定期组织应急演练。

【释义】本条是关于公路突发事件应急预案体系建设以及公路管理机构、公路经营企业组建应急队伍并定期组织应急演练的规定。

一、县级以上各级人民政府交通运输主管部门负责制定公路突发事件应急预案

（一）公路突发事件应急预案是交通运输主管部门制定的部门应急预案

《中华人民共和国突发事件应对法》第十七条规定："国务院制定国家突发事件总体应急预案，组织制定国家突发事件专项应急预案；国务院有关部门根据各自的职责和国务院相关应急预案，制定国家突发事件部门应急预案。地方各级人民政府和县级以上地方各级人民政府有关部门根据有关法律、法规、规章、上级人民政府及其有关部门的应急预案以及本地区的实际情况，制定相应的突发事件应急预案。应急预案制定机关应当根据实际需要和情势变化，适时修订应急预案。应急预案的制定、修订程序由国务院规定。”公路突发事件应急预案属于部门应急预案的范畴。

（二）县级以上各级人民政府交通运输主管部门是公路突发事件应急预案的编制主体

公路突发事件应急预案体系分为国家和地方两级，国家层面包括总体预案和应对某一类型或某几种类型公路突发事件而制定的专项预案；地方层面包括省、地市和县级公路突发事件应急预案以及各类事件的专项预案和企业预案。国家层面的总体预案，是指交通运输部于2009年修订并发布的《公路交通突发事件应急预案》[①]，该预案作为国家级部门预案和公路领域的总体预案，用以指导各级交通运输主管部门编制相关预案和开展应急保障工作。县级以上地方人民政府交通运输主管部门应当在《公路交通突发事件应急预案》的指导下，结合本地区的实际情况，制定本区域的公路突发事件的应急预案。制定不同层级的公路突发公共事件应急预案，其目的在于加强公路突发事件的应急管理工作，建立完善应急管理体制和机制，提高突发事件预防和应对能力，控制、减轻和消除公路突发事件引起的严重社会危害，及时恢复公路交通正常运行，保障公路畅通，维护经济社会秩序。

（三）公路突发事件应急预案的编制内容

根据《中华人民共和国突发事件应对法》第十八条对应急预案编制内容的一般规定，公路突发事件应急预案应当针对公路突发事件的性质、特点和可能造成的社会危害，具体规定公路突发事件应急管理工作的组织指挥体系与职责和公路突发事件的预防和预警机制、处置程序、应急保障措施以及事后恢复重建措

①根据国务院要求，交通运输部总结2008年抗击低温雨雪冰冻灾害和汶川特大地震抗震救灾经验，修订并发布了《公路交通突发事件应急预案》。2005年原交通部发布的《公路交通突发公共事件应急预案》（交公路发〔2005〕296号）同时废止。

施等内容。《公路交通突发事件应急预案》就是根据《中华人民共和国突发事件应对法》以及2006年1月国务院发布的《国家突发公共事件总体应急预案》的规定，将公路突发事件应急预案分为6章，具体包括总则、应急组织体系、运行机制、应急保障、监督管理和附则。其中，总则部分明确了预案编制的目的、依据、突发事件分类分级、预案适用范围、工作原则以及应急预案体系构成；应急组织体系部分界定了应急领导小组、应急工作组、日常管理机构、专家咨询组、现场工作组等公路应急管理机构的职责；运行机制部分则对公路突发事件的应急全过程，从事故发生前的预测预警，到事故发生后的应急响应，再到事故结束后公路恢复和重建，以及其间信息发布和宣传具体工作的安排进行了阐述；应急保障部分则从应急队伍、物资设备、通信与信息、技术和资金支持5个方面提出了相应的保障要求；监督管理部分对预案演练、宣传与培训、应急能力建设评估、责任与奖惩作了相应的规范；附则部分则对预案的调整、解释、实施日期等方面做了规定。

（四）公路突发事件应急预案报本级人民政府批准后实施

县级以上各级人民政府交通运输主管部门制定的公路突发事件应急预案应报本级人民政府批准方可实施，以保证与政府或相关部门制定的应急预案相协调。此外，公路突发事件应急预案经人民政府批准后实施，也有助于保证政府各相关部门切实落实公路突发事件应急预案中涉及本部门职责的相关应急处置工作。

二、公路管理机构、公路经营企业，应当根据公路突发事件应急预案的要求组建应急队伍并定期组织应急演练

县级以上各级人民政府交通运输主管部门制定的公路突发事件应急预案中应当对应急队伍建设、教育培训、定期演练等事宜提出具体明确要求。公路管理机构、公路经营企业，应当严格按照县级以上各级人民政府交通运输主管部门制定的公路突发事件应急预案要求，组建应急队伍，并定期组织应急演练。

（一）组建应急队伍

公路突发事件应急队伍按照“平急结合、因地制宜，分类建设、分级负责，统一指挥、协调运转”的原则组建，由专业的应急抢通与运输队伍和社会力量构成。

专业应急抢通队伍包括国家公路应急抢险保通队伍和地方公路应急抢险保通队伍，前者由武警交通部队组成。2009 年经国务院、中央军委批准，将武警交通部队与武警水电部队纳入国家应急救援力量体系，并加大建设投入，努力将其打造成为“国家级”的应急救援骨干力量。后者由公路管理机构、公路经营企业、公路养护作业单位等组成。近些年来，各地在积极培育公路养护市场的同时，也加快组建以地方公路养护队伍、路政队伍及日常养护机构为主体的不以盈利为目的的公路应急养护中心以及专业化的公路应急抢险保通队伍。参与公路养护市场的养护作业单位也是公路应急救援的重要力量，可以采取全社会范围内的公开招投标的方式择优选择，并通过合作合同，明确应急状态下技术管理要求、应急征用的条件和程序、征用补偿的标准和程序以及违约责任等，规范公路交通应急抢通保障行为。

此外，在公路自有应急力量不能满足应急处置需求时，可以向同级人民政府提出请求，请求动员社会力量纳入到应急队伍中，协调人民解放军、武警部队参与应急处置工作。

（二）定期组织应急演练

根据《公路交通突发事件应急预案》的规定，在国家层面，由交通运输部负责协同有关部门制订应急演练计划并组织联合应急演练活动。2010 年 4 月 28 日，交通运输部与北京市人民政府、武警交通指挥部联合在北京延庆举办了首次警地公路交通联合应急演习。同年起，财政部每年都将列出专项资金对交通运输部组织的公路应急演习予以补助。

与此同时,各地交通运输主管部门、公路管理机构、公路经营企业也应当结合所辖区域实际,有计划、有重点地组织应急演练。通过演练和专业培训,检验并完善应急预案,同时进一步提高应急队伍的实战水平。

第八条　国家建立健全公路突发事件应急物资储备保障制度,完善应急物资储备、调配体系,确保发生公路突发事件时能够满足应急处置工作的需要。

【释义】本条是关于公路突发事件应急装备物资储备保障制度的规定。

我国幅员辽阔,各地气候环境迥异,应对常发自然灾害的区域性特征较为明显。由于自然地质灾害、事故灾难以及社会公共突发事件的不断增多,给覆盖率越来越高的公路基础设施带来了极大影响,公路、桥梁、隧道阻断等公路突然事件时有发生,公路交通应急保障能力建设面临的形式日趋严峻。近年来应对重大灾害处置工作的经验和教训表明,专业的、足够的应急装备和物资是有效应对重大突发公路交通事故的基础。而我国由于公路交通应急装备物资储备工作起步较晚,日常储备主要以公路建设和养护所需物资为主,且大多为小型机械设备,数量少,型号单一,种类较少,处置能力不足,公路交通应急装备物资储备尚不成体系。2008 年初出现低温雨雪冰冻灾害时,用于除冰除雪、防滑的机械设备和材料极度缺乏,严重影响了公路抢通保通工作的有效开展。

加快建立健全公路突发事件应急装备物资储备保障制度,完善应急装备物资储备、调配体系在当前尤为紧迫,对于提高公路应急保障能力具有重要意义,也是加强公路应急体系建设的重要切入点。其一,将有效弥补我国公路应急装备与物资储备不足，整合应急装备物资资源，合理布局，提高使用效率；其二，将有力地促进和带动各地方公路应急装备物资保障能力建设，夯实应急体系基础，进一步完善部省两级应急装备物资储备体系；其三，将进一步提升应急协调处置和物资调度能力，提高部省联动和跨区域应急处置能力。自2008年以来，各地交通运输主管部门开始高度重视并加大公路应急装备物资储备体系建设的力度。

一、公路突发事件应急装备物资的分类

(一)根据装备物资用途和性质的不同，公路突发事件应急装备物资分为装备和物资两大类。

其中，装备又分为三类：

一是工程机械类，主要包括挖掘机、装载机、推土机、平地机、起重机、自卸车、平板拖车等；

二是应急处置类，主要包括多功能除雪车、推雪铲、吹雪车、钢桥、机械化桥、清障车、冲锋舟、大功率移动式水泵以及应急通信车、应急监控车、海事卫星电话等；

三是后勤保障类，主要包括电源配电车、运油车、应急维修救援车、净水车、野餐车、野外帐篷、救生衣、个人防护装备、救生筏、发电机组、移动照明灯等。

物资主要包括防滑料、防滑链、麻袋等。

(二)根据装备物资处分主体的不同，公路突发事件应急装备物资分为国家公路交通应急装备物资和地方公路交通应急装备物资。

国家公路交通应急装备物资列入中央财政预算，由国务院交通运输部统一对其进行调度和使用。地方公路交通应急装备物资列入地方各级财政预算，由地方相关交通运输主管部门对其进行调度和使用。

二、完善公路突发事件应急装备物资储备体系

应急装备物资储备体系涵盖储备方式、储备点的设置、储备监管等方面的内容,具体包括如下。

（一）采取多样化的储备方式

根据《公路交通突发事件应急预案》的规定,应急装备物资储备采取实物储备与商业储备相结合、生产能力储备与技术储备相结合、政府采购与政府补贴相结合的方式。

（二）建立分类应急装备物资储备点

对于国家公路交通应急装备物资储备,在充分考虑全国高速公路的分布情况、应急装备物资调运的时效性和覆盖区域的合理性等因素的基础上,以“因地制宜、规模适当、合理分布、有效利用”为原则,结合各地区的气候与地质条件,建立了若干国家应急装备物资储备中心。2012 年 4 月 16 日,交通运输部下发了《关于印发国家区域性公路交通应急装备物资储备中心布局方案的通知》（交公路发〔2012〕163 号）,拟于“十二五”期间,在河北保定、吉林长春、黑龙江齐齐哈尔、浙江湖州、山东临沂、河南郑州、湖南湘潭、广东肇庆、四川成都、贵州贵阳、云南昆明、陕西西安、甘肃兰州等地建立国家区域性公路交通应急装备物资储备中心,同时支持西藏、青海、新疆三省区加快建立本区域的公路交通应急装备物资储备中心,并纳入国家区域性公路交通应急装备物资储备中心体系。

对于地方公路交通应急装备物资储备,由各省、自治区、直辖市交通运输主管部门根据辖区内公路交通突发事件发生的种类和特点,结合公路抢通和应急运输保障队伍的分布,依托行业内公路养护管理单位、道路运输单位的各类设施资源,合理布局、统筹规划建设本地区公路交通应急装备物资储备中心。

（三）建立严格的应急装备物资储备监管制度

国家公路交通应急装备物资储备,实行应急装备物资代储

管理制度。国务院交通运输部负责监管,省、自治区、直辖市交通运输主管部门作为代储单位,具体负责建设与管理工作。代储单位需要对新购置入库物资进行数量和质量验收,并将验收入库的情况上报交通运输部。对入库储备物资实行封闭式管理,专库存储,专人负责。代储单位需要建立健全各项储备管理的会计制度,包括物资台账和管理经费会计账等,保留完备的储备物资入库、保管、出库等原始凭证和会计凭证。

此外,县级以上地方人民政府交通运输主管部门应当建立完善的各项应急装备物资日常管理规章制度,实施储备物资动态管理,制定采购、储存、更新、调拨、回收各个工作环节的程序和规范,对各类物资及时予以补充和更新;实行物资储备资金使用审核制度,对应急装备物资储备所需资金进行核定、拨付、监管;督查物资储备工作,对应急装备物资储备情况进行定期检查、定期通报,发现问题及时查处;同时落实相关责任人责任追究制度,防止储备物资设备被盗用、挪用、流失和失效。

三、完善公路突发事件应急装备物资调配体系

构建迅速、高效的应急装备物资调配体系是应对公路突发事件的关键。根据《公路交通突发事件应急预案》的规定,国家公路交通应急装备物资的调配权由国务院交通运输部行使。具体的调配程序是:当省级应急装备物资储备在数量、种类及时间、地理条件等受限制的情况下,需要调用国家公路交通应急装备物资储备时,由使用地省、自治区、直辖市交通运输主管部门提出申请,经交通运输部同意,由交通运输部下达国家公路交通应急装备物资调用指令,应急装备物资储备管理单位接到调拨通知后,应在48小时内完成储备物资发运工作。

此外,在交通运输部协调下,还应建立省际应急资源互助机制,合理充分利用各省级应急装备物资储备和应急处置力量,按照就近原则,统筹协调各地方应急力量支援行动。

对武警交通部队的部署，也要尽可能靠近有关公路交通应急装备物资储备中心，在遇到公路突发事件时，可实现部队专业救援力量和地方专业装备物资的同步调度，配套使用，不仅可降低装备物资成本，也可实现资源共享、军民融合，共同做好抢险救灾有关工作。

第九条　任何单位和个人不得破坏、损坏、非法占用或者非法利用公路、公路用地和公路附属设施。

【释义】本条是关于社会公众的公路保护义务的规定。

公路是国民经济的基础设施。破坏、损坏、非法占用或者非法利用公路，将会影响正常的经济秩序和社会生活秩序，特别是对重要干线公路的破坏、损坏，影响会更为严重。破坏，是指故意实施的损及公路、公路用地或公路附属设施安全的行为。损坏，是指虽非故意，但客观上造成了损及公路、公路用地或公路附属设施安全后果的行为。非法占用或者非法利用，是指未经公路管理机构批准，擅自占用、利用公路、公路用地或公路附属设施的行为，或者虽经批准，但未按照批准的要求实施占用、利用公路、公路用地或公路附属设施的行为。

实践中，破坏、损坏、非法占用或非法利用公路、公路用地和公路附属设施的行为五花八门、屡出不穷。这些行为严重影响公路、公路用地、公路附属设施发挥其正常功能，带来极大的安全隐患，必须予以禁止和限制。如禁止在公路、公路用地范围内进行集市贸易、摆摊设点、堆放物品、倾倒垃圾、排放污水、设置障碍、挖沟引水、堵塞隧道、打场晒粮、种植作物、放养牲畜、采石、取土、采空作业、焚烧物品、利用公路边沟排放污物或者进行其他损坏、污染公路和影响公路畅通的行为，禁止利用公路桥梁、隧道铺设输送易燃易爆和有毒物品的管道，禁止利用公路桥涵堆放物品、搭建设施，禁止利用公路桥梁进行牵拉、吊装，禁止损坏、擅自移动、涂改、遮挡公路附属设施或利用公路附属设施架设管道、悬挂物品，未经许可不得擅自实施涉路施工活动和更新砍伐护路林，禁止将公路作为检验车辆制动性能的试验场地等。

一、爱路护路是社会公众应履行的义务

《公路法》、《条例》等法律法规明确规定社会公众负有保护公路的责任和义务，任何单位和个人都应当履行此项法定义务，不得实施任何破坏、损坏公路及公路附属设施的行为，否则将受到法律的追究。对破坏公路的行为，除了应承担民事责任外，还要依法追究行政责任；构成犯罪的，将依照《中华人民共和国刑法》的规定追究刑事责任。对损坏公路的行为，则主要是依法承担以损害赔偿为主要形式的民事责任。在《公路法》、《条例》等法律法规的法律责任章节中，对从事破坏、损坏、非法占用或非法利用公路、公路用地及公路附属设施的行为，逐一明确了相关责任。

各级人民政府及相关部门在依法行使公路保护职责的同时，要注重在全社会特别是在公路沿线地区广泛开展公路保护法律法规宣传，让广大群众了解保护公路的重要意义，培育和提高爱路护路的积极性，增强自觉遵守公路法律法规的意识，提倡和引导沿线群众制定爱路护路的村规民约，发动社会公众参与公路保护工作。

二、爱路护路是社会公众所享有的权利

我国法律在明确社会公众的爱路护路义务的同时，也赋予了相应的权利。《公路法》第七条第二款规定：“任何单位和个人都有爱护公路、公路用地及公路附属设施的义务，有权检举和控告破坏、损坏公路、公路用地、公路附属设施和影响公路安全

的行为。"对破坏、损坏公路及公路附属设施和影响公路安全的行为进行检举、控告,是每个单位和个人拥有的权利。行使此项权利受法律的保护。对单位或个人的检举、控告,有关主管机关应当受理并依法调查处理;任何单位或个人都不得对检举人、控告人进行威胁、报复,或者以其他形式阻碍他人行使此项权利。

第二章　公路线路

［**本章提要**］本章是关于公路线路保护的规定，从调整的法律关系上看，属于路政管理范畴。前面已经介绍过，路政管理是县级以上人民政府交通运输主管部门、公路管理机构，依据《公路法》、《条例》等法律、法规、规章的规定，为保护路产，维护路权，以及为发展公路事业并以公路为对象而实施的行政管理活动。1998年1月1日《公路法》实施后，按照相关规定，交通运输部先后出台了《超限运输车辆行驶公路管理规定》、《公路监督检查专用车辆管理办法》、《路政管理规定》等一系列部门规章，初步构建了以《公路法》为龙头的路政管理法律体系，从而为强化路政管理工作提供了较为健全的法律保障和手段。总体看，路政管理主要包括以下职责：一是宣传、贯彻执行公路管理的法律、法规和规章；二是保护路产；三是实施路政巡查；四是管理公路两侧建筑控制区；五是维持公路养护作业现场秩序；六是参与公路工程交工、竣工验收；七是依法查处各种违反路政管理法律、法规、规章的案件；八是法律、法规规定的其他职责。路政管理作为政府行政管理的重要组成部分，交通运输主管部门、公路管理机构及其路政执法人员在代表政府行使公路行政管理职责时，要严格贯彻依法行政的基本原则和要求。依法行政原则是具有统帅性、指导性、概括性的规范，具体涵盖了合法行政、合理行政、程序正当、高效便民、诚实守信、权责统一原则，公开、公平、公正原则，以人为本、文明执法原则等。这些原则贯穿于路

政管理工作的始终。

本章共二十条，就公路管理档案制度，公路用地、公路建筑控制区、公路两侧集镇规划控制区、公路安全保护区等公路两侧区域管理，公路与铁路等线路交叉的建设费用分担，公路桥隧、公路附属设施及绿化物保护，涉路施工许可等问题进行了全面细致的规定。第十条，规定了公路管理档案制度。对公路、公路用地和公路附属设施进行调查核实、登记造册，一方面，能够全面掌握所辖路段的基本情况，有利于进一步明确相关责任单位及管养职责；另一方面，可以作为权属界定、路产损害追偿的依据和标准。第十一条至第十三条，健全完善了公路建筑控制区制度。按照《公路法》有关要求，《条例》进一步明确了公路建筑控制区的划定制度和管理制度。划定制度，包括公路建筑控制区划定范围、划定原则、新建及改建公路的建筑控制区的划定规则、与其他保护区域交叉的划定规则等。管理制度，包括在建筑控制区内的管理制度和在建筑控制区外的有限管理制度。第十四条，是关于公路两侧集镇规划控制区管理的规定。本条明确规定，在公路沿线规划、新建村镇、开发区、学校和货物集散地、大型商业网点等公共场所应当与公路保持必要的距离，并尽可能在公路一侧建设。通过规划控制，破解穿集镇路段管理和路域环境整治难题，妥善处理城镇发展与公路运行安全的关系。第十五条，明确了公路与铁路等线路交叉的建设费用分担原则，主要遵循了后建服从先建原则、超标自付原则和公平合理原则。第十六条，健全完善了公路及公路用地管理制度。第十七条至第二十一条，确立了公路安全保护区制度，对公路周围危险作业控制区、公路周边危险源控制区、公路桥梁安全控制区、公路桥梁周边禁止采砂区、公路桥梁周边疏浚作业控制区管理提出了具体要求，并进一步明确了相关部门的公路保护职责。第二十二条至第二十四条，建立了公路桥隧管理制度，主要包括禁止从事危及公路桥隧安全作业管理制度、禁止沿公路桥隧铺设高压电线等危险设施管理制度、跨航道公路桥梁管理制度、重要公路桥隧武警守护制度等。第二十五条，确立了公路附属设施保护制度。第二十六条，确立了公路绿化物保护制度。本条按照《公路法》、《中华人民共和国森林法》的规定，进一步明确了公路护路林更新采伐的许可主体是公路管理机构。第二十七条至第二十九条，建立了涉路施工许可管理制度，明确了涉路施工许可事项、程序及涉路建设项目竣工验收制度，并规定了涉路工程设施所有人、管理人的维护和管理义务。

第十条　公路管理机构应当建立健全公路管理档案，对公路、公路用地和公路附属设施调查核实、登记造册。

【释义】本条是关于公路管理档案制度的规定。

公路管理档案制度是《条例》确立的一项新制度，是指包括公路、公路用地和公路附属设施在内的公路路产登记制度。建立公路管理档案制度，加强和规范公路路产登记，是依法保护路产，减少权属纠纷，维护社会稳定，确保国家公路产权不受侵占和破坏，使公路路政管理走向法制化、科学化、规范化的重要举措，也为今后依法管理公路路产提供依据。公路管理机构应该在县级以上人民政府的领导下，会同有关部门对所管辖的公路、公路用地和公路附属设施进行调查和登记，明确权属性质等。

一、公路管理档案制度的主要内容

一是要明确公路管理档案的内容，主要包括公路、公路用地和公路附属设施的位置、范围、设施名称等；二是要对公路、公路用地、公路附属设施进行调查和登记，对包括公路路基、路面、桥梁、隧道、公路用地、排水、安全防护、信息传输、收费管理、交通监控等一系列构造物和设施进行分类，按照公路等级、路段、位置、设置年份等分门别类进行登记造册，并绘制地图；三是要明确管理和养护责任主体。

二、准确认定公路路产的范围

公路路产主要包括公路、公路用地和公路附属设施。

（一）公路

公路是指经交通运输主管部门验收认定的城间、城乡间、乡间能行驶汽车的公共道路，包括已经建成的由交通运输主管部门认定的公路；还应包括按照国家公路工程技术标准进行设计，并经国家有关行政管理部门批准立项，由交通运输主管部门组织正在建设中的公路。公路，包括公路桥梁、公路隧道和公路渡口。

1. 公路按其在公路路网中的地位分为国道、省道、县道、乡道和村道，并按技术等级分为高速公路、一级公路、二级公路、三级公路和四级公路。

国道，是指具有全国性政治、经济意义的主要干线公路，包括重要的国际公路，国防公路，联结首都与各省、自治区首府和直辖市的公路，联结各大经济中心、港站枢纽、商品生产基地和战略要地的公路。

省道，是指具有全省（自治区、直辖市）政治、经济意义，联结省内中心城市和主要经济区的公路，以及不属于国道的省际间的重要公路。

县道，是指具有全县（旗、县级市）政治、经济意义，联结县城和县内主要乡（镇）、主要商品生产和集散地的公路，以及不属于国道、省道的县际间的公路。

乡道，是指主要为乡（镇）内部经济、文化、行政服务的公路，以及不属于县道以上公路的乡与乡之间及乡与外部联络的公路。

村道，是指直接为农民群众生产、生活服务，不属于乡道及以上公路的建制村与建制村之间和建制村与外部联络的主要公路，包括建制村之间的主要连接线，建制村与乡道及以上公路的主要连接线，建制村所辖区域内已建成通车并达到四级及以上技术标准的公路。

高速公路，是指专供汽车分向、分车道行驶，并应全部控制出入的多车道公路。四车道高速公路应能适应将各种汽车折合成小客车的年平均日交通量25 000～55 000 辆，六车道高速公路应能适应将各种汽车折合成小客车的年平均日交通量45 000～80 000 辆，八车道高速公路应能适应将各种汽车折合成小客车的年平均日交通量60 000～100 000 辆。

一级公路，是指供汽车分向、分车道行驶，并可根据需要控制出入的多车道公路。四车道一级公路应能适应将各种汽车折合成小客车的年平均日交通量 15 000～30 000 辆，六车道一级公路应能适应将各种汽车折合成小客车的年平均日交通量 25 000～55 000 辆。

二级公路，是指供汽车行驶的双车道公路。双车道二级公路应能适应将各种汽车折合成小客车的年平均日交通量 5 000～15 000 辆。

三级公路，是指主要供汽车行驶的双车道公路。双车道三级公路应能适应将各种车辆折合成小客车的年平均日交通量2 000～6 000 辆。

四级公路，是指主要供汽车行驶的双车道或单车道公路。双车道四级公路应能适应将各种车辆折合成小客车的年平均日交通量2 000 辆以下，单车道四级公路应能适应将各种车辆折合成小客车的年平均日交通量400 辆以下。

2. 公路桥梁分为特大桥、大桥、中桥和小桥。根据《公路工程技术标准》（JTG B01—2003），公路桥涵分类规定见表2-1。

公路桥涵分类 表2-1

桥涵分类	多孔跨径总长 L_1(m)	单孔跨径 L_2(m)
特大桥	$L_1>1\ 000$	$L_2>150$
大桥	$100\leqslant L_1\leqslant 1\ 000$	$40\leqslant L_2\leqslant 150$
中桥	$30<L_1<100$	$20\leqslant L_2<40$
小桥	$8\leqslant L_1\leqslant 30$	$5\leqslant L_2<20$
涵洞	—	$L_2<5$

注:1. 单孔跨径系指标准跨径。

2. 梁式桥、板式桥的多孔跨径总长为多孔标准跨径的总长;拱式桥为两岸桥台内起拱线间的距离;其他形式桥梁为桥面系车道长度。

3. 管涵及箱涵不论管径或跨径大小、孔数多少,均称为涵洞。

4. 标准跨径:梁式桥、板式桥以两桥墩中线间距离或桥墩中线与台背前缘间距为准;涵洞以净跨径为准。

3. 公路隧道分为特长隧道、长隧道、中隧道和短隧道。根据《公路工程技术标准》(JTG B01—2003),公路隧道分类规定见表2-2。

公路隧道分类 表2-2

隧道分类	特长隧道	长隧道	中隧道	短隧道
隧道长度 L(m)	$L>3\ 000$	$1\ 000<L\leqslant 3\ 000$	$500<L\leqslant 1\ 000$	$L\leqslant 500$

(二)公路用地

公路用地是指公路两侧边沟(截水沟、坡脚护坡道)外缘起不少于1米范围的土地。根据《公路工程技术标准》(JTG B01—2003)的规定,公路两侧无边沟、截水沟、坡脚护坡道的,其用地范围为公路路缘石或者坡脚线外侧起不少于1米范围的土地;在有条件的地段,高速公路、一级公路不小于3米,二级公路不小于2米范围内的土地为公路用地范围;在风沙、雪害等特殊地质地带,设置防护设施时,应根据实际需要确定用地范围;桥梁、隧道、互通式立体交叉、分离式立体交叉、平面交叉、交通安全设施、服务设施、管理设施、绿化以及料场、苗圃等用地,应根据实际需要确定用地范围。根据《公路法》规定,公路用地范围的确定主体是县级以上地方人民政府。实践中,县级以上地方人民政府在确定公路用地的具体范围时,可以参考《公路工程技术标准》(JTG B01—2003)有关公路用地范围的规定,但所确定的公路用地范围不得少于1米。

对于公路桥梁等特殊路段的公路用地范围,按《公路法》相关规定难以划定的,可以根据实际情况,由法规、规章予以补充规定;法规、规章没有作出相关规定的,可以根据原国家土地管理局《确定土地所有权和使用权的若干规定》确定。《确定土地所有权和使用权的若干规定》第三十三条规定:"国家水利、公路设施用地依照征用、划拨文件和有关法律、法规划定用地界线。"据此,在无法以边沟(截水沟、坡脚护坡道)、路缘石等作为公路用地划定基准的特殊路段或构造物,以公路建设中建设单位已经征用(征收)的土地为公路用地。

对于公路用地的管理,采取的是禁止和限制相结合的模式。如,对在公路用地范围内摆摊设点、堆放物品、倾倒垃圾、设置障碍、挖沟引水、打场晒粮、种植作物、放养牲畜、采石、取土、采空作业、焚烧物品、利用公路边沟排放污物或者进行其他损坏、污染公路和影响公路畅通的活动,《公路法》第四十六条和《条例》第十六条规定为禁止行为;对在公路用地范围内架设、埋设管道、电缆、非公路标志等设施的,《公路法》第四十五条、第五十四条和《条例》第二十七条第三项规定为限制行为,在遇有上述情况时,行政相对人应当事先获得有关公路管理机构的许可,必要时采取相应的防护措施,否则有关公路管理机构有权予以制止和查处。

(三)公路附属设施

公路附属设施是指为保护、养护公路和保障公路安全畅通所设置的公路防护、排水、养护、管理、服务、交通安全、渡运、监控、通信、收费等设施、设备以及专用建筑物、构筑物等。

三、公路管理档案的管理主体

根据《条例》规定,公路管理机构是建立健全公路管理档案的法定主体，负责对公路、公路用地和公路附属设施调查核实、登记造册。公路路产登记工作复杂，难度大。对于已经建成使用的公路，公路管理机构要按照登记的要求，逐步开展调查登记；新建的公路，建设单位应该在移交交付使用时，将公路路产档案一并移交给公路管理机构，由公路管理机构调查核实后，进行登记造册。

第十一条　县级以上地方人民政府应当根据保障公路运行安全和节约用地的原则以及公路发展的需要，组织交通运输、国土资源等部门划定公路建筑控制区的范围。

公路建筑控制区的范围，从公路用地外缘起向外的距离标准为：

（一）国道不少于20米；

（二）省道不少于15米；

（三）县道不少于10米；

（四）乡道不少于5米。

属于高速公路的，公路建筑控制区的范围从公路用地外缘起向外的距离标准不少于30米。

公路弯道内侧、互通立交以及平面交叉道口的建筑控制区范围根据安全视距等要求确定。

【释义】本条是关于公路建筑控制区划定原则、划定主体和划定范围的规定。

一、公路建筑控制区的概念及设立目的

公路建筑控制区，是指为保障公路完好、安全和畅通，在公路两侧对建筑物和构筑物建设进行控制管理的区域。根据1987年国务院颁布的《中华人民共和国公路管理条例》规定，在公路两侧

修建永久性工程设施，其建筑物边缘与公路边沟外缘的间距为：国道不少于20米，省道不少于15米，县道不少于10米，乡道不少于5米。这是立法层面最早、最接近公路建筑控制区的规定。随后颁布实施的《公路法》，第一次使用了公路建筑控制区的概念，并对划定规则、距离范围、管理要求等方面作出了原则性规定，正式确立公路建筑控制区管理制度。

公路建筑控制管理制度，在境外有关国家或地区的立法中，也有相关规定。《加拿大新布朗兹维克省公路法》规定，部长在政务会副总督的同意下，可以制定有关公路规章，在必要的公路路段的两侧或一侧划定控制线，公路控制线从公路用地的中心线算起不超过180米；任何人不得在依法划定的控制线范围内建造或放置楼房、建筑物、构造物、储藏油罐、汽油泵、车道、木材，或者除篱笆或告示牌之外的其他物体，无论其位于地上或地下，不得修筑任何与公路相连的车道。《印度喀拉拉邦公路保护法》规定，主管官员应该按照一定方式确定各类公路的建筑线和控制线，即公路中间线与建筑线之间的距离或者建筑线与控制线之间的距离应按照安全需要、交通和公路未来发展便利的要求予以确定；除经交通部门的书面许可外，任何人不得在位于公路建筑线和控制线之间的土地上，新建、重建建筑物、构筑物，或者通过降低、抬升、挖掘、填充等方式改变地面，或者建造、设置任何方式的公路出入口；不得对建于建筑线和控制线之间土地上的建筑物的使用和目的作任何改变，这些建筑物的使用和目的是经主管官员事先批准同意的。

国家在公路两侧划定建筑控制区，主要有以下目的：

一是为保障行车安全和公路畅通，公路两侧修建的建筑物和构筑物必须与公路主线保持一定距离，避免妨碍安全视距，影响交通安全；

二是防止公路出现街道化现象，提高公路通行能力；

三是避免车辆侵害公路两侧建筑物和构筑物的安全，减少车辆噪声、尾气等影响沿线群众的生产、生活；

四是避免公路沿线近距离施工影响公路及其设施的完好、安全，有效保护公路和公路附属设施；

五是为公路今后的升级和拓宽而预留土地，通过加强控制和管理，减少国家拓宽公路时房屋拆迁和各类公共设施迁移的投入，节约国家有限的公路建设资金。

二、县级以上地方人民政府是公路建筑控制区范围的划定主体

由于我国地域辽阔、人口多，且分布很不平衡，各省、自治区、直辖市所处的地理位置不同，自然条件、地形地貌千差万别，因此，公路及公路两侧的管理要求和标准也不相同。为了使公路建筑控制区管理制度更切合各地实际，《公路法》和《条例》均授权县级以上地方人民政府作为责任主体，负责划定公路建筑控制区的范围。

《条例》同时还规定由县级以上地方人民政府组织交通运输、国土资源等部门划定，这主要考虑到公路建筑控制区管理与这些部门的职责密切相关。比如，交通运输主管部门负责并熟知公路运行安全要求和有关公路发展规划，国土资源主管部门负责并熟知公路沿线的土地利用总体规划等。此外，公路建筑控制区经县级以上地方人民政府划定后，不仅行政相对人应当严格遵守，而且交通运输、国土资源、规划、住建等部门也必须严格执行，如交通运输主管部门及其公路管理机构发现在公路建筑控制区内违法修建建筑时，必须制止和纠正违法行为；对公路建筑控制区内违法修建的建筑物和地面构筑物，国土资源主管部门不予颁发土地使用证明，住建主管部门不得发放相关权属登记证明，规划部门不得在公路沿线两侧的建筑控制区内进行建筑规划等。相关部门违反公路建筑控制区管理规定，违法审批有关建筑物和构筑物的，应当按照《中华人民共和国行政许可

法》等有关规定处理并追究相关责任。

需要特别强调的是，公路建筑控制区的划定主体只能是县级以上地方人民政府，即县（市、区）级、市级、省级地方人民政府均有划定权，根据行政层级原则，下级人民政府划定的范围必须符合上级人民政府划定的要求。有的省市制定的地方性法规中根据《条例》的规定，直接对建筑控制区范围进一步进行了明确，同样也应履行由县级以上地方人民政府划定并公告的程序。

三、根据保障公路运行安全和节约用地的原则以及公路发展的需要划定公路建筑控制区的范围

《公路法》第五十六条规定，公路建筑控制区的范围，由县级以上地方人民政府依照国务院的规定划定。该条所称国务院的规定，即指 2011 年 7 月 1 日生效的《公路安全保护条例》，在此之前，则是指《中华人民共和国公路管理条例》。根据《条例》规定，公路建筑控制区的范围，即：国道不少于 20 米，省道不少于 15 米，县道不少于 10 米，乡道不少于 5 米；属于高速公路的，不少于 30 米。这里的“不少于”，指的是“大于或等于”。这是国务院从行政法规层面规定的法定最小距离，地方性法规规定的建筑控制区范围以及县级以上地方人民政府依法划定的公路建筑控制区范围不得少于国务院规定的法定最小距离。

县级以上地方人民政府在组织交通运输、国土资源等部门划定公路建筑控制区的范围时，应当遵循以下原则。

（一）保障公路运行安全原则

充分考虑公路运行安全，这是县级以上人民政府在划定公路建筑控制区范围时应当遵守的最基本原则。公路两侧建筑物、地面构筑物距离公路太近，不仅影响公路行车的安全视距，易诱发交通事故，而且也容易出现公路街道化现象，降低公路的通行能力。

（二）保障节约用地原则

公路建筑控制区一旦划定后，虽然没有改变其范围内的土地

权属,对在土地上进行耕种等作业也没有限制,但对修建建筑物、地面构筑物以及埋设管线等行为作出了禁止性或者限制性规定,势必影响到土地使用功能的全面发挥。因此,公路建筑控制区的划定范围并不是越大越好,而是要在保障公路运输安全以及满足公路发展需要的前提下,根据本地实际,合理确定建筑控制区的范围,防止距离界定过大而造成土地资源的闲置和浪费。

(三)满足公路发展需要原则

《条例》对《公路法》确立的保障公路运行安全、节约用地原则进行了补充,同时增加了满足公路发展需要的原则。主要考虑到随着经济的发展和人民生活水平的提高,汽车保有量持续增长,公路的技术等级也要不断地提高,路面需要拓宽升级。因此,县级以上地方人民政府在划定建筑控制区的范围时,必须充分考虑今后公路拓宽、扩建需要,避免不必要的拆迁,节省建设成本。

四、公路建筑控制区的范围应从公路用地外侧起向外开始起算

根据《公路法》第三十四条规定,公路用地是指公路两侧边沟(截水沟、坡脚护坡道)外缘起不少于1米范围的土地,其距离范围从公路边沟外缘开始起算。根据《中华人民共和国公路管理条例》第二十九条规定,公路建筑控制区的范围也从公路边沟外缘开始起算。这就造成公路用地和公路建筑控制区存在重叠,即公路边沟外缘起至少1米的范围既是公路用地,又是公路建筑控制区。由于现有法律、法规对公路用地和公路建筑控制区分别规定了不同的权利义务和管理要求,带来执法实践中法律适用上的矛盾。为有效地解决这一问题,《条例》统一明确了公路建筑控制区的划定规则,规定公路建筑控制区的范围应从公路用地外侧起向外开始起算,这样就使公路用地和公路建筑控制区的范围较好的衔接起来。

由于公路建筑控制区的范围以公路用地的外侧为起算点,

因此,划定公路建筑控制区范围的前提条件必须为公路用地的范围是明确的。也就是说,如果公路用地范围不明确或不清晰,公路建筑控制区的范围则无法划定。因此,县级以上人民政府在划定公路建筑控制区的范围前,还应当积极履行《公路法》第三十四条规定的法定职责,确定公路两侧边沟(截水沟、坡脚护坡)外缘起不少于1米的公路用地。

五、公路弯道内侧、互通立交以及平面交叉道口的建筑控制区范围根据安全视距等要求确定

需要指出的是,公路弯道内侧、互通立交以及平面交叉道口是公路的组成部分,但考虑到其结构的特殊性,对安全视距等方面要求更加严格,这就要求县级以上人民政府在划定其建筑控制区范围时,不能"一刀切"地按照法定最小距离划定其建筑控制区的范围,而是应充分考虑安全视距等要求,适当扩大划定的距离范围。

根据《公路工程技术标准》(JTG B01—2003),安全视距应符合以下规定:

(一)高速公路、一级公路的停车视距应符合表2-3规定。

高速公路、一级公路停车视距　　表2-3

设计速度(km/h)	120	100	80	60
停车视距(m)	210	160	110	75

(二)二级、三级、四级公路的停车视距、会车视距与超车视距应符合表2-4规定。

二级、三级、四级公路停车视距、会车视距与超车视距　　表2-4

设计速度(km/h)	80	60	40	30	20
停车视距(m)	110	75	40	30	20
会车视距(m)	220	150	80	60	40
超车视距(m)	550	350	200	150	100

(三)双车道公路应间隔设置具有超车视距的路段。

(四)高速公路、一级公路以及大型车比例高的二级、三级公

路,应采用货车停车视距对相关路段进行检验。

(五)积雪冰冻地区的停车视距宜适当增长。

六、公路建筑控制区依法划定后应当设置标桩、界桩

《公路法》第五十条第三款规定:"建筑控制区范围经县级以上地方人民政府依照前款规定划定后,由县级以上地方人民政府交通主管部门设置标桩、界桩。任何单位和个人不得损坏、擅自移动该标桩、界桩。"公路建筑控制区依法受国家保护,任何单位和个人不得损坏、擅自挪动该标桩、界桩。破坏、擅自挪动公路建筑控制区的标桩、界桩,可能危及公路安全的,按照《公路法》第七十六条第六项和《条例》第六十条第一项规定,责令改正,可以处 3 万元以下的罚款。

七、公路建筑控制区内的土地权属并不因公路建筑控制区的划定而发生转变

根据原国家土地管理局发布的《确定土地所有权和使用权的若干规定》(〔1995〕国土籍字第 26 号),依法划定的铁路、公路、河道、水利工程、军事设施、危险品生产和储存地、风景区等区域的管理和保护范围内的土地,其土地的所有权和使用权依照土地管理有关法规确定;但对上述范围内的土地的用途,可以根据有关规定增加适当的限制条件。为此,公路建筑控制区内的土地权属并不因公路建筑控制区的划定而发生转变。公路建筑控制区内的土地利用,可以分为三类情况:

(一)绝对禁止事项

一是禁止修建建筑物和地面构筑物;二是禁止扩建公路建筑控制区划定前已经合法修建的建筑物。

(二)限制从事事项

在公路建筑控制区内埋设管道、电缆等设施应依法办理相关行政许可手续。

（三）允许从事事项

一是因公路养护、防护需要修建建筑物、构筑物；二是从事农业生产等不违反公路建筑控制区规定的有关活动。

第十二条　新建、改建公路的建筑控制区的范围，应当自公路初步设计批准之日起30日内，由公路沿线县级以上地方人民政府依照本条例划定并公告。

公路建筑控制区与铁路线路安全保护区、航道保护范围、河道管理范围或者水工程管理和保护范围重叠的，经公路管理机构和铁路管理机构、航道管理机构、水行政主管部门或者流域管理机构协商后划定。

【释义】本条是关于新建、改建公路的建筑控制区范围划定的时限和程序要求以及与各类管理保护范围、区域重叠的处理规定。

一、关于新建、改建公路的建筑控制区范围的划定时限和程序要求

规定这一要求的目的是对规划、在建过程中的公路的建筑控制区范围提前划定，实现路政管理的提前介入，以便对公路进行有效的保护，避免由于公路建筑控制区范围划定的滞后，带来公路建成后再不得不解决的新增问题。实践中，新建、改建公路项目一旦立项后，当地居民为获取较多的拆迁补偿费用，往往在公路规划路线两侧补栽树苗、抢建房屋，出现“隔夜楼”现象，但公路管理机构对其进行制止和纠正缺少必要的法律依据，只能放任其建设。这必然带来两个不利后果：一是按照合法建筑予以拆迁，将导致公路征地拆迁补偿费用大大增加；二是按照合法建筑予以保留，遗留到今后的管理中，必然增加管理难度。为解决“隔夜楼”等问题,本款明确了新建、改建公路的建筑控制区的范围,应当自公路初步设计批准之日起30日内,由公路沿线县级以上地方人民政府划定并公告。新建、改建项目的主管部门应当在初步设计批准后及时将有关信息报送县级以上人民政府,由其组织交通运输、国土资源等部门划定并公告。新建、改建公路的建筑控制区划定后,则纳入建筑控制区的管理,可以有效遏制抢栽抢建现象,有关公路管理机构应当依照《公路法》、《条例》等法律、法规的规定,对其实施路政管理。

二、关于公路建筑控制区与其他保护区交叉、重叠的划定规则

根据有关法律法规规定,铁路、河道、航道、水工程等也有相应的保护区域管理制度。当公路建筑控制区的范围与铁路线路安全保护区、航道保护范围、河道管理范围或者水工程管理和保护范围重叠时,按照公路建筑控制区的一般划定规则划定公路建筑控制区,可能不符合客观实际以及其他保护区域的实际需要,因此,《条例》明确,此种情况下,应由公路管理机构与铁路管理机构、航道管理机构、水行政主管部门或者流域管理机构等单位协商解决;协商一致后,再报请县级以上地方人民政府划定。如果公路管理机构与其他相关机构、部门对划定范围无法协商一致的,应当由县级以上地方人民政府牵头组织相关部门协商并予以确定。

此外,实践中公路与公路之间并行或交叉路段的公路建筑控制区也存在重叠问题,如果相关路段的公路管理机构对公路建筑控制区的管辖权发生争议的,可按照《路政管理规定》[①]要求,报请共同的上一级人民政府交通运输主管部门或者公路管理机构指定管辖。

本条第二款规定的各类管理和保护范围,主要包括以下

①根据《路政管理规定》第二十一条第一款规定,对管辖发生争议的,报请共同的上一级人民政府交通运输主管部门或者其设置的公路管理机构指定管辖。

区域:

(一)铁路线路安全保护区

根据《铁路运输安全保护条例》的规定,铁路线路两侧应当设立铁路线路安全保护区。铁路线路安全保护区的范围,从铁路线路路堤坡脚、路堑坡顶或者铁路桥梁外侧起向外的距离分别为:城市市区,不少于 8 米;城市郊区居民居住区,不少于 10 米;村镇居民居住区,不少于 12 米;其他地区,不少于 15 米。在铁路线路安全保护区内,除必要的铁路施工、作业、抢险活动外,任何单位和个人不得实施建造建筑物、构筑物,取土、挖砂、挖沟,采空作业,堆放、悬挂物品等行为。任何单位和个人不得在铁路线路安全保护区内烧荒、放养牲畜、种植影响铁路线路安全和行车瞭望的树木等植物。任何单位和个人不得向铁路线路安全保护区排污、排水,倾倒垃圾及其他有害物质。

(二)河道管理范围

根据《中华人民共和国河道管理条例》的规定,有堤防的河道,其管理范围为两岸堤防之间的水域、沙洲、滩地(包括可耕地)、行洪区、两岸堤防及护堤地;无堤防的河道,其管理范围根据历史最高洪水位或者设计洪水位确定。河道的具体管理范围,由县级以上地方人民政府负责划定。在河道管理范围内,禁止修建围堤、阻水渠道、阻水道路;种植高秆农作物、芦苇、杞柳、荻柴和树木(堤防防护林除外);设置拦河渔具;弃置矿渣、石渣、煤灰、泥土、垃圾等。

(三)水工程管理和保护范围

水工程管理范围,是指由水工程管理单位直接管理的区域;水工程保护范围,是指在管理范围以外,为保护水工程安全管理所需而划定的范围。根据《中华人民共和国水法》的规定,国家对水工程实施保护,国家所有的水工程应当按照国务院的规定划定工程管理和保护范围。国务院水行政主管部门或者流域管理机构管理的水工程,由主管部门或者流域管理机构商有关省、自治区、直辖市人民政府划定工程管理和保护范围。其他水工程,应当按照省、自治区、直辖市人民政府的规定,划定工程保护范围和保护职责。在水工程保护范围内,禁止从事影响水工程运行和危害水工程安全的爆破、打井、采石、取土等活动。

第十三条　在公路建筑控制区内,除公路保护需要外,禁止修建建筑物和地面构筑物;公路建筑控制区划定前已经合法修建的不得扩建,因公路建设或者保障公路运行安全等原因需要拆除的应当依法给予补偿。

在公路建筑控制区外修建的建筑物、地面构筑物以及其他设施不得遮挡公路标志,不得妨碍安全视距。

【释义】本条是关于公路建筑控制区管理的规定。

一、在公路建筑控制区内,除公路保护需要外,禁止修建建筑物和地面构筑物

(一)禁止修建建筑物和地面构筑物

本条所称建筑物,一般是指主要供人们进行生产、生活或其他活动的房屋和场所,如工业建筑、农业建筑、民用建筑等,既包括永久性建筑物,也包括各种临时性建筑物;本条所称地面构筑物,是指人们一般不直接在其中进行生产和生活活动的建筑物,如水塔、电线塔、发射塔、烟囱等。在公路建筑控制区内,修建建筑物和地面构筑物,属于禁止行为。

(二)因公路保护需要除外

本条所称公路保护需要,主要是指公路防护、养护、管理等需要。因公路保护需要,在公路建筑控制区内修建建筑物、构筑物的,不受上述限制,如养护工区、收费站、公路超限检测站等。这类建筑物是公路法律法规允许建设和存在的,属于公路附属设施的范畴，有的是与公路同步规划、同步设计、同步建设的；有的是在公路建成以后，根据公路养护、管理需要而建设的。

此外，在公路建筑控制区内还可以埋设管线、电缆等设施，不过根据《公路法》第五十六条第一款和《条例》第二十七条第七项规定，从事这些行为属于行政许可事项，应当事先经公路管理机构批准。需要指出的是，公路建筑控制区仅对上述建筑活动进行控制，不影响沿线群众进行的其他活动，如耕种、日常通行等。

二、关于建筑控制区划定前已经合法修建的建筑物、地面构筑物的处理

由于历史的原因，在公路建成通车之前其两侧可能存在着一定数量的合法修建的建筑物和地面构筑物，这些建筑物和地面构筑物或多或少会影响公路运行安全。但考虑到现实情况和执行成本问题以及对当事人物权的充分保护，《条例》对公路建筑控制区划定前已经合法修建的建筑物、地面构筑物处置，视不同情况做了规定：

（一）对已经合法修建的，不得扩建

根据《中华人民共和国土地管理法》第六十四条规定，在土地利用总体规划制定前已建的不符合土地利用总体规划确定的用途的建筑物、构筑物，不得重建、扩建，此条规定同样适用于公路建筑控制区的管理。当县级以上地方人民政府划定公路建筑控制区的范围后，公路建筑控制区内的土地用途即受到适当限制，已经合法修建的建筑物和地面构筑物应当遵守这些限制条件，不得扩建。但对于这些合法建筑物，应该允许其在原有建筑不扩大占地面积和建筑面积以及不改变原有主体结构的情况进行合理、适度地修缮。

（二）因公路建设或者保障公路运行安全等原因需要拆除的，应当依法给予补偿

补偿是由于公共利益需要牺牲了公民、组织的个体利益而给予利益受到特定损害的公民、组织的一种经济上的弥补。为保障公路安全而拆除沿线既有的合法建筑物和构筑物，会对所有者或者使用者的利益造成一定损害，因此本条明确规定了补偿原则。这一规定与《中华人民共和国宪法》、《中华人民共和国物权法》以及《国有土地上房屋征收与补偿条例》有关规定和精神是一致的。需要指出的是，除公路保护需要外，在公路建筑控制区划定后新修建的建筑物、地面构筑物属于违法建筑，不受法律保护，不应给予补偿，而且根据《公路法》和《条例》规定，应当由公路管理机构责令限期拆除并可以处相应罚款，逾期不拆除的，强制拆除，有关费用由建筑者、构筑者承担负担。

公路管理机构应对建筑控制区内已有建筑物的使用面积、建筑面积、与公路用地外缘的间距等状况进行全面掌握，建立管理档案。日常管理过程中，发现这些建筑物在修缮时，应该立即告知其不得扩大占地面积和建筑面积，同时告知建筑物在修缮时，不能将建筑设施堆放在建筑控制区内，施工作业时，要与公路保持一定的安全距离。

三、关于在公路建筑控制区外修建的建筑物、地面构筑物以及其他设施的处理

考虑到交通安全等因素，本条规定，在公路建筑控制区外修建的建筑物、地面构筑物以及其他设施不得遮挡公路标志，不得妨碍安全视距。需要说明的是，本条所称公路建筑控制区内和公路建筑控制区外是以建筑物、地面构筑物垂直投影为界定标准的，也就是说即使建筑物的地基部分在建筑控制区外缘以外，但建筑物的垂直投影在建筑控制区外缘以内，就适用于本条第一款规定。此外，在公路建筑控制区外设立的各种广告，如果其设置过多、频率过密、内容和色彩过于抢眼，也会对过往驾驶人的安全行驶构成直接影响，间接地妨碍公路的安全视距，也需要

各地公路管理机构联合有关工商等部门根据实际情况进行规范。

四、公路建筑控制区管理的注意事项

(一)加强部门沟通

实践中,由于缺少必要的部门协作机制,在公路建筑控制区内往往会发生违法建设建筑物的情况,甚至有些当事人还持有相关部门颁发的许可证件,一旦既成事实再予以拆除,势必造成社会资源的浪费,而且容易激化社会矛盾。为此,交通运输主管部门、公路管理机构应当加强与国土资源、住建等部门以及公路沿线乡镇政府的沟通,互相支持配合,形成合力,从源头上预防在公路建筑控制区内修建建筑物、地面构筑物等违法行为的发生。比如,国土资源、规划、住建等部门审批涉及公路建筑控制区的建设用地和建设项目时,可以注明建筑物、构筑物与公路的控制距离,并告知公路管理机构;建设单位开工时,公路管理机构应当派员进行现场监督。

(二)加强监督检查

公路管理机构应当建立健全公路巡查检查制度,及时发现建筑控制区内的违法行为,及时采取措施予以制止。在违法建筑物和地面构筑物修建初期,当事人投入较少,如果制止及时,尽早纠正违法行为,可以减少当事人的经济损失,同时也更容易接受拆除的行政决定,降低公路管理机构的执法难度。

(三)加强宣传

公路建筑控制区管理与沿线群众的生产、生活密切相关,尤其是拆除违法建筑物和地面构筑物更是事关其切身利益,在拆除过程中,极易发生纠纷。公路路政执法人员要加强与当事人的沟通,做好法制宣传和解释说明工作,避免出现纠纷。

第十四条　新建村镇、开发区、学校和货物集散地、大型商业网点、农贸市场等公共场所,与公路建筑控制区边界外缘的距离应当符合下列标准,并尽可能在公路一侧建设:

(一)国道、省道不少于50米;

(二)县道、乡道不少于20米。

【释义】本条是关于公路两侧集镇规划控制区管理的规定。

从我国现有小城镇的形成和发展来看,相当多的小城镇是随着越来越多的居民住宅和商店在公路两侧相继建设成群而逐渐形成的,这就是过去常说的"马路经济"现象。在这种情形下,过境公路既是交通要道,也是小城镇居民的主要街区道路,导致小城镇公路两侧商业贸易集中、行人密集、拉货车辆停滞、交通拥挤等混乱现象。这不仅降低了公路的通行能力,而且易诱发交通安全事故,给人民生命财产造成损失。出现这个问题的原因是多方面的,主要表现在四个方面:

一是部分乡镇政府热衷于发展"马路经济",在公路两侧设置集贸市场、生产企业、居民建房,这样做可以减少乡镇政府基础设施建设投入;

二是规划、工商、城建、交通运输等部门在履行其各自职责的工作中,没有充分沟通合作并统筹规划公路与城镇建设之间的关系,难以形成有效的工作合力;

三是《公路法》对公路两侧集镇规划控制区范围规定的比较原则,没有相应的执行程序和界定标准,实践中难以操作;

四是部分建筑物沿公路修建的问题在规划环节已经出现,遗留到管理中所带来的拆迁成本和社会影响很大。

基于以上原因,穿集镇路段问题长期得不到有效治理,已成为困扰路政管理的"顽症"。县级以上地方人民政府依法划定的公路建筑控制区主要调整的是未形成集镇的零散建筑物,对于人口相对集中的乡镇,现行控制距离是远远不够的。比如,在穿集镇路段的建筑控制区内易形成贸易市场，这并不违反公路建筑控制区的有关规定，但贸易市场会产生大量人流，造成车辆在路边的乱停乱放；集镇距离公路太近且沿路对称设置，会增加交叉道口，降低车辆通行能力和交通安全系数，将会带来一系列的不良后果。

“马路经济”作为特定时代的产物，其产生具有一定的背景和条件，但随着经济社会的不断发展，政府执政理念和群众生活观念都在逐步发生转变。《公路法》第十八条规定，规划和新建村镇、开发区，应当与公路保持规定的距离并避免在公路两侧对应进行，防止造成公路街道化，影响公路的运行安全与畅通。《小城镇建设技术政策》规定，协调过境公路与城镇内部交通结构的关系，根据公路的使用功能、性质和等级，结合小城镇发展规划，合理布设过境公路，尽量避免穿越镇区；在道路交通规划中，对既有过境公路可根据具体条件采取外迁过境公路、过境公路两侧设辅路、交叉口主道高架或下穿等不同方式，保证镇内交通与过境交通互不干扰。由此可见，在处理过境公路和小城镇协调的问题上，一方面要求小城镇与过境公路保持一定距离，让城镇建设尽量避免干扰过境交通，另一方面要求做好小城镇道路与过境公路路网的衔接工作，让过境公路最大限度的服务于小城镇经济发展，这也是创建“和谐社会”、做好“三个服务”的具体体现。

《公路法》第十八条提出了集镇规划控制区的概念，但规定比较原则。为此，《条例》对《公路法》第十八条进行了细化，规定新建村镇、开发区、学校和货物集散地、大型商业网点、农贸市场等公共场所与公路建筑控制区边界外缘的距离应当符合“国道、省道不少于50米，县道、乡道不少于20米”的标准。本条规定主要包括四层含义：

（一）公路两侧集镇规划控制区的管理主体是规划、国土资源、住建等政府部门。《中华人民共和国城乡规划法》规定：“国务院城乡规划主管部门会同国务院有关部门组织编制全国城镇体系规划,用于指导省域城镇体系规划、城市总体规划的编制。全国城镇体系规划由国务院城乡规划主管部门报国务院审批。省、自治区人民政府组织编制省域城镇体系规划,报国务院审批。省域城镇体系规划的内容应当包括:城镇空间布局和规模控制,重大基础设施的布局,为保护生态环境、资源等需要严格控制的区域。"《村庄和集镇规划建设管理条例》第六条规定:"国务院建设行政主管部门主管全国的村庄、集镇规划建设管理工作。县级以上地方人民政府建设行政主管部门主管本行政区域的村庄、集镇规划建设管理工作。乡级人民政府负责本行政区域的村庄、集镇规划建设管理工作。"《中华人民共和国土地管理法》第五条规定:"国务院土地行政主管部门统一负责全国土地的管理和监督工作。县级以上地方人民政府土地行政主管部门的设置及其职责,由省、自治区、直辖市政府根据国务院有关规定确定。"

(二)规划、国土资源、住建等部门在制定公路沿线城镇规划时,应当严格遵守《公路法》第十八条和《条例》第十四条规定,不得批准不符合有关控制距离要求的建设项目的规划、建设和土地使用许可。同时,应当尽可能在公路一侧建设,避免在公路两侧对应进行,防止造成公路街道化,影响公路的运行安全与畅通。需要强调的是,新建村镇、开发区、学校和货物集散地、大型商业网点、农贸市场等公共场所与公路建筑控制区边界外缘的距离应当符合"国道、省道不少于 50 米,县道、乡道不少于 20 米"的标准,这是《公路法》和《条例》规定的法定距离,各级人民政府、相关部门以及社会公众必须遵守。规划、国土资源、住建等部门违反《条例》有关集镇规划控制区管理有关规定的,应当依照《中华人民共和国行政许可法》等规定进行处理。

(三)集镇规划控制区的范围应从公路建筑控制区外侧起向外开始起算,即新建村镇、开发区、学校和货物集散地、大型商业网点、农贸市场等公共场所，与公路建筑控制区边界外缘的距离为国道、省道不少于50米，县道、乡道不少于20米。

（四）本条规定适用于新建村镇、开发区、学校和货物集散地、大型商业网点、农贸市场等公共场所。对《条例》施行前已经在公路两侧建设的村镇、开发区、学校和货物集散地、大型商业网点、农贸市场等公共场所，不得再沿公路平行扩建，并由县级以上人民政府组织有关部门和单位采取必要措施，如沿公路两侧设置隔离设施等，尽量减少对交通安全的影响，提高公路通行效率。

第十五条　新建、改建公路与既有城市道路、铁路、通信等线路交叉或者新建、改建城市道路、铁路、通信等线路与既有公路交叉的，建设费用由新建、改建单位承担；城市道路、铁路、通信等线路的管理部门、单位或者公路管理机构要求提高既有建设标准而增加的费用，由提出要求的部门或者单位承担。

需要改变既有公路与城市道路、铁路、通信等线路交叉方式的，按照公平合理的原则分担建设费用。

【释义】本条是关于公路与铁路等线路交叉的建设费用分担原则的规定。

公路、城市道路、铁路、通信等线路具有点多、线长、面广的特点，在地域分布上遍及全国城乡，因此，各种线路之间发生交叉也是不可避免的。为保证各种线路交叉时互不影响，或将不利影响降至最低，《公路法》等法律、法规往往通过设立行政许可方式，妥善解决各线路之间的交叉关系。

一、处理交叉关系的基本原则

公路、铁路等线路交叉产生费用的，应按照民法中的相邻关系进行处理,在尊重先有权利的基础上,对等的、公平合理的保护相邻各方的合法权益,兼顾国家、集体、个人利益,任何一方不得非法侵犯相邻方的合法权益,要互谅互让,依法办事,维护社会稳定,促进社会发展。

二、处理交叉关系的具体原则

(一)后建服从先建原则

新建、改建项目与既有项目交叉,所产生的建设费用由新建、改建项目单位承担。本条所称建设费用,是指新建、改建项目与既有项目交叉,引起既有项目的变更、改造或是使既有项目恢复到交叉前既有技术状况水平而产生的费用。

(二)超标自付原则

既有项目单位提出在实施交叉时同步提高既有建设标准的,如果不是因为线路交叉原因不得不提高的,提高既有建设标准所产生的费用应由提出提高建设标准单位(既有项目单位)承担。需要明确的是,本条所称既有建设标准,包括已有明确的法律文件或者法定规划依据的,今后一段时间范围内确定实施的标准。比如,某铁路项目因建设需要,要跨越某二级公路,根据现状,铁路桥梁采用60米跨径就可以实现跨越。但如果该条二级公路已经法定规划明确要改造为一级公路,按照要求,铁路桥梁必须采用80米跨径才能满足二级公路改造为一级公路的要求,此时,公路管理机构要严格执行法定规划,不能视为提高既有建设标准,相关建设费用仍由铁路建设单位承担。

(三)公平合理原则

需要改变既有公路与城市道路、铁路、通信等线路交叉方式的,按照公平合理的原则分担建设费用。

此外,当公路、城市道路、铁路、通信等管理部门或者单位在办理行政许可时对今后线路改建或者改变既有交叉方式所产生的费用作出协议约定的,应当优先适用有关协议约定。比如,公路管理机构许可同意某石油管道穿越公路,并在作出许可决定的同时,附有“如遇公路改造、拓宽需要时,石油管道应无条件拆除或者迁移”的条件,后因公路改造需要,石油管道迁移所产生的费用,就应该由石油管道建设管理单位承担。

第十六条　禁止将公路作为检验车辆制动性能的试车场地。

禁止在公路、公路用地范围内摆摊设点、堆放物品、倾倒垃圾、设置障碍、挖沟引水、打场晒粮、种植作物、放养牲畜、采石、取土、采空作业、焚烧物品、利用公路边沟排放污物或者进行其他损坏、污染公路和影响公路畅通的行为。

【释义】本条是关于禁止将公路作为检验车辆制动性能的试车场地以及不得在公路、公路用地上从事损坏、污染公路和影响公路畅通活动的禁止性规定。

一、禁止将公路作为检验车辆制动性能的试车场地

机动车制造厂、修理厂制造、维修的汽车必经试车合格后才能交付使用,而处于试车阶段的车辆还存在着一定的事故隐患,在公路上进行试刹车等检验机动车性能的活动,会对公路路面造成较大的损坏,并影响公路的畅通。为检验机动车制动性能,机动车制造厂、修理厂应该修建专门的试车场地,而不能将公路作为试车场地。目前,一些机动车制造厂、修理厂等单位,由于没有自己的试车场地或场地有限,把公路作为试车场地,进行检验机动制动性能的活动,严重损坏公路路面,影响公路的安全。

本条第一款主要是针对这一情况制定的。需要注意的是,

《公路法》也有相应规定[①]，但仅针对机动车制造厂、修理厂等单位利用公路进行的上述活动进行了规定，对个人为检验车辆而进行的试车行为则未作规定，管理实践中，机动车制造厂、修理厂等单位进行试车时，也否认是单位行为，致使《公路法》有关规定适用性不强。为解决这个问题，《条例》规定，禁止将公路作为检验车辆制动性能的试车场地，这里，无论是单位，还是个人，均纳入了管理范畴。此外，对于机动车购买者、使用者等偶尔的个人试车行为，主要影响交通安全和秩序，应当由公安机关交通管理部门按照有关规定处理。

二、禁止在公路、公路用地范围内进行损坏、污染公路和影响公路畅通的行为

根据《公路法》第四十六条规定，任何单位和个人不得在公路上及公路用地范围内摆摊设点、堆放物品、倾倒垃圾、设置障碍、挖沟引水、利用边沟排放污物或者进行其他损坏、污染公路和影响公路畅通的活动。本条第二款针对路政管理实践中遇到的问题，对《公路法》有关规定进行的细化和补充，具体列举了公路和公路用地范围内禁止从事的活动：

（一）摆摊设点。在公路上及公路用地范围内进行摆摊设点，一般不直接影响公路及其设施本身的完好和安全，但容易形成“马路市场”，严重影响公路的通行能力，并对交通安全造成严重隐患，因此必须严格禁止此类行为。摆摊设点现象主要集中在穿集镇路段、蔬果种植区周边路段、收费站广场等，上述路段应当成为路政巡查和监管的重点区域。

（二）堆放物品。实践中，在公路上及公路用地范围内堆放物品的现象较为普遍，物品的种类也五花八门，如砖、沙石、水泥、木材、电线杆等，这些物品或占用行车道直接影响交通安全，

①根据《公路法》第五十一条规定，机动车制造厂和其他单位不得将公路作为检验机动车制动性能的试车场地。

或占用路肩和公路用地妨碍安全视距,应当予以禁止。

(三)倾倒垃圾。主要是公路沿线居民或施工单位为图方便,将生活垃圾、建筑垃圾等倾倒在公路及公路两侧的用地范围内,不仅占用公路,堵塞边沟,影响公路功能的正常发挥,而且也对公路周边环境造成了污染。

(四)设置障碍。在公路上及公路用地范围内设置障碍的形式多种多样,可能表现为堆放物品,但与堆放物品有着本质区别。设置障碍的直接目的就是影响公路功能的正常发挥,阻碍车辆正常通行。

(五)挖沟引水。主要发生在农村公路路段,在公路上挖沟引水灌溉农田,对公路路基安全影响较大,同时也影响车辆通行。

(六)打场晒粮。每年麦收期间,在农村公路上打场晒粮现象较为普遍,不仅降低公路通行能力,易引发交通事故,影响行车安全,而且农作物秸秆附着车辆排气管上,也易引起燃烧,危及财产安全。对此,应当加大麦收期间的路政巡查力度,同时要紧紧依托当地乡镇政府,做好对公路沿线群众的宣传工作。

(七)种植作物。在公路上及公路用地范围内种植作物会对公路路基周边的地质结构产生影响,而且作物生长时可能影响行车安全视距,甚至侵入公路建筑限界,对行车安全直接构成危险。此外,在作物种植或者收割作业时,从事作业的群众也会影响车辆通行。

(八)放养牲畜。在公路上或路边放养牲畜,过往车辆势必减速避让,降低了公路通行能力,而且很容易导致牲畜乱穿公路,引发交通事故。

(九)采石、取土、采空作业。在实施采石、取土、采空作业过程中,往往伴随着爆破等行为,严重影响公路设施及行车安全,而且采石、取土、采空作业后所形成的采空区,会改变公路附近的地质结构,直接危及公路路基安全。

（十）焚烧物品。主要影响行车安全视距，降低公路通行能力，而且危及公路两侧绿化物及相关公路附属设施安全。

（十一）利用公路边沟排放污物。易造成公路排水设施淤积，削弱公路排水系统排水功能，甚至会造成公路排水系统堵塞，丧失排水功能，最终引发路面损坏或安全事故。

（十二）进行其他损坏、污染公路和影响公路畅通的行为。由于实际生活中情况复杂多样，难以穷尽各种情形，因此本条第二款规定了“其他损坏、污染公路和影响公路畅通的行为”为兜底条款，公路管理机构在具体执法实践中，可以根据公路保护的实际，结合具体案例依法查处其他损坏、污染公路和影响公路畅通的行为。

此外，由于我国地域辽阔，东部地区与西部地区、北方地区与南方地区情况不尽相同，各地损坏、污染公路和影响公路畅通的行为表现形式也可能千差万别，对此，各省、自治区、直辖市可以通过地方性法规或地方政府规章来细化或者明确本地区的有关禁止性行为。如，《浙江省公路路政管理条例》第十七条就规定，公路及公路用地范围内禁止从事下列活动：（一）倾倒或者堆放废土、垃圾等固体废弃物，排放污水、污物；（二）堵塞水道，挖沟引水；（三）取石、取土；（四）设置电线杆、变压器、维修场、停车场、洗车点或者加水点；（五）集市贸易、摆摊设点、搭建棚屋或者砖窑、堆放或者摊晒物品；（六）利用公路桥梁、隧道铺设输送易燃易爆和有毒物品的管道，利用公路桥涵堆放物品、搭建设施，在公路桥涵附近焚烧物品；（七）法律、法规规定的其他损坏、污染公路或者影响公路畅通的活动。

本条第二款规定只禁止在“公路”和“公路用地范围内”摆摊设点、堆放物品、倾倒垃圾、设置障碍、挖沟引水、打场晒粮、种植作物、放养牲畜、采石、取土、采空作业、焚烧物品、利用公路边沟排放污物或者进行其他损坏、污染公路和影响公路畅通的行为，并未调整在“公路用地范围外”从事上述活动。对于在“公路用地范围外”从事上述活动危及或影响公路完好、安全和畅通的，可以由《公路法》第四十七条和《条例》第十七条进行调整。同时，《公路法》第七十条还规定，公路管理机构可以检查、制止各种侵占、损坏、公路、公路用地、公路附属设施及其他违法行为。此外，在公路用地范围外进行倾倒垃圾、废弃物品、采空作业等，还应当符合环境保护、采矿采煤等有关法律、法规的规定。如，《乡镇煤矿管理条例》第九条第五项规定，未经国务院煤炭工业主管部门批准，乡镇煤矿不得开采铁路、重要公路和桥梁下的保安煤柱。《中华人民共和国煤炭法》第三十一条规定，煤炭生产应当依法在批准的开采范围内进行，不得超越批准的开采范围越界、越层开采；采矿作业不得擅自开采保安煤柱，不得采用可能危及相邻煤矿生产安全的决水、爆破、贯通巷道等危险方法。第三十二条规定，因开采煤炭压占土地或者造成地表土地塌陷、挖损，由采矿者负责进行复垦，恢复到可供利用的状态；造成他人损失的，应当依法给予补偿。第七十条规定，违反本法第三十一条的规定，擅自开采保安煤柱或者采用危及相邻煤矿生产安全的危险方法进行采矿作业的，由劳动行政主管部门会同煤炭管理部门责令停止作业；由煤炭管理部门没收违法所得，并处违法所得一倍以上五倍以下的罚款，吊销其煤炭生产许可证；构成犯罪的，由司法机关依法追究刑事责任；造成损失的，依法承担赔偿责任。《中华人民共和国矿产资源法》第二十条第三项规定，非经国务院授权的部门同意不得在铁路、重要公路两侧一定距离内开采矿产资源。《国务院办公厅转发国土资源部关于进一步治理整顿矿产资源管理秩序意见的通知》（国办发〔2001〕85号）规定，在铁路、重要公路等交通沿线两侧不得准许露天采矿。

此外，对于影响公路畅通、安全的违法行为，《中华人民共和国道路交通安全法》从道路通行条件的角度也作出相应规定。如该法第三十一条规定：“未经许可，任何单位和个人不得占用道路从事非交通活动。”第一百零四条规定:“未经批准,擅自挖掘道路、占用道路施工或者从事其他影响道路交通安全活动的,由道路主管部门责令停止违法行为,并恢复原状,可以依法给予罚款;致使通行的人员、车辆及其他财产遭受损失的,依法承担赔偿责任。有前款行为,影响道路交通安全活动的,公安机关交通管理部门可以责令停止违法行为,迅速恢复交通。”可以看出,对影响公路畅通和安全的违法行为,一般情况下由交通运输主管部门、公路管理机构负责,但是在影响道路交通安全活动的情况下,公安机关交通管理部门应当责令停止违法行为,并迅速恢复交通。

三、违反本条规定的法律责任以及追究责任的实施主体

本条旨在细化《公路法》第四十六条和第五十一条规定,使其更具有操作性。由于本条的外延和内涵均与《公路法》有关规定保持一致,为此,《条例》并未针对本条单独设定法律责任。在具体执法实践中,对违反本条规定的,由公路管理机构按照《公路法》第七十七条规定,责令停止违法行为,可以处5 000元以下的罚款。

第十七条　禁止在下列范围内从事采矿、采石、取土、爆破作业等危及公路、公路桥梁、公路隧道、公路渡口安全的活动:

(一)国道、省道、县道的公路用地外缘起向外100米,乡道的公路用地外缘起向外50米;

(二)公路渡口和中型以上公路桥梁周围200米;

(三)公路隧道上方和洞口外100米。

在前款规定的范围内,因抢险、防汛需要修筑堤坝、压缩或者拓宽河床的,应当经省、自治区、直辖市人民政府交通运输主管部门会同水行政主管部门或者流域管理机构批准,并采取安

全防护措施方可进行。

【释义】本条是关于公路周围危险作业控制区管理的规定。

公路桥梁、公路渡口、公路隧道是公路的重要组成部分，特别是特大公路桥梁和特长公路隧道对联结、贯通公路网络具有十分重要的意义。当前，一些单位和个人在公路两侧及公路桥梁、公路渡口、公路隧道附近实施采矿、采石、取土、爆破作业时，不考虑施工范围、施工时间、开采程度及爆破的强度，随意开采，任意爆破，给公路及公路附属设施带来了巨大的安全隐患。公路桥梁或隧道受到损毁，一旦发生坍塌，不仅会影响本条公路的畅通，还可能影响整个路网功能的发挥。因此，对公路渡口、公路隧道、中型以上公路桥梁规定特别的保护措施是十分必要的。

一、公路周围危险作业控制区的距离

(一)国道、省道、县道的公路用地外缘起向外100米，乡道的公路用地外缘起向外50米。《公路法》第四十七条未明确规定，只是原则要求在公路两侧“一定距离”内不得从事法律禁止的行为。《条例》根据公路保护工作的实际需要，考虑不同行政等级公路在整个路网中的作用，进一步明确了保护范围。

(二)公路渡口和中型以上公路桥梁周围200米。本条所称中型以上公路桥梁，是指多孔跨径总长大于30米或单孔跨径大于20米的桥梁。需要明确的是，对多孔跨径总长小于30米或单孔跨径小于20米的小型桥梁或者涵洞，不适用本条第一款第二项规定的保护范围，应当按照本条第一款第一项规定的保护范围执行。

(三)公路隧道上方和洞口外100米。本条所称公路隧道上方100米，是指公路隧道上方中心线两侧100范围内。

二、禁止行为

在公路周边危险作业控制区内,禁止从事下列活动:

(一)采矿、采石、取土。

(二)进行爆破作业。

(三)挖砂、倾倒废弃物。

(四)其他可能造成公路边坡坍塌、路基沉陷、路面损坏、桥梁及隧道设施损毁等危及公路安全的活动。

三、限制行为

在公路周边危险作业控制区内,必要时可进行修筑堤坝、压缩或拓宽河床的作业,但必须同时符合以下三个条件:

(一)因抢险、防汛需要。抢险、防汛需要既是法定的许可前提条件,也是唯一的许可前提条件。因其他需要,如旅游景区建设等,则不能进行许可。

(二)须报经省、自治区、直辖市人民政府交通运输主管部门会同水行政主管部门或者流域管理机构批准。在上述范围内从事修筑堤坝、压缩或拓宽河床作业,不仅涉及公路、公路桥梁、公路隧道、公路渡口安全,而且还涉及河道管理相关事宜,因此,要经交通运输主管部门和水行政主管部门或流域管理机构的共同批准。

(三)必须采取有效的安全防护措施。进行修筑堤坝、压缩或拓宽河床作业的,应当采取安全防护措施,而且所采取的安全防护措施必须是有效的,能够避免从事修筑堤坝、压缩或拓宽河床作业影响公路、公路桥梁、公路隧道、公路渡口的安全。

此外,因抢险、防汛需要修筑堤坝、压缩或者拓宽河床进行采石、取土、爆破作业,还应遵守其他相关法律法规的规定。如,《民用爆炸物品安全管理条例》规定,在城市、风景名胜区和重要工程设施附近实施爆破作业的,应当向爆破作业所在地设区的市级人民政府公安机关提出申请，提交《爆破作业单位许可证》和具有相应资质的安全评估企业出具的爆破设计、施工方案评估报告；实施爆破作业，应当遵守国家有关标准和规范，在安全距离以外设置警示标志并安排警戒人员，防止无关人员进入；爆破作业结束后应当及时检查、排除未引爆的民用爆炸物品。

各省、自治区、直辖市人民政府交通运输主管部门及水行政主管部门或流域管理机构在执行本条时应当严格把关，特别是确保申请人采取安全防护措施要严密、科学及有效的，可以保证公路、公路桥梁、公路渡口和公路隧道的安全。安全防护措施必须有针对性，省、自治区、直辖市人民政府交通运输主管部门在审查的过程中，对安全防护措施不到位的申请，可以不予许可。需指出的是，《条例》虽已授权公路管理机构行使公路保护职责，但根据《公路法》第五十七条规定，因抢险、防汛需要修筑堤坝、压缩或者拓宽河床许可的行政管理职责是例外。因此，对是否准予建设单位在本条规定的范围内实施修筑堤坝、压缩或者拓宽河床作业，应由省级交通运输主管部门会同水行政主管部门或流域管理机构依法决定，公路管理机构不得行使该行政许可权。

第十八条　除按照国家有关规定设立的为车辆补充燃料的场所、设施外，禁止在下列范围内设立生产、储存、销售易燃、易爆、剧毒、放射性等危险物品的场所、设施：

（一）公路用地外缘起向外100米。

（二）公路渡口和中型以上公路桥梁周围200米。

（三）公路隧道上方和洞口外100米。

【释义】本条是关于公路周围危险源控制区管理的规定。

公路设施，特别是公路渡口、隧道、桥梁等公路结构物，是公路路线的重要控制节点，对整个公路安全运行及路网畅通至关重要。如果易燃、易爆物品或放射性物品等危险物品距离公路设施过近，一旦发生事故，后果将非常严重。

国家高度重视危险物品的管理。2011 年新修订的《危险化学品安全管理条例》对危险化学品的生产、销售、运输、经营等各个环节均规定了严格的管理制度，并对公路等重要设施附近危险化学品管理也进行了明确规定。该条例第十九条规定，危险化学品生产装置或者储存数量构成重大危险源的危险化学品储存设施（运输工具加油站、加气站除外），与车站、码头（依法经许可从事危险化学品装卸作业的除外）、机场以及通信干线、通信枢纽、铁路线路、道路交通干线、水路交通干线、地铁风亭以及地铁站出入口的距离应当符合国家有关规定。据此，《条例》根据公路的特点，对在公路用地、公路渡口、桥梁、隧道周围设立生产、储存、销售易燃、易爆、剧毒、放射性等危险物品的场所、设施，作了禁止性规定，并明确了禁止性规定的范围。

一、公路周围危险源控制区的范围

（一）公路用地外缘起向外 100 米。

（二）公路渡口和中型以上公路桥梁周围 200 米，需要说明的是，小型桥梁或者涵洞不适用本条第二项规定的 200 米保护范围，而适用第一款规定的 100 米保护范围。

（三）公路隧道上方和洞口外 100 米。

二、禁止行为

禁止设立生产、储存、销售易燃、易爆、剧毒、放射性等危险物品的场所、设施。本条所称危险物品，既包括《危险化学品安全管理条例》规定的具有毒害、腐蚀、爆炸、燃烧、助燃等性质，对人体、设施、环境具有危害的剧毒化学品和其他化学品，也包括放射性物品等其他物品。

三、例外情况

当前，汽油机（点燃式发动机）用燃料和柴油机（压燃式发动机）用燃料，是车辆运行的主要动力来源。随着环保的呼声的高涨及新能源技术的不断进步，车辆制造商在不断完善发动机的燃烧系统，采用先进的电子控制技术和高性能的污染净化装置，使用无铅汽油的同时，还不断投入巨额资金，研制污染排放少、又利于环境保护的代用燃料和代用燃料汽车。就世界范围而言，最成功的代用燃料是液化石油气（LPG）和压缩天然气（CNG）。20 世纪 80 年代后，各种代用燃料汽车及电动汽车成了研究开发清洁燃料的热门，汽车燃料的形式更趋多元化。

本条所称的为车辆补充燃料的场所、设施，是指为车辆补充上述各种形式燃料的场所、设施，这些场所、设施，不受本条禁止性范围之限。但为车辆补充燃料的场所、设施的设立，必须符合国家有关公路的法律、法规、技术规范的要求：

一是必须符合公路建筑控制区的有关规定。为车辆补充燃料的场所、设施是建筑物或地面构筑物的，必须设置于公路建筑控制区之外。

二是必须符合《公路工程技术标准》（JTG B01—2003）等有关公路技术规范的要求。如果设置于平交道口附近，需补充燃料的车辆进出不但阻滞交通，降低交叉口的道路通行能力，还容易引发交通事故。因此，应尽量避开平面交叉道口，一般要求离路口不小于 100 米，如确有必要，应对出入口进行合理布局，不应影响平面交叉道口的通行能力，服务于高速公路的距交叉口车流交汇点的距离应大于 2000 米。选址定点时必须保证出入口的行车视距，出入口的行车视距一般不少于 100 米，特殊情况不得小于 50 米。站宜设在距道路弯道、竖曲线范围的 100 米之外。

三是专门为汽车补充燃料的场所、设施范围内，不得违法设置各类公路标志和非公路标志。

此外，为车辆补充燃料的场所、设施的设立，还必须符合与其本行业相关技术规范的要求：

一是当前为汽车补充燃料的主要方式是加油站，对加油站的设计、设置，应当严格执行国家标准《汽车加油加气站设计与施工规范》（GB 50156—2002）。根据该标准第4.0.4条，加油站的油罐、加油机和通气管管口与站外建筑物、构筑物、交通线等的防火距离，不应小于表2-5的规定。

油罐、加油机与通气管管口与站外建筑物、构筑物、交通线等的防火间距（m） 表2-5

项目级别		埋地油罐			通气管管口	加油机
		一级站	二级站	三级站		
重要公共建筑物		50	50	50	50	50
明火或散发火花地点		30	25	18	18	18
民用建筑保护类别	一类保护物	25	20	16	16	16
	二类保护物	20	16	12	12	12
	三类保护物	16	12	10	10	10
甲、乙类物品生产厂房、库房和甲、乙类液体储罐		25	22	18	18	18
其他物品生产厂房、库房和丙类液体储罐及容积不大于 $50m^3$ 的埋地甲、乙类液体储罐		18	16	15	15	15
室外变配电站		25	22	18	18	18
铁路		22	22	22	22	22
城市道路	快速路、主干路	10	8	8	8	6
	次干路、支路	8	6	6	6	5
架空通信线	国家一、二级	1.5倍杆高	1倍杆高	不跨站	不应跨越加油站	
	一般	不跨站	不跨站	不跨站	不应跨越加油站	
架空电力线路		1.5倍杆高	1倍杆高	不跨站	不应跨越加油站	

注：油罐、加油机与公路的防护距离按城市道路确定：高速公路、一级和二级公路按城市快速路、主干路确定，三级和四级公路按城市次干路、支路确定。

二是按照《国家经济贸易委员会、建设部关于完善加油站行业发展规划的意见》(国经贸贸易〔2003〕147号)要求,加油站规划设置的基本标准为国道、省道每百公里加油站数量原则上不得超过6对;高速公路加油站按照国家相关规定执行,原则上每百公里不超过2对;县道、乡道由各省、自治区、直辖市根据实际情况另行制定指标标准。如《广东省加油站管理办法(暂行)》规定,县道、乡道按每百公里双向12~16个标准设置。

对于为车辆补充燃料的场所、设施的管理,应由负责审批其经营资格的主管部门,并协调公安消防、规划、住建、工商、质量技监、环保、税务等部门,依法履行各自职责对其进行监督管理。

四、管理主体

根据《危险化学品安全管理条例》第十九条规定,对于设立生产、储存、销售易燃、易爆、剧毒、放射性等危险物品的场所、设施的,其监管部门是安全生产监督管理部门。《条例》对此也作出明确规定,其第五十七条规定:"违反本条例第十八条、第十九条、第二十三条规定的,由安全生产监督管理部门、水行政主管部门、流域管理机构、海事管理机构等有关单位依法处理。"安全生产监督管理部门应当加强监督检查,确保新建的生产、储存、销售危险物品的场所和设施与公路保持《条例》规定的安全距离,保障公路及桥隧设施运行安全。对于在安全距离内已建的生产、储存、销售危险物品的场所和设施,根据《危险化学品安全管理条例》规定,由所在地设区市人民政府安全生产监督管理部门会同有关部门监督其所属单位在规定期限内进行整改,需要转产、停产、搬迁、关闭的,由本级人民政府决定并组织实施。公路管理机构在公路巡查过程中发现违反安全距离规定设立生产、储存、销售危险物品的场所和设施的,应及时告知有关安全生产监督管理部门,并配合做好相关工作。

第十九条　禁止擅自在中型以上公路桥梁跨越的河道上下游各1 000米范围内抽取地下水、架设浮桥以及修建其他危及公路桥梁安全的设施。

在前款规定的范围内，确需进行抽取地下水、架设浮桥等活动的，应当经水行政主管部门、流域管理机构等有关单位会同公路管理机构批准，并采取安全防护措施方可进行。

【释义】本条是有关公路桥梁安全控制区管理的规定。

公路桥梁是公路的重要组成部分，在公路桥梁跨越的河道上下游一定范围内抽取地下水、架设浮桥以及修建其他危及公路桥梁安全的设施，有可能引起河流流量、流速的变化，造成桥梁基础的下沉、河床的移动，会严重危及公路桥梁的运行安全。

一、禁止擅自在中型以上公路桥梁跨越的河道上下游一定范围内抽取地下水、架设浮桥以及修建其他危及公路桥梁安全的设施

（一）公路桥梁安全控制区的范围

具体范围为中型以上公路桥梁跨越的河道上下游各1 000米范围内。实施上述行为距离公路桥梁越近，对公路桥梁的危害就可能越大，反之越小。确定保护范围，既要保证不影响公路桥梁的安全，又要尽量减少对周围群众生活及生产经营单位生产生活的影响。

（二）禁止破坏公路桥梁行为的种类

破坏公路桥梁行为主要包括抽取地下水、架设浮桥以及修建其他危及公路桥梁安全的设施。修建其他危及公路桥梁安全的设施，还包括围垦造田、拦河筑坝、建设妨碍行洪的建筑物、构筑物以及从事影响河势稳定、危害河岸堤防安全活动等。

二、特殊情况下实施上述活动应当经过有关部门、单位许可并采取安全防护措施方可进行

考虑到社会生活的多样性,以及客观存在的各种生产生活实际需要,本条对上述规定范围内,确需实施抽取地下水、架设浮桥等活动的,作了特殊规定,设定了三个条件:

一是因生产生活确实需要进行上述活动;

二是必须采取安全防护措施;

三是必须经过水行政主管部门或流域管理机构会同公路管理机构批准,水行政主管部门、流域管理机构主要从水资源保护、河道保护角度进行审查,公路管理机构主要对是否影响公路桥梁安全进行审查。

《中华人民共和国水法》第三十七条、第四十条、第六十五条、第六十六条,《中华人民共和国河道管理条例》第二十七条等规定对围垦造地、拦河筑坝、架设浮桥及其他可能妨碍河道安全的活动均有相关规定。本条规定的几类禁止性行为的管理责任主体是水行政主管部门或流域管理机构,对违反上述禁止性规定影响公路桥梁安全的,水行政主管部门或流域管理机构应当依据《中华人民共和国水法》、《中华人民共和国河道管理条例》有关规定予以查处。

第二十条　禁止在公路桥梁跨越的河道上下游的下列范围内采砂:

(一)特大型公路桥梁跨越的河道上游500米,下游3 000米;

(二)大型公路桥梁跨越的河道上游500米,下游2 000米;

(三)中小型公路桥梁跨越的河道上游500米,下游1 000米。

【释义】本条是关于公路桥梁周围禁止采砂区管理的规定。

河道砂石是河床的重要组成部分，是河势稳定、水沙平衡的物质基础，同时也是国家进行基础设施建设的重要物质资源。20世纪末至21世纪初，随着国民经济的快速发展、城市改造和新农村建设的稳步推进，各类砂料的需求量大增。在利益驱动下，无序采砂活动愈演愈烈，一度形成了滥采乱挖现象，对大江大河的河势稳定、防洪安全、航运安全、水生态环境及上跨河道的公路桥梁安全等造成严重危害。近几年来，因无序采砂和滥采乱挖而引发的影响河势稳定、防洪安全以及桥梁安全的事件在全国各主要江河均有发生，严重危及公共安全。

随着我国经济的快速发展，砂石供应紧张的局面将持续相当长一段时间，大规模的采砂活动与防洪、供水和航运、桥梁安全的矛盾仍将十分突出。维持河势稳定、保障防洪设施及桥梁设施安全是开发利用砂石资源的重要基础和前提，为遏制无序采砂和滥采乱挖现象，加强采砂管理，规范采砂行为，确保有序开采，我国对采砂实行许可证管理制度。《中华人民共和国水法》第三十九条规定，国家实行河道采砂许可制度，在河道管理范围内采砂，影响河势稳定或者危及堤防安全的，有关县级以上人民政府水行政主管部门应当划定禁采区和规定禁采期，并予以公告。《中华人民共和国河道管理条例》第二十五条规定，在河道管理范围内进行采砂、取土、淘金、弃置砂石或者淤泥，必须报经河道主管机关批准；涉及其他部门的，由河道主管机关会同有关部门批准。《中华人民共和国长江河道采砂管理条例》第九条规定，国家对长江采砂实行采砂许可制度；河道采砂许可证由沿江省、直辖市人民政府水行政主管部门审批发放；属于省际边界重点河段的，经有关省、直辖市人民政府水行政主管部门签署意见后，由长江水利委员会审批发放；涉及航道的，审批发放前应当征求长江航务管理局和长江海事机构的意见。

《条例》针对公路桥梁安全保护的特点，对在公路桥梁跨越的河道上下游一定范围内采砂行为作了禁止性规定，同时明确了具体的禁采范围。

一、禁采范围及要求

本条对公路桥梁按特大桥梁、大型桥梁及中小型桥梁，分别规定了其上下游禁止采砂的范围：特大型公路桥梁跨越的河道上游500米，下游3 000米；大型公路桥梁跨越的河道上游500米，下游2 000米；中小型公路桥梁跨越的河道上游500米，下游1 000米。本条规定的禁止采砂范围属于法定禁止范围，在此范围内进行采砂活动属于禁止行为，不存在行政许可的空间，任何单位和个人必须严格遵守。

二、管理主体

根据《中华人民共和国水法》、《中华人民共和国河道管理条例》、《中华人民共和国长江河道采砂管理条例》的有关规定，采砂行为的主管部门是水行政主管部门、河道管理机构。《条例》对此也作出明确规定，其第五十八条规定："违反本条例第二十条规定的，由水行政主管部门或者流域管理机构责令改正，可以处3万元以下的罚款。"水行政主管部门、河道管理机构应当依法强化监督检查，及时发现和查处违法采砂行为，确保河道安全及公路桥梁等重要结构物的安全。公路管理机构也应依法加强对公路桥梁等公路重要结构物的巡查，一旦发现公路桥梁附近水域存在违法采砂行为，应及时将有关信息告知有管理权限的水行政主管部门或者流域管理机构，并配合相关部门做好公路桥梁安全保护工作。对在公路桥梁禁采区以外进行采砂的，公路桥梁的管养单位要加强对桥梁安全的检测和评定工作，分析采砂行为对桥梁安全的影响，并加强与水行政主管部门、河道管理机构的沟通联系，及时互通情况，共同做好相关工作。

第二十一条　在公路桥梁跨越的河道上下游各500米范围内依法进行疏浚作业的，应当符合公路桥梁安全要求，经公路管理机构确认安全方可作业。

【释义】本条是关于公路桥梁周围疏浚作业控制区管理的规定。

疏浚，是指采用人力、水利或机械方法，为拓宽、加深水域而进行的水下土石方开挖工程。疏浚的主要目的是挖深河流或海湾的浅段，以提高河流排洪或航道通航能力，开挖港池、进港航道等以新建码头或港区。可以说，疏浚工程对水利防洪、水上交通、城市建设等具有非常重要的作用。疏浚工程的主体根据疏浚作业内容的不同可能涉及多方面，可能是疏浚工程建设项目的业主及从事疏浚工程的作业单位，也可能是河道或者航道管理机构进行正常河道或航道的疏浚作业。

由于河道疏浚与河道采砂作业一样，有可能会改变河床、影响桥基，会给上跨河道的公路桥梁的稳定、安全带来许多不确定的影响。《条例》出于对公路桥梁安全的考虑，严格控制在公路桥梁跨越的河道上下游进行疏浚作业。对为提高防洪能力或开展其他项目建设确实需要实施疏浚河道作业的，应远离公路桥梁，确实需要在公路桥梁上下游500米范围内进行疏浚作业的，应经公路管理机构确认后方可实施。这就要求，在公路桥梁上下游500米范围内进行疏浚作业的，建设项目的业主或疏浚作业单位应当在实施疏浚作业前，依法应向公路管理机构提交疏浚作业相关资料，资料应当包括疏浚作业的范围、时间、方式、施工方案、安全评估报告等与公路桥梁安全相关的各项资料。公路管理机构应当结合自身掌握的公路桥梁的技术特性、设计资料、安全状况等，组织专业人员对疏浚作业安全风险进行分析、审查；必要时，可以组织专家对方案进行全面论证，以确保公路桥梁安全。需要明确的是，本条所称确认安全，主要是指公路管理机构依法对河道、航道管理部门实施疏浚作业行为是否满足桥梁安全这一事实进行确认,而不涉及对河道、航道管理部门实施疏浚作业行为的许可。这属于行政法理论上行政确认的范畴,与行政许可是有着本质区别。

第二十二条　禁止利用公路桥梁进行牵拉、吊装等危及公路桥梁安全的施工作业。

禁止利用公路桥梁(含桥下空间)、公路隧道、涵洞堆放物品,搭建设施以及铺设高压电线和输送易燃、易爆或者其他有毒有害气体、液体的管道。

【释义】本条是对影响公路桥隧结构物安全行为的禁止性规定。

一、禁止利用公路桥梁实施影响公路安全作业的行为

(一)牵拉作业

牵拉作业是指以桥梁护栏、桥墩等作为受力点,利用绳索、钢索等将大型物件进行固定或移动的作业。利用桥梁进行牵拉作业一般表现为:利用桥体固定或者搭建水上作业平台等,利用桥墩固定水上作业船舶,如采砂船、水上施工船、渔船等。

(二)吊装作业

吊装作业是指利用起吊装置对大型部件进行装配的作业。利用桥梁进行吊装作业一般表现为:在桥上放置起吊机为桥下船舶装卸货物,或者为桥区施工作业吊运建材等。

牵拉、吊装及其他利用桥梁实施的作业行为,往往都是利用桥体作为作业支撑点,会改变桥梁设计受力分布,破坏桥梁结构,影响桥梁安全,根据本条第一款规定,必须予以严格禁止。

二、禁止利用公路桥隧、涵洞堆放物品，搭建设施以及铺设高压电线和输送易燃、易爆或者其他有毒有害气体、液体的管道

根据本条第二款规定，禁止利用的空间为公路桥梁（含桥下空间）、隧道、涵洞，禁止的行为包括堆放物品、搭建设施、铺设高压电线和输送易燃、易爆或者其他有毒有害气体、液体的管道。公路桥梁、隧道、涵洞作为公路的重要组成部分，对公路的安全畅通有着重要的作用，利用这些公路设施堆放物品、搭建设施乃至铺设高压电线及输送易燃易爆物品的管道，极有可能给这些重要桥隧结构物的安全带来较大的安全隐患，因此，需要严格予以禁止。

本条所称含桥下空间，既包括桥面至桥下自然地面的空间，也包括桥下自然地面的空间。比如，铺设输送易燃易爆物品的管道需要交叉下穿公路桥梁的，根据本条规定，属于禁止行为，即便是下穿通过桥下自然地面以下的空间，也是禁止的。如果输送易燃易爆物品的管道确需交叉穿越的，应避免与公路桥梁交叉，可以选择在没有桥梁结构的普通路段，采取架设方式从公路上方跨越通过或者采取埋设方式从公路下方穿越通过；受地理条件限制，必须与桥梁交叉的，应当采取架设方式从桥梁上方跨越通过。这主要考虑到公路桥梁结构具有特殊性，一旦发生事故，不仅维修加固的成本高，而且修复的周期长，影响公路通行功能的正常发挥。此外，本条提出了桥下空间的管理，这也对公路巡查工作提出了更高的要求，不仅要查处发生在桥面以上的违法行为，也要查处利用桥下空间堆放物品、搭建设施等违法行为，特别是在高速公路巡查中，由于其封闭性特点，给桥下空间的巡查工作带来不小难度，公路管理机构应当加大对高速公路桥下空间的巡查力度。

公路桥梁（含桥下空间）、公路隧道、涵洞下禁止实施的仅为本条所列举的堆放物品，搭建设施以及铺设高压电线和输送易

燃、易爆或者其他有毒有害气体、液体的管道等活动，对于利用公路桥梁、隧道、涵洞实施铺设电缆等施工活动的，根据《条例》第二十七条规定经过有关公路管理机构的许可批准则可以实施。本条第二款所指的高压电线，应为包括1千伏（kV）及其以上电压等级的高压输电线。易燃、易爆或者其他有毒有害气体、液体，应为《危险货物品名表》（GB 12268—2005）中第一类中液体爆炸品；第一类第一项易燃气体、第三项有毒气体；第三类易燃液体。

第二十三条　公路桥梁跨越航道的，建设单位应当按照国家有关规定设置桥梁航标、桥柱标、桥梁水尺标，并按照国家标准、行业标准设置桥区水上航标和桥墩防撞装置。桥区水上航标由航标管理机构负责维护。

通过公路桥梁的船舶应当符合公路桥梁通航净空要求，严格遵守航行规则，不得在公路桥梁下停泊或者系缆。

【释义】本条是关于公路桥梁跨越航道相关航标设置、维护以及船舶通过公路桥梁的航行规则的规定。

一、关于公路桥梁跨越航道相关航标设置、维护的责任

这主要包括三层含义：

（一）公路桥梁跨越航道的，其建设单位应当按照国家有关规定设置桥梁航标、桥柱标、桥梁水尺标，并按照国家标准、行业标准设置桥区水上航标和桥墩防撞装置。根据《航标条例》、《中国海区可航行水域桥梁助航标志》、《中国海区水上助航标志》等规定，桥梁航标是指为了保护桥梁和船舶航行安全，具有示位、警示危险、指示交通等功能，设置在桥梁上的视觉、音响、无线电航标。桥柱标，是指桥墩在水中的桥梁应当在桥柱上标明示位、警示标志。桥梁水尺标,是指在桥梁上设置观测水位和冲刷情况的标志。桥区水上航标,是指设在桥区水上浮标或水中固定标:桥墩防撞装置,是指缓解当船舶与桥墩相撞时对桥墩的碰撞力的防撞设施。防撞装置的设计需要根据桥墩的自身抗撞能力、桥墩位置、桥墩的外形、水流的速度、水位变化情况、通行船舶的类型、碰撞速度等因素进行。目前,有多种防撞装置方式运用到实际桥梁防护中,包括缓冲材料方式、缓冲设施工程方式、重力方式、桩方式、人工岛、沉箱方式、浮体系泊方式、非结构防撞系统等。

(二)桥区水上航标由航标管理机构负责维护。根据《航标条例》、《内河航标管理办法》的规定,国务院交通运输部负责管理和保护除军用航标和渔业航标以外的航标;国务院交通运输部设立的流域航道管理机构、海区港务监督机构(即海事管理机构,下同)和县级以上地方人民政府交通运输主管部门,负责管理和保护本辖区内军用航标和渔业航标以外的航标。交通运输主管部门和国务院交通运输部设立的流域航道管理机构、海区港务监督机构统称航标管理机构。军队的航标管理机构、渔政渔港监督管理机构,在军用航标、渔业航标的管理和保护方面分别行使航标管理机关的职权。航标管理机构的主要职责是:制定航标工作规章制度,督促、检查贯彻执行情况;负责编制和审定航标维护工作计划,提出实施措施;掌握航道特征、水情变化及碍航物分布情况,保持航标的正常状态,并发布航道通告;定期检查航标,指导和帮助基层班组工作;编制航标船艇及设备维修保养计划,并组织实施;收集整理航标技术资料,分析航标维护质量,总结航标维护管理经验;参加评审本辖区与航道有关的拦河、跨河、临河建筑物及其他水上工程的航标设施建设项目和审定航标配布图;参与航标新材料、新结构、新工艺的研制、鉴定和推广使用;按规定对违反《航标条例》、《航道管理条例》有关航标保护条款以及其他有关规定的行为进行处罚。

（三）对建成并已投入运行的公路桥梁跨越航道的，其桥梁航标、桥柱标、桥梁水尺标、水上航标和桥墩防撞装置的设置和维护，按照国家的有关规定执行。

二、关于船舶通过公路桥梁的航行规则

（一）符合公路桥梁通航净空要求

船舶通过公路桥梁时，应当按照规定的航道标志行驶，要符合规定限高、限载、限宽以及相应的技术要求。比如，根据国家标准《内河助航标志》（GB 5863—1993）规定："绿灯在上，红灯在下，表示允许下行船通航；红灯在上，绿灯在下，表示允许上行船通航；上下两盏红灯，表示禁止船舶通航"。《内河通航标准》（GB 50139—2004）关于过河建筑物的规定中，明确了水上过河建筑物通航净空尺度。

（二）不得在公路桥梁下停泊或者系缆

公路桥梁一般都是选址建在航道相对较窄的河段，因此，不论有无桥墩，公路桥梁下的河段都是不适宜船舶停泊的。本条规定，船舶通过通航河流上的公路桥梁时，不得在公路桥梁下停泊或者系缆，这是禁止性行为。船舶因违章停泊而导致碰撞致使公路桥梁损害的，需要承担相应的行政责任和民事责任，构成犯罪的，追究刑事责任。

第二十四条　重要的公路桥梁和公路隧道按照《中华人民共和国人民武装警察法》和国务院、中央军委的有关规定由中国人民武装警察部队守护。

【释义】本条是关于武装警察部队守护重要公路桥梁和隧道的规定。

人民武装警察部队是国家武装力量的组成部分，由国务院、中央军事委员会领导，实行统一领导与分级指挥相结合的体制，由内卫、黄金、森林、水电、交通等部队和公安部领导的公安边防、消防、警卫部队组成。2009年8月27日，全国人大表决通过了《中华人民共和国人民武装警察法》，首次对武装警察的任务、职责、义务和权利等，通过法律形式予以明确和规范。人民武装警察部队担负国家赋予的安全保卫任务以及防卫作战、抢险救灾、参加国家经济建设等任务。执行安全保卫任务，主要包括国家规定的警卫对象、目标和重大活动的武装警卫；关系国计民生的重要公共设施、企业、仓库、水源地、水利工程、电力设施、通信枢纽的重要部位的武装守卫；主要交通干线重要位置的桥梁、隧道的武装守护；监狱和看守所的外围武装警戒；直辖市，省、自治区人民政府所在地的市，以及其他重要城市的重点区域、特殊时期的武装巡逻；协助公安机关、国家安全机关、司法行政机关、检察机关、审判机关依法执行逮捕、追捕、押解、押运任务，协助其他有关机关执行重要的押运任务；参加处置暴乱、骚乱、严重暴力犯罪事件、恐怖袭击事件和其他社会安全事件；国家赋予的其他安全保卫任务。

在战争年代，有较多的桥梁、隧道是由武装警察部队守护。进入和平时代后，武装守护的桥梁、隧道数量逐步减少，但仍有部分重要的桥梁和隧道沿用这种模式，主要是在边境公路或者境内重要的长大桥梁和隧道。由于重大桥隧结构物在国民经济及社会发展中具有重要的意义，有必要加强对一些重大桥隧结构物的保护。

根据《中华人民共和国人民武装警察法》规定，主要交通干线重要位置的桥梁、隧道的武装守护是武装警察部队执行的八项安全保卫任务之一。重要的公路桥梁和隧道，是指在人民武装警察部队执行安全保卫任务时，根据执行任务的区域和目标，所确定的关系国计民生的主要交通干线的桥梁和隧道。武装警察部队执行安全保卫任务时，可以采取以下措施：对进出警戒区域的人员、物品、交通工具进行检查，对按照规定不允许进出的，予以阻止；对强行进出的，采取必要措施予以制止；在武装巡逻中，经现场指挥员同意，对有违法犯罪嫌疑的人员当场进行盘问并查验其证件，对可疑物品和交通工具进行检查；协助执行道路交通管制或者现场管制；对聚众危害社会秩序或者执勤目标安全的，采取必要措施予以制止、驱散；根据执行任务的需要，向相关单位和人员了解有关情况或者在现场实施必要的侦察。

根据中央有关规定，武装警察部队中的武警交通部队主要担负因自然灾害等因素导致损毁的公路、桥梁、隧道等交通设施抢修抢建任务、重要公路桥隧管护任务等。为此，国家重要公路桥梁和隧道的管护任务由武警交通部队具体承担。调动、使用武警交通部队执行重要公路桥梁和隧道的管护任务的具体批准权限和程序，以及武警守护的标准条件、任务范围、运行模式均由国家有关部门另行规定。重要公路桥梁、隧道的管理单位及其上级交通运输主管部门应当按照国家有关规定，为担负武警守护任务的武警交通部队提供执勤设施、生活设施等必要的保障，并按照有关规定对武警交通部队进行执勤业务指导。

第二十五条　禁止损坏、擅自移动、涂改、遮挡公路附属设施或者利用公路附属设施架设管道、悬挂物品。

【释义】本条是关于公路附属设施保护的规定。

一、公路附属设施的概念和种类

公路附属设施，是指为保护、养护公路和保障公路安全畅通所设置的公路防护、排水、养护、管理、服务、交通安全、渡运、监控、通信、收费等设施、设备以及专用建筑物、构筑物等。公路附属设施是公路的组成部分，对保障行车安全和交通畅通具有重要意义。根据《公路工程技术标准》(JTG B01—2003)规定,公路附属设施包括交通安全设施、服务设施和管理设施。

(一)交通安全设施

交通安全设施是指为保障行车和行人的安全和充分发挥公路的作用,在公路沿线所设置的人行地道、人行天桥、照明设备、护栏、标柱、标志、标线等设施的总称。

(二)服务设施

服务设施主要包括服务区、加油站、公共厕所等设施。

(三)管理设施

管理设施主要包括监控、收费、通信、配电、照明和管理养护等设施,以及为保护公路而设置的超限检测站、路政中队、公路站等基层单位的管理用房。

与公路防护、养护等公路保护无关的设施、设备、建筑物、构筑物不属于公路附属设施;需要明确的是,交通信号灯属于交通秩序管理的辅助设施,不属于公路附属设施的范畴。

公路附属设施的建设规模和标准应根据公路网规划、公路的功能、等级、交通流量等确定。新建公路的公路附属设施在公路设计时确定,其设置由新建公路的建设项目业主负责。公路交通安全设施直接关系到公路行人和行车安全,新建、改建公路和公路大修时,与公路交通安全有关的公路附属设施即公路交通安全设施应当与工程同时设计,同时施工,同时验收,所需经费纳入工程概算。交通安全设施验收不合格的,公路不得交付使用。公路管理机构应加强对交通安全设施施工的监督,参加交通安全设施的验收工作。

二、禁止损坏、擅自移动、涂改、遮挡公路附属设施或者利用公路附属设施架设管道、悬挂物品

公路附属设施是为公路防护、养护等公路保护需要而设置的设施,任何单位和个人都负有保护义务。与《公路法》相比,

本条增加了遮挡公路附属设施或者利用公路附属设施架设管道、悬挂物品的禁止性规定。损坏、擅自移动、涂改、遮挡公路附属设施的危害显而易见，而遮挡公路附属设施或者利用公路附属设施架设管道、悬挂物品等行为同样会对公路的安全运行造成不利影响。实践中，擅自遮挡、利用公路标志、照明设备等公路附属设施的行为屡见不鲜，这些行为的存在，严重影响了公路附属设施应有功能的发挥甚至对公路附属设施自身安全造成很大威胁，严重影响了公路交通的安全畅通。本条对这些行为进行了明确规范，有利于更好的保护公路附属设施的正常运行。

三、违反本条规定应承担的法律责任

对违反本条规定的行为，公路管理机构可以按照《条例》有关规定予以处罚。其第六十条规定："违反本条例的规定，有下列行为之一的，由公路管理机构责令改正，可以处3万元以下的罚款：(一)损坏、擅自移动、涂改、遮挡公路附属设施或者利用公路附属设施架设管道、悬挂物品，可能危及公路安全的……"

第二十六条　禁止破坏公路、公路用地范围内的绿化物。需要更新采伐护路林的，应当向公路管理机构提出申请，经批准方可更新采伐，并及时补种；不能及时补种的，应当交纳补种所需费用，由公路管理机构代为补种。

【释义】本条是关于公路绿化物保护的规定。

公路绿化不仅可以美化路容、净化空气、降低噪声、改善环境条件，而且有利于行车安全，为司乘人员诱导视线、减轻眼睛疲劳，从而减少交通事故的发生。通过绿化还可以养护公路，稳固路基，保护路面，延长公路寿命。因此，公路绿化工作是公路

规划、建设、养护工作的重要组成部分。建国以来，各级交通运输主管部门认真贯彻中央有关政策法规，通过各级公路管理机构和广大养护干部职工的辛苦努力，使公路绿化有了长足的发展。邓小平同志倡导全民义务植树三十年以来，全国公路干部职工在加强公路养护管理的同时，根据原交通部《关于加强公路绿化工作的若干意见》、《1991—2000 年全国公路绿化规划纲要》和《更好为公众服务——“十一五”公路养护管理事业发展纲要》等制度文件，进一步加快了公路绿化步伐，公路绿化里程由 1981 年的 20.4 万公里，增加到 2010 年的 194.34 万公里，增长约 8.5 倍；公路绿化率也由 22.9% 上升到 58.1%，其中，按照《国务院关于进一步推进全国绿色通道建设的通知》（国发〔2000〕31 号）确定的工作目标，高速公路已基本实现全绿化，国道绿化率 91.24%，省道绿化率 85.43%，干线公路绿化率圆满完成并超出“十一五”规划目标。

公路绿化物，特别是护路林的作用已经超越了其本身的自然功能，长期以来，公路绿化物是作为公路附属设施的一部分而存在的，属于公路路产的组成部分。为此，《条例》规定，禁止任何单位和个人破坏公路、公路用地范围内的绿化物，确因更新需要砍伐护路林的，必须按照严格的法定程序向公路管理机构提出申请，办理许可手续后，由公路管理机构颁发林业部门统一印制的采伐许可证后，才可实施，并应该按照砍伐量予以补种。

一、公路管理机构是护路林更新砍伐行政许可的实施主体

根据《公路法》第四十二条规定，公路用地上的树木不得任意砍伐，确需更新砍伐的，应当经县级以上地方人民政府交通运输主管部门同意后，依照《中华人民共和国森林法》的规定办理审批手续，并完成更新补种任务。根据《中华人民共和国森林法》第三十二条第三款规定，铁路、公路的护路林和城

镇林木的更新采伐,由有关主管部门依照有关规定审核发放采伐许可证。根据上述规定,更新砍伐公路护路林的许可主体是公路有关主管部门。本条对此进一步予以明确,规定需要更新采伐护路林的,应当向公路管理机构提出申请,经批准方可更新采伐。

国家林业局《关于采伐公路护路林执行法律法规有关问题的复函》(林策发〔2004〕85 号)规定:"(一)根据森林法实施条例第三十一条的规定,林木采伐许可证由国务院林业主管部门规定式样,省、自治区、直辖市人民政府林业主管部门印制。违反以上规定制定或者印制的林木采伐许可证,不具有法律效力,不得作为采伐林木的合法凭证。(二)因公路改建需要采伐行道树,不属于公路护路林的更新采伐管理范围,应当由林业主管部门核发林木采伐许可证。(三)依法制定的年森林采伐限额,包括公路护路林采伐限额。依法批准采伐公路护路林,应当严格执行采伐额管理的有关规定。"因此,公路管理机构的管理权限仅限于护路林的更新砍伐,并不包括公路改建需要采伐行道树。

二、必须按照国家有关规定办理护路林更新砍伐许可手续

需更新砍伐护路林的,申请人应向公路管理机构提交许可申请,书面说明砍伐理由、砍伐树木的位置、种类和蓄积量,制定符合公路绿化工程技术标准补种方案,编制符合保障公路安全、畅通要求作业方案。公路管理机构按照职责权限,在林业部门审核确定的采伐限额指标范围内,作出许可决定,对准予更新砍伐的,制作许可决定书并向申请人颁发由林业部门统一印制的砍伐许可证。砍伐许可证由省级公路管理机构(或同级公路管理机构)到省级林业部门(或同级林业部门)统一领取,并建立台账,实行专人管理。

取得护路林更新采伐许可证的,被许可人应当严格按照许

可要求对护路林进行更新采伐,并及时进行补种;不能及时补种的,被许可人应当交纳补种所需费用,由公路管理机构代为补种。护路林更新采伐时,由实施更新采伐的单位和个人负责落实有关安全措施,并保障公路畅通,及时清理路面树枝、树杆等。

第二十七条　进行下列涉路施工活动,建设单位应当向公路管理机构提出申请:

(一)因修建铁路、机场、供电、水利、通信等建设工程需要占用、挖掘公路、公路用地或者使公路改线;

(二)跨越、穿越公路修建桥梁、渡槽或者架设、埋设管道、电缆等设施;

(三)在公路用地范围内架设、埋设管道、电缆等设施;

(四)利用公路桥梁、公路隧道、涵洞铺设电缆等设施;

(五)利用跨越公路的设施悬挂非公路标志;

(六)在公路上增设或者改造平面交叉道口;

(七)在公路建筑控制区内埋设管道、电缆等设施。

【释义】本条是关于涉路施工许可的规定。

一、涉路施工许可的申请主体

进行涉路施工活动的,应当由建设单位向公路管理机构提出申请,这是因为实施涉路施工活动,不仅涉及涉路工程设施的施工,还涉及涉路工程设施的设计以及涉路施工活动实施完毕后涉路工程设施的维护和管理等事宜。建设单位既要对涉路行为本身可能对公路的运行安全负责,也要对涉路施工活动过程中的施工安全负责,同时也要对涉路施工完毕后涉路工程设施的安全负责。

二、涉路施工许可的具体项目

(一)因建设工程需要占用、挖掘公路、公路用地或者使公路改线许可

任何单位和个人不得擅自占用、挖掘公路、公路用地,但因建设工程需要占用、挖掘公路、公路用地或使公路改线的除外,其前提条件是经过公路管理机构的同意。这里的建设工程,是指修建铁路、机场、电站、通信设施、水利工程等国家基础性设施以及其他重要工程。对于因修建民用住房等一般性建筑设施占用、挖掘公路或者使公路改线的,原则上是不允许的。建设单位在施工结束后,应当按照不低于公路原有技术标准的要求予以修复、改建或者给予相应的经济补偿。公路管理机构在作出许可决定前,应当与建设单位签订协议,对修复或改建的具体技术指标及有关责任进行明确。与《公路法》相比,《条例》在该项行政许可内容上增加了有关公路用地的保护规定。

(二)跨越、穿越公路修建桥梁、渡槽或者架设、埋设管道、电缆等设施许可

第一,跨越、穿越公路修建桥梁、渡槽或者架设、埋设管道、电缆等设施,将直接或间接影响公路的完好、安全和畅通,因此,应由有关公路管理机构根据公路工程技术标准、公路运行情况及相关法律、法规的规定严格审查。未经有关公路管理机构的同意,任何单位或个人不得跨越、穿越公路修建上述设施。本条所称管道、电缆等设施,包括电力线、通信线以及输油输气管道等各种管道和线路。

第二,跨越、穿越公路修建桥梁、渡槽或者架设、埋设的管道、电缆等设施,应当符合公路工程技术标准的要求。《公路工程技术标准》(JTG B01—2003)对公路建筑限界、桥涵跨径、桥涵设计洪水频率、桥面净宽、桥下净空以及公路与铁路平面交叉、

公路与铁路的立体交叉、公路与管线的交叉有具体的规定，桥梁、渡槽、管道、电缆等设施的建设单位应当认真执行。这里所称的公路建筑限界，是指为保障车辆、行人通行安全，对公路、公路桥梁上和公路隧道内规定高度和宽度范围内不允许有障碍物的空间。跨越、穿越公路修建、架设、埋设的各种设施，不应侵入公路建筑限界，否则将直接妨害公路通行安全。

各级公路建筑限界应符合图2-1的规定。

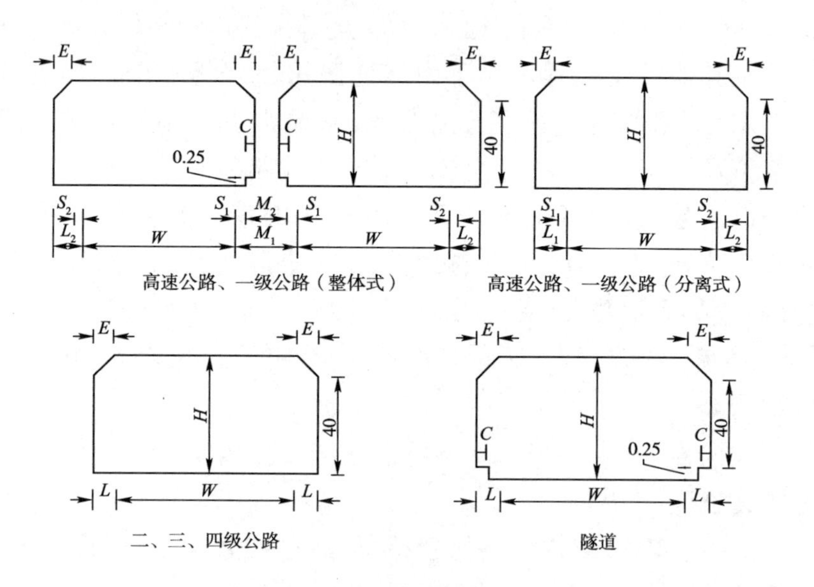

图2-1　公路建筑限界(单位:m)

W-行车道宽度；L_1-左侧硬路肩宽度；L_2-右侧硬路肩宽度；S_1-左侧路缘带宽度；S_2-右侧路缘带宽度；L-侧向宽度，高速公路、一级公路的侧向宽度为硬路肩宽度（L_1 或 L_2），二、三、四级公路的侧向宽度为路肩宽度减去0.25m；C-当设计速度大于100km/h时为0.5m，等于或小于100km/h时为0.25m；M_1-中间带宽度；M_2-中央分隔带宽度；E-建筑限界顶角宽度，当 $L \leq 1$m时，$E = L$；当 $L > 1$m时，$E = 1$m；H-净空高度，一条公路应采用同一净高，高速公路、一级公路、二级公路的净高应为5.0m，三、四级公路为4.5m

第三，跨越、穿越公路建设、埋设管道、电缆等设施的，不仅要满足《公路工程技术标准》规定的各级公路建筑限界要求，而且还要符合《10kV及以下架空配电线路设计技术规程》

（DL/T 5220—2005）、《110～500kV架空送电线路设计技术规程》（DL/T 5092—1999）等标准规定的与公路路面最小垂直距离要求。

（三）在公路用地范围内架设、埋设管道、电缆等设施许可

前面已经介绍过，公路用地管理采取的是禁止和限制相结合的模式，即对在公路用地范围内摆摊设点、堆放物品、倾倒垃圾等损坏、污染公路和影响公路畅通的活动，严格禁止；对在公路用地范围内架设、埋设管道、电缆等设施的活动，经有关部门许可同意，可以实施。

第一，公路用地紧靠公路主线，在其范围内架设、埋设管线对公路安全影响较大，如地理环境和条件允许，应尽可能在公路用地之外的公路建筑控制区甚至更远的区域内进行架设、埋设活动；如条件不允许，必须在公路用地范围内设置的，应当科学规划，合理布局，避免公路用地范围内管线设施过多过密，影响路容路貌。

第二，在公路用地范围内架设、埋设的管道、电缆等设施应当符合公路工程技术标准的要求，不得侵入公路建筑限界，不得占用行车道及路肩。

第三，注意与公路标志保持必要的距离，避免遮挡公路标志。

第四，避免在弯道内侧架设管道、电缆等设施，影响安全视距。

第五，施工过程中，严禁将管道、电缆等设施的结构部件占用公路行车道和路肩，影响行车安全。

（四）利用公路桥梁、公路隧道、涵洞铺设电缆等设施许可

对此项许可，《公路法》未作明确规定。《条例》结合各地管理实际，对《公路法》有关规定作了进一步细化和补充，将利用公路桥梁、公路隧道、涵洞敷设电缆等设施，单独设置为一类行政许可项目。需要明确的是，此项行政许可的许可范围只是电缆

等不具有危险性或者危险性很低的设施,对于铺设高压电线和输送易燃、易爆或者其他有毒有害气体、液体的管道,则属于禁止行为,不存在许可的空间,这在《条例》第二十二条中已有明确规定。

(五)利用跨越公路的设施悬挂非公路标志许可

非公路标志是指除符合《道路交通标志和标线》和《公路工程技术标准》等标准规定的公路标志以外的指示牌、地名牌、厂(店)名牌、宣传牌、广告牌、龙门架、霓虹灯、电子显示牌、橱窗、灯箱和其他标牌设施。跨越公路的设施,是指跨越公路的公路桥梁、铁路桥梁、沟渠、管道等设施。非公路标志管理的关键在于规范。非公路标志设置应考虑设置规划、位置、间距、高度、尺寸、材料、抗风抗震能力、颜色等因素,其具体的设置、维护规范,交通运输部可以根据有关法律法规的规定另行制定相关要求。如果悬挂的非公路标志是广告,还应当遵守《中华人民共和国广告法》有关规定。如《中华人民共和国广告法》第三十二条规定:"有下列情形之一的,不得设置户外广告:(一)利用交通安全设施、交通标志的;(二)影响市政公共设施、交通安全设施、交通标志使用的;(三)妨碍生产者或者人民生活,损害市容市貌的;(四)国家机关、文物保护单位和名胜风景点的建筑控制地带;(五)当地县级以上地方人民政府禁止设置户外广告的区域。"

(六)在公路上增设或改造平面交叉道口施工许可

平面交叉是公路路网的节点,其位置和形式的选定直接影响路网整体效益的发挥以及交通安全,因此,平面交叉的选址和选形必须综合考虑各种相关因素,同时应体现安全第一的原则,保证相交公路的线形指标等平面交叉各组成要素都能满足其安全。对于平面交叉道口的设置,应当进行严格的控制;确需设置或改造的,应当经过公路管理机构批准。平面交叉位置的选定要考虑公路网的整体规划、地形、地质条件及经济与环境因素等，平面交叉道口形式应根据相交公路的功能、等级、交通量、交通管理方式和用地条件等确定，平面交叉范围内相交公路线形的技术指标应能满足视距、平面交叉道口连接部衔接等的要求。一级公路作为干线公路时，应优先保证干线公路的畅通，适当限制平面交叉数量；一级公路作为集散公路时，应合理设置平面交叉，减少对主线交通的干扰，且应设置齐全、完善的交通安全设施；其他技术等级的公路，平面交叉道口设置应考虑公路线形等因素，如二级公路的平面交叉，应作渠化设计，三级公路的平面交叉，当转弯交通量较大时应作渠化设计。

当前，平面交叉道口设置间距过小、数量过多，是引发交通事故的主要原因之一。当主线为干线公路时尤其是这样，许多地方在公路上随意开口的现象时有发生，因此，对平面交叉道口的最小间距必须要有明确的规定。平面交叉的设置间距应根据其对行车安全、通行能力和交通延误等的影响确定，一级、二级公路平面交叉道口的最小间距应符合表2-6的规定。

平面交叉最小间距　　表2-6

公路等级	一级公路			二级公路	
公路功能	干线公路		集散公路	干线公路	集散公路
	一般值	最小值			
间距(m)	2 000	1 000	500	500	300

本条针对的是已建成的公路上增设或改造平面交叉道口的情形，包括增设或改造十字路口和岔路口（丁字路口）。设置立体交叉的，不适用本条规定，应当按照《公路法》第四十五条和《条例》第二十七条第二项的规定办理。平面交叉道口设置具体要求如下：

一是公路与公路的平面交叉。平面交叉路口处车辆的交叉点、合流点、分流点的数量随公路交会条数的增加而急剧增加。所以，交叉道口交会的公路条数不得多于4条。平面交叉路口的交叉角度应为直角或接近直角，必须斜交时，其锐角应大于

45°。若小于45°,应采取必要的技术措施。平面交叉路口的间隔距离原则上应尽量加大,当两个交叉路口靠得较近时,应有足够安全的交织长度,使交叉受阻的车辆队列不致堵塞相邻的交叉路口;留有必要的转弯车道。加速或减速车道的长度,满足驾驶员注意力对交叉路口最小间距的要求。平面交叉前后的路段应尽量采用直线,当采用曲线时,其半径要以大于不设超高的最小曲线半径为宜。平面交叉处的纵坡以设置平缓的坡段为宜,水平坡段的最小长度应符合最小直线长的规定,并对称地布置在交叉点的两侧,紧接水平坡段的纵坡应不大于3%。由于地形等特殊困难不得已时,应不大于5%。在交叉公路上的汽车,距交叉点前后相当于交叉公路的停车视距范围内,应能互相看到。当条件受限制时,这两个停车视距均可减少30%,并应在适当位置设置限制车速的标志。

二是公路与铁路的平面交叉。公路与铁路平面交叉时,交叉路线两侧应备有不小于50米的直线路段,并尽量正交;当必须斜交时,交叉角应大于45°。在平面道口处,应保证汽车距离交叉道口相当于该级公路停车视距,并不得小于50米范围内,能看到两侧各不小于规定距离以外的列车。公路与电力牵引铁路交叉时,应在道口轨道两侧设置净空限界架,其净高为4.5米。

三是公路与乡村道路平面交叉。乡村道路与公路交叉的数量,应根据公路等级有所限制。在乡村道路密集地区:当交叉点过密影响行车安全时,宜适当合并交叉点。平面交叉应选在视距良好的地点,乡村道路应设置一段水平路段并加铺与交叉公路相同的路面。乡村道路在交叉道口公路边缘的两侧,应分别有不小于10米的水平段,紧接水平段的纵坡一般不大于3%,困难地段应不大于6%,以保证安全。交叉道口应有良好的视距,在乡村道路上行驶的驾驶员在距交叉道口不小于20米的范围以外,应能看清交叉路口两侧各50米以外在公路上行驶的汽车。

四是公路与沿线单位出入道路平面交叉。交叉道口的交叉角度应为直角或接近直角，交叉道口应设置在公路直线路段上，不准在设置超高的弯道上修建交叉道口。沿线单位出入道路在公路边缘应有不小于10米的水平段，紧接水平段的纵坡一般不大于3%。交叉道口应有良好的视距，在距交叉道口不小于20米范围内，与交叉公路的停车视距长度所构成的三角形范围内，应保证通视。

（七）在公路建筑控制区内埋设管道、电缆等设施许可

公路建筑控制区制度，主要是为了控制建筑控制区范围内的非因公路防护、养护需要而修建建筑物和地面构筑物的行为，为公路发展预留空间，确保公路安全运行。对于在公路建筑控制区内埋设管道、电缆等设施的行为，由公路管理机构事前对其实施许可管理，可以保证这些行为的实施对公路安全的影响降到最低，符合设定建筑控制区制度的初衷，也符合节约土地资源的基本原则。此外，在建筑控制区范围内埋设管道、电缆等设施许可事项的审查，原则上应确保相关管道、电缆等设施尽可能远离公路，以免对公路路基稳定性产生影响，同时，也可以尽量避免因为公路拓宽、改造的需要导致相关管道、电缆设施的迁移、损坏。

三、《条例》规定和设立的公路保护行政许可与《公路法》的关系

表2-7是对《公路法》与《条例》中设定和规定的与公路保护相关的行政许可事项所作的一个梳理。

从表2-7中可以看出，在公路保护方面，《条例》共规定了12项具体的行政许可项目，其中有7项是涉路施工许可，还有公路护路林更新砍伐、公路超限运输、修筑堤坝、压缩或者拓宽河床、抽取地下水、架设浮桥以及公路养护作业单位资质5项其他许可。

公路保护行政许可事项 表2-7

序号	公路法		公路安全保护条例	
	许可项目	依据	许可项目	依据
1	公路护路林更新砍伐许可	第四十二条	在公路桥梁、公路隧道、公路渡口以及公路两侧规定范围内修筑堤坝、压缩或者拓宽河道许可	第十七条
2	因建设工程需要占用、挖掘公路、公路用地或者使公路改线许可	第四十四条	在公路桥梁两侧规定范围内进行抽取地下水、架设浮桥等活动许可	第十九条
3	跨越、穿越公路修建桥梁、渡槽或者架设、埋设管道、电缆等设施许可	第四十五条	公路护路林更新砍伐许可	第二十六条
4	在公路用地范围内架设、埋设管道、电缆等设施许可	第四十五条	因建设工程需要占用、挖掘公路、公路用地或者使公路改线许可	第二十七条第一项
5	在公路桥梁、公路隧道、公路渡口以及公路两侧规定范围内修筑堤坝、压缩或者拓宽河道许可	第四十七条	跨越、穿越公路修建桥梁、渡槽或者架设、埋设管道、电缆等设施许可	第二十七条第二项
6	铁轮车、履带车和其他可能损害公路路面的机具或者车辆确需行驶公路许可	第四十八条	在公路用地范围内架设、埋设管道、电缆等设施许可	第二十七条第三项
7	公路超限运输许可	第五十条	利用公路桥梁、公路隧道、涵洞铺设电缆等设施许可	第二十七条第四项
8	在公路用地范围内设置非公路标志许可	第五十四条	利用跨越公路的设施悬挂非公路标志许可	第二十七条第五项
9	在公路上增设平面交叉道口施工许可	第五十五条	在公路上增设或改造平面交叉道口施工许可	第二十七条第六项
10	在公路建筑控制区内埋设管道、电缆等设施许可	第五十六条	在公路建筑控制区内埋设管道、电缆等设施许可	第二十七条第七项
11			公路超限运输许可	第三十五条
12			公路养护作业单位资质许可	第四十六条

通过对比可以看出,《条例》12 项中有 4 项是新设立的,分别是利用公路桥梁、公路隧道、涵洞铺设电缆等设施,利用跨越公路的设施悬挂非公路标志,抽取地下水、架设浮桥以及公路养护作业单位资质。为什么要新设立这 4 项许可呢?其中利用公路桥梁、公路隧道、涵洞铺设电缆等设施许可及利用跨越公路的设施悬挂非公路标志许可,这 2 类涉路施工许可事项在实践中遇到的矛盾非常突出,由于《公路法》等上位法没有明确的规定,比如,对非公路标志仅规定了在公路用地范围内设置内公路标志,应当经过公路管理机构的批准,进行严格的事前控制。而对于利用跨越公路的设施设置非公路标志的情形,《公路法》未作规定,而这种情形实践中并不少见,而对公路的不利于影响往往要大于公路用地范围内设置的非公路标志,如,设置位置不当会分散驾驶员注意力,设置不牢固会发生跌落或倒塌,造成行车危险,但因缺乏上位法依据,无法进行有效管理。在客观上又确实存在利用公路桥隧铺设电缆和跨越公路悬挂非公路标志的社会需求,一概禁止是不合理的,考虑到既要满足社会需求,又要控制安全风险,《条例》明确将这两类事项列入许可范围,用疏导的方式将施工风险纳入公路管理机构可控的范围内,以解决实践与立法的矛盾。而对于铺设高压电线和输送易燃、易爆或者其他有毒有害气体、液体的管道,则属于禁止行为,不存在许可的空间。规定抽取地下水、架设浮桥要经过审批,是因为在公路桥梁跨越的河道上下游一定范围内抽取地下水、架设浮桥以及修建其他危及公路桥梁安全的设施,有可能引起河流流量、流速的变化,造成桥梁基础的下沉、河床的移动,会严重危及公路桥梁的运行安全。擅自在桥墩附近抽取地下水可能会引起桥梁附近区域地质条件的变化甚至可能会导致整体塌陷,对桥梁基础的危害非常严重。对围垦造地、拦河筑坝、架设浮桥及其他可能妨碍河道安全的活动,《中华人民共和国水法》第三十七条、第四十条、第六十五条、第六十六条,《中华人民共和国河道管理条例》第二十七条均有相关规定。公路养护作业单位资质许可,将在第四章公路养护释义部分作详细阐述。所以条例做了与这些规定相衔接的规定。

从表2-7中还看出,有两项行政许可是《公路法》中有,但《条例》未做规定的。一个是第6项,铁轮车、履带车和其他可能损害公路路面的机具或者车辆确需行驶公路许可,另一个是第8项,在公路用地范围内设置非公路标志许可。这其中有两点需要明确:一是条例没有规定,是考虑公路法已有规定了,没必要都重复规定,所以按照《公路法》仍应当进行审批;二是这两项行政许可的实施主体,应当理解为公路管理机构。《条例》第三条明确了由公路管理机构具体负责公路保护的监督管理工作,进行了授权性规定,从根本上解决了公路管理机构的行政主体资格问题,这既包括条例明确规定的由公路管理机构承担的管理职责,也包括了《公路法》中规定的可以决定由公路管理机构行使的管理职责。确实不适宜由公路管理机构承担、而应当由交通运输主管部门履行的职责,《条例》都已经作了明确例外规定,因此,不应当再存在有些职责是通过授权取得的,有些是通过委托取得的情况。

第二十八条　申请进行涉路施工活动的建设单位应当向公路管理机构提交下列材料:

(一)符合有关技术标准、规范要求的设计和施工方案;

(二)保障公路、公路附属设施质量和安全的技术评价报告;

(三)处置施工险情和意外事故的应急方案。

公路管理机构应当自受理申请之日起20日内作出许可或者不予许可的决定;影响交通安全的,应当征得公安机关交通管理部门的同意;涉及经营性公路的,应当征求公路经营企业的意

见；不予许可的，公路管理机构应当书面通知申请人并说明理由。

【释义】本条是关于涉路施工许可程序的规定。

一、申请涉路施工许可需要提交的材料

申请实施涉路施工许可项目，申请人应向相关公路管理机构提交设计方案、施工方案、质量和安全技术评价报告及应急方案等相应的申请材料。《条例》对需要提交的申请材料进行了明确，解决了实践中要求申请人提交材料不明确、不规范的问题。根据《中华人民共和国行政许可法》、《条例》、《交通行政许可实施程序规定》、《路政管理规定》等相关法律、法规、规章的规定，申请人还应提交与申请许可相关的其他材料，主要包括申请书、申请人（建设单位）机构证明、授权经办人办理的委托书、经办人身份证明等。除上述要求的申请材料外，公路管理机构不得要求申请人提交其他与许可办理不相关的材料。

申请人提交申请材料后，公路管理机构应根据《中华人民共和国行政许可法》有关规定及时作出处理，对申请材料不齐全或者不符合法定形式，申请人当场不能补全或者更正的，应当当场或者在 5 日内一次性告知申请人需要补正的全部内容。对于申请材料齐全、符合法定形式的，应当予以受理。

二、申请材料的相关要求

（一）设计方案、施工方案

设计方案，是指申请从事的涉路施工项目的设计方案；施工方案，是指涉路施工项目的实施方案，包括施工工艺、安全保障、质量控制、施工期限等。为确保公路安全运行，涉路施工项目设计方案、施工方案应当符合《公路工程技术标准》等有关标准、规范要求，其编制单位应满足国家相关资质要求。

（二）技术评价报告

技术评价报告，主要是为涉路施工许可决策提供全面的技术支持和保障，通过查找、分析和预测工程设计和施工过程中存在的危险、有害因素以及可能导致的危险、危害后果和程度，提出合理可行的安全对策措施，指导危险源监控和事故预防。技术评价报告，应包括设计和施工方案是否规范、施工期限是否合理、防护措施是否科学、应急处置措施是否健全等方面内容。技术评价报告的结论，是公路管理机构进行实质性审查、作出涉路施工许可决定的重要参考依据。技术评价方式、实施办法及有关工作程序的具体规定，可以由交通运输部通过制定有关办法予以明确。

（三）应急方案

涉路施工许可的设定，其初衷就是为了规范涉路施工项目的管理，防范不规范施工可能带来的安全隐患，以保障公路的完好、安全、畅通，确保人民群众的安全出行。涉路施工建设单位，要严格按照许可批准的技术要求、时间节点施工；同时，要对施工过程中各种可能出现的风险进行全面的分析，并针对存在的风险点制定严密的工作措施予以防范，做好一旦发生事故的应急救援准备。

三、涉路施工许可的期限

根据《中华人民共和国行政许可法》第四十二条的规定，除当场可以作出许可决定的外，行政机关应当自受理行政许可申请之日起20日内作出行政许可决定；20日内不能作出决定的，经本行政机关负责人批准，可以延长10日，并应当将延长期限的理由告知申请人；但是，法律、法规另有规定的，依照其规定。《条例》在期限上没有作出例外规定，仅是根据《中华人民共和国行政许可法》的规定，明确涉路施工许可的许可期限为20日，也不排除20日内不能作出决定的情况下，经公路管理机构负责人批准,延长10日的规定的适用。公路管理机构实施涉路施工许可的期限以工作日计算,不含法定节假日。同时,依照法律、法规和规章的规定需要听证、招标、拍卖、检验、检测、检疫、鉴定和专家评审、安全评价的,所需时间不计算在本条规定的期限内。

四、征求相关单位的意见

（一）征得公安机关交通管理部门的同意

根据《公路法》、《中华人民共和国道路交通安全法》的规定,涉路施工项目涉及交通安全的,申请人还应当征得公安机关交通管理部门的同意,即在公安机关交通管理部门办理相应的行政许可。为加强两个许可实施机关之间的沟通和协调,《条例》规定,公路管理机构受理申请人的涉路施工申请后,在作出许可决定前,影响交通安全的,由公路管理机构还应征得公安机关交通管理部门的同意,即由公路管理机构将征求意见书及时送交公安机关交通管理部门,公安机关交通管理部门接到公路管理机构报送的申请资料后,应及时提出审查意见,并及时将审查意见以书面方式反馈给公路管理机构。公安机关交通管理部门不同意许可的,公路管理机构不得作出准予行政许可的决定。

（二）征求公路经营企业的意见

涉路施工活动涉及经营性公路的,公路管理机构应征求公路经营企业的意见,公路经营企业应在公路管理机构规定的时限内提出意见。这样规定,一是考虑到在经营性公路上进行涉路施工许可的,对经营性公路的运营管理会造成较大影响,应当征求和尊重公路经营企业的意见,以便公路经营企业及时作出公路运营管理和保障畅通的安排;二是考虑到《中华人民共和国行政许可法》规定,行政机关发现行政许可事项直接关系他人重大利益的,应当告知该利害关系人。公路经营企业作为涉路施工活动中的利害关系人,公路管理机构在审查许可事项时,应当征求其意见。要注意一点的是,公路经营企业的意见是公路管理机构作出是否准予许可的重要参考因素,但不是决定因素。

五、涉路施工许可的审查

涉路施工许可的审查,原则上对涉路施工项目申请材料进行实质性审核,主要审核申请材料反映的情况是否与法定的许可条件相一致,比如,所申请的施工项目是否有必要一定在公路、公路用地或建筑控制区内进行;涉路施工项目设计方案和技术方案是否满足法律法规和有关公路技术规范及公路运行安全的需要,审查涉路施工项目的实施是否会影响公路拓宽、改造等公路发展规划的要求,审查质量和安全技术评价报告是否认可涉路施工项目的设计方案、施工方案及相关技术安排,审查应急方案是否健全可行,审查涉路施工项目申请单位主体是否符合要求等。

审查可以采用以下方式:

(一)当面询问申请人及申请材料内容有关的相关人员;

(二)根据申请人提交的材料之间的内容相互进行印证;

(三)根据行政机关掌握的有关信息与申请材料进行印证;

(四)请求其他行政机关协助审查申请材料的真实性;

(五)调取查阅有关材料,核实申请材料的真实性;

(六)对有关设备、设施、工具、场地进行实地核查;

(七)依法进行检验、勘验、检测;

(八)听取利害关系人意见;

(九)举行听证;

(十)召开专家评审会议审查申请材料的真实性。

需要进行实地核实的,应当指派两名以上工作人员进行。

对于申请人提出的涉路施工申请,公路管理机构在确认涉路施工确有必要,设计方案、施工方案符合有关技术规范,安全技术评价报告结论认可，应急方案健全，符合公路安全运行的要求，且公安机关交通管理部门同意（仅限该许可同时影响交通安全的情形）时，方可作出准予许可的决定。公路管理机构应在许可决定书中明确涉路施工活动的期限，建设单位必须督促施工单位在批准的期限内实施完毕。在批准的期限内不能实施完毕的，应按照《中华人民共和国行政许可法》的规定办理延续许可；建设单位逾期不办理涉路施工项目许可延续的，公路管理机构应当注销该涉路施工许可。

涉路施工项目属于临时性涉路工程设施的，公路管理机构在作出许可决定时，应明确临时性涉路工程设施的设置期限，临时性涉路工程设施设置期限届满的，建设单位或者该临时性涉路工程设施的所有人、管理人应当在确保公路安全运行的基础上予以拆除。

六、关于收取费用的问题

《公路法》第四十四条："任何单位和个人不得擅自占用、挖掘公路。因修建铁路、机场、电站、通信设施、水利工程和进行其他建设工程需要占用、挖掘公路或者使公路改线的，建设单位应当事先征得有关交通主管部门的同意；影响交通安全的，还须征得有关公安机关的同意。占用、挖掘公路或者使公路改线的，建设单位应当按照不低于该段公路原有的技术标准予以修复、改建或者给予相应的经济补偿。"第四十五条规定："跨越、穿越公路修建桥梁、渡槽或者架设、埋设管线等设施的，以及在公路用地范围内架设、埋设管线、电缆等设施的，应当事先经有关交通主管部门同意，影响交通安全的，还须征得有关公安机关的同意；所修建、架设或者埋设的设施应当符合公路工程技术标准的要求。对公路造成损坏的，应当按照损坏程度给予补偿。"因此，涉路施工占用、挖掘公路或者使公路改线的，应当按照不低于该段公路原有的技术标准予以修复、改建或者给予相应的经济补偿;对公路造成损坏的,应当按照损坏程度给予补偿。

第二十九条　建设单位应当按照许可的设计和施工方案进行施工作业,并落实保障公路、公路附属设施质量和安全的防护措施。

涉路施工完毕,公路管理机构应当对公路、公路附属设施是否达到规定的技术标准以及施工是否符合保障公路、公路附属设施质量和安全的要求进行验收;影响交通安全的,还应当经公安机关交通管理部门验收。

涉路工程设施的所有人、管理人应当加强维护和管理,确保工程设施不影响公路的完好、安全和畅通。

【释义】本条是关于涉路施工相关各方的职责和义务的规定。

一、建设单位应当按照许可的设计和施工方案进行施工作业

涉路施工行政许可决定作出后,建设单位必须严格按照许可的设计和施工方案进行施工作业,并落实保障公路、公路附属设施质量和安全的防护措施,不得违反准予许可决定的条件、标准和范围。建设单位、施工单位有责任维护施工现场秩序。此外,根据《中华人民共和国道路交通安全法》第三十二条第二款规定,施工单位在施工作业完毕后,还应当迅速清除公路上的障碍物,消除安全隐患。

二、涉路工程设施须经有关部门验收合格方可投入使用

涉路施工许可决定作出后,建设单位、施工单位不严格按照许可要求进行施工作业的情况屡见不鲜,公路管理机构有必要进一步加强事中、事后的监督检查。为进一步强化许可监督,本

条规定了许可验收工作制度,明确涉路施工完毕后,公路管理机构应当对公路、公路附属设施是否达到规定的技术标准及施工是否符合保障公路、公路附属设施质量和安全的要求进行验收,并对是否落实许可的设计和施工方案进行评估,对于未通过验收的,涉路工程设施一律不得投入使用。对验收中发现的问题,应要求建设单位及时予以更正。

涉路工程设施验收,应由建设单位在涉路施工实施完毕后,向公路管理机构提出验收申请,公路管理机构在接到建设单位的验收申请后,应及时组织相关技术人员通过现场勘察、询问、查阅施工资料、专项审查会等方式组织验收。涉路施工项目涉及公安机关交通管理部门、公路经营企业等其他相关部门的,公路管理机构应当通知相关部门共同参与验收。涉路工程设施经验收合格的,才可以投入使用;验收不合格的,公路管理机构应当责令建设单位予以改正,改正后再行组织验收。

三、涉路工程设施的所有人、管理人应当加强对涉路工程设施的维护和管理

涉路工程设施的所有人、管理人是涉路工程设施的维护和管理主体,负有法定的维护和管理义务,应当采取必要的措施和手段,如建立定期自检制度,确保涉路工程设施维持在良好的技术状态,使之安全运行,不会影响公路的完好、安全和畅通。

公路管理机构作为许可机关,应当按照行政许可法有关规定,切实强化涉路工程设施运行阶段的监管。对于采取何种形式进行有效监管,《中华人民共和国行政许可法》作出了较为全面的规定。该法第六十一条规定,行政机关应当建立健全监督检查制度,通过核查反映被许可人从事行政许可事项活动情况的有关材料,履行监督职责;行政机关依法对被许可人从事行政许可事项活动的监督检查时,应当将监督检查的情况和处理结果予以记录,有监督检查人员签字后归档;公众有权查阅行政机

关监督检查记录。第六十八条规定,对直接关系到公共安全、人身健康、生命财产安全的重要设备、设施,行政机关应当督促设计、建造、安装和使用单位建立相应的自检制度;行政机关在监督检查时,发现直接关系到公共安全、人身健康、生命财产安全的重要设备、设施存在安全隐患的,应当责令停止建造、安装和使用,并责令设计、建造、安装和使用单位立即改正。

根据这些规定,为切实强化涉路施工许可项目投入使用后的监管,公路管理机构应当指导和督促涉路工程设施的所有人、管理人建立相应的自检制度;公路管理机构在监督检查时,发现涉路工程设施存在安全隐患,危及公路的完好、安全和畅通的,应当根据《中华人民共和国行政许可法》的规定责令涉路工程设施停止使用,并责令其所有人、管理人采取措施立即改正,同时还可以将有关情况及时反馈给有关安全生产监督管理部门或该涉路工程设施的主管部门。

第三章　公 路 通 行

[本章提要] 本章主要是关于车辆违法超限治理以及不可解体物品超限运输许可管理的规定。车辆违法超限运输的危害是极大的，不仅严重影响交通运输安全，对公路基础设施危害极大，而且严重扰乱运输市场秩序。根据国务院的统一部署，从2004年6月起，由交通运输部牵头、国家十部委参加，联合在全国组织开展了治超工作。近些年来，各地各有关部门认真贯彻落实《国务院办公厅关于加强车辆超限超载治理工作的通知》（国办发〔2005〕30号）和《关于印发全国车辆超限超载长效治理实施意见的通知》（交公路发〔2007〕596号）要求，坚持“政府主导、部门协同，依法严管、标本兼治，立足源头、长效治理”的治理原则，综合运用经济、行政、技术、法律等多种有效手段，不断创新体制机制、完善政策措施、强化工作力度，积极推进治超工作。经过三年集中治理和五年长效治理，全国治超工作取得了良好的经济与社会效果。车辆违法超限率明显下降、道路货运车辆交通安全事故明显下降；公路网的路况水平、公路通行效率以及道路运输企业效益均有所提高；车辆“大吨小标”问题基本解决；全国干线公路货车超限率由原来的70%以上下降到目前的10%以下，严重违法超限运输现象得到有效遏制。

本章共十四条，分为车辆源头管理（包括生产、销售、改装、登记）、禁止违法超限运输车辆行驶公路、乡村和村道限高及限宽设施设置、不可解体物品超限运输许可、公路超限检测站管

3

理、货运装载源头管理、运输危险物品行驶特大公路桥隧管理、车辆规范装载及掉落物管理等八个部分。从逻辑结构上讲，本章内容大体上分为相对独立的两个方面，一是禁止违法超限运输车辆行驶公路制度，并由其统帅车辆生产、销售、改装、登记源头管理制度、公路超限检测站管理制度和货运装载源头管理制度，从而构成禁止违法超限运输车辆行驶公路的制度群；二是不可解体物品超限运输许可管理制度，这是禁止违法超限运输车辆行驶公路制度的例外，是特别制度，通过行政许可使不可解体物品超限运输合法化。在具体制度设计上，第三十条至第三十二条，在总结近年来集中治超工作经验的基础上，确立了车辆生产、销售、改装、登记源头管理制度。第三十三条，确立了禁止违法超限车辆行驶公路制度。第三十四条，根据农村公路等级低、保护能力弱等特点，确立了乡村和村道设置限高、限宽设施制度，防止超限运输车辆对技术等级较低的乡道和村道的破坏。第三十五条至第三十八条，健全完善了不可解体物品超限运输许可制度，并对许可权限的分工进行了明确规定，其中跨省许可审批遵循《中华人民共和国行政许可法》有关精神，结合近年来跨省超限运输管理的实际情况，设立了“起运地统一受理、联合审批”的许可模式，极大方便了申请人。第三十九条和第四十条，确立了公路超限检测站管理制度，有利于建立健全路面治超监控网络。第四十一条，确立了货物装载源头管理制度，为加强治超装载源头监管提供了法律依据。第四十二条，确立了运输危险物品行驶特大公路桥隧管理制度。第四十三条，确立了车辆规范装载及装载物掉落、遗洒或者飘散管理制度，明确了相关各方的职责和义务，并根据《中华人民共和国侵权责任法》有关规定，进一步界定了车辆驾驶人、押运人员未尽法定义务致他人人身、财产损害的侵权责任。

第三十条　车辆的外廓尺寸、轴荷和总质量应当符合国家有关车辆外廓尺寸、轴荷、质量限值等机动车安全技术标准，不符合标准的不得生产、销售。

【释义】本条是关于车辆生产和销售管理的规定。

机动车是公路运输活动的主要参与者。由于我国汽车工业起步较晚，在政策法规、技术标准、产业规划、发展监管等方面一直处于不断探索和完善的过程之中。国家相关政策法规特别是相关技术标准的缺失和监管措施的缺位，导致20世纪90年代以来部分企业车辆生产特别是货运车辆生产畸形发展：一方面是车辆的外廓尺寸和实际轴荷越来越大，车辆的承载能力越来越强，远远超过我国公路及桥梁的设计承载标准，对公路基础设施和道路交通安全造成巨大危害；另一方面是车辆技术参数“大吨小标”，出厂标记的装载质量和总质量等参数越来越小的现象。大量非法生产或标记失真的车辆投入使用，不仅造成国家应征税收和交通规费大量流失，还导致货运车辆恶性竞争，引发超限超载运输等违法现象，造成公路运输市场扭曲，诚信水准下降，损害了统一开放、竞争有序的市场秩序，阻碍了现代化道路运输市场体系的建立和完善，诱发大量的交通事故，损坏了公路基础设施，严重危及人民群众的生命和财产安全。因此，加强和规范机动车生产与销售管理，是强化公路货物运输源头治超管理、杜绝车辆非法超限超载运输、维护公路运输市场秩序的重要措施。

一、加强车辆生产、销售管理，从源头上控制不符合规定的车辆上路行驶

我国实行机动车生产许可制度，企业生产某种机动车型，必须经国家机动车产品主管部门许可，未经国家机动车产品主管部门许可的车型，机动车生产企业不得组织生产。企业在获得国家机动车产品主管部门生产某种机动车型的许可后,即成为合法生产该车型的机动车生产企业,可以组织对该车型的生产和销售。同时,机动车生产企业对许可生产的机动车型,应当严格执行机动车国家安全技术标准,并在机动车生产完成后,进行严格的机动车产品质量检验,以保证出厂销售的机动车为质量合格的机动车。对于机动车生产企业在获得国家机动车产品主管部门生产某种机动车型后,在生产该车型的过程中,不执行机动车国家安全技术标准或者不严格进行机动车产品质量检验,致使质量不合格的机动车出厂销售,应当承担相应的法律责任。

本条所称机动车安全技术标准,包括国家质检总局和国家标准委员会联合发布的《道路车辆外廓尺寸、轴荷及质量限值》(GB 1589—2004)、《机动车运行安全技术条件》(GB 7258—2004)等。汽车及汽车列车、挂车的外廓尺寸、轴荷和质量参数应当符合《道路车辆外廓尺寸、轴荷及质量限值》(GB 1589—2004)的规定。该标准是强制性标准,是在总结我国多年来车辆生产、使用和管理经验的基础上,参考国外相关标准和经验,结合汽车进步和道路等基础设施的要求制定的。该标准注重技术性和引导性,是机动车辆生产和销售必须遵守的纲领性文件,机动车辆的设计、生产、使用和管理都必须遵守该标准。

近年来,国家陆续出台一系列政策措施予以加强和规范车辆生产、销售等源头管理,防止不符合国家有关车辆外廓尺寸、轴荷、质量限值等机动车安全技术标准的车辆上路行驶。比如,全国治理车辆超限超载工作领导小组《关于印发 2005 年全国治超工作要点的通知》(交公路发〔2005〕89 号)规定:“从 2005 年 4 月 1 日起,对于新生产车辆,要严格执行《道路车辆外廓尺寸、轴荷及质量限值》(GB 1589—2004)国家标准,不再执行国家发展和改革委员会 2004 年第 31 号公告要求。”《关于印发 2006 年全国治超工作要点的通知》(交公路发〔2006〕76 号)规定:“国家发展和改革委员会[1]要严格按照国办发30号文件要求，进一步加强和规范公告管理，并对现有车型进行全面清理和整合，同时加强对汽车生产和改装企业的管理，严把车辆生产关。此外，还应尽快制定出台规范有关汽车生产及改装的管理措施和办法，从生产环节杜绝'大吨小标'以及不符合GB 1589—2004和GB 7258—2004国家标准的车辆。质检部门要进一步完善缺陷汽车召回制度，对于已经投入使用的存在危及人身、财产安全缺陷的车辆，要按照缺陷汽车召回制度的有关规定，责令汽车厂家召回。"此外，2007年10月8日全国治理车辆超限超载工作领导小组《关于印发全国车辆超限超载长效治理实施意见的通知》（交公路发〔2007〕596号）规定："发展改革（经贸）、工商、质检部门应当加强对车辆生产制造、销售企业的检查，并使检查工作制度化。发现机动车不符合国家标准强制性规定或虚假标定车辆技术数据的，由发展改革（经贸）部门逐级报请国家有关部门取消该产品《车辆生产企业及产品公告》资格；违规生产企业应当按照国家有关规定自行召回处理；拒不召回的，由质检部门责令限期召回；对生产、销售上述违规车辆产品的企业，按照相关法律、法规的规定给予处罚。"

二、有关部门应当积极履行监管职责

根据国家有关规定，相关部门在车辆生产及销售等方面的监督职责分别是：

（一）对不符合机动车安全技术标准生产的车辆，如"大吨小标"、"小吨大标"和非法拼改装的车辆，由工业和信息化部门负责加强《车辆生产企业及产品公告》管理，监督、检查汽车生产企业及产品，查处违规汽车生产企业及产品；

（二）工商部门负责查处拼装、改装汽车及非法买卖拼装、改

①2008年国务院机构改革后此项职能由工业和信息化部履行。

装汽车行为,依法取消取缔非法拼装、改装汽车行为;

(三)质检部门负责实施缺陷汽车召回制度,检查从事改装、拼装车辆生产企业的生产场所及标准执行情况,杜绝无标生产行为;实施车辆强制性产品认证制度,查处不符合认证要求的汽车生产企业及产品。

各地交通运输主管部门在推进治超工作特别是在加强车辆生产监管的源头管控工作过程中,应积极配合相关部门做好以下工作:一是要充分利用电视报刊、部门及行业网站、公路超限检测站、执法服务窗口等多种平台,加强《道路车辆外廓尺寸、轴荷及质量限值》(GB 1589—2004)及国家有关治超政策法规宣传,引导车户自觉选择购买和使用符合 GB 1589—2004 等国家标准的车辆,从源头环节遏止和杜绝非标准车辆生产和销售。二是道路运输管理机构要严把运输市场准入关,对不符合 GB 1589—2004 等国家标准的车辆,坚决杜绝进入运输市场。三是要加强违法生产、销售车辆信息抄报,发现生产、销售不符合 GB 1589—2004 等国家标准的车辆,要按照有关规定,及时汇总相关信息,定期抄报工业和信息化、工商、质检等部门,并配合做好调查处理等相关工作。

第三十一条　公安机关交通管理部门办理车辆登记,应当当场查验,对不符合机动车国家安全技术标准的车辆不予登记。

【释义】本条是关于车辆登记管理的规定。

一、国家对机动车实行登记管理制度

实施机动车登记管理的目的,是为了加强和规范机动车管理,保护公民、法人和其他组织的合法权益,促进经济和社会发展,保障道路交通安全。机动车登记的种类分为注册、过户、变更、抵押、注销登记等。机动车只有按照有关规定完成注册登记，核发机动车号牌、《机动车行驶证》和《机动车登记证书》，才能取得上路行驶权，才能具备参与道路交通活动的基本资格。未按规定完成注册登记的车辆，不得上路行驶。对于尚未登记的机动车，需要临时上路行驶的，如购车后，需要驾车去办理牌照等，应当取得临时通行牌证。对于非机动车，目前国家尚未纳入强制注册登记管理范围。

二、机动车登记管理主要由公安机关交通管理部门等相关单位实施

根据《中华人民共和国道路交通安全法》的有关规定，机动车的登记管理工作由公安机关交通管理部门实施；上道路行驶的拖拉机的登记管理工作，由农业（农业机械）主管部门实施。为此，本条规定的当场查验车辆的任务不仅公安机关交通管理部门在办理机动车登记时，应严格遵守执行；农业（农业机械）管理部门在办理拖拉机注册登记时，也应严格遵照执行。根据《农业机械安全监督管理条例》第十二条第二款规定，上道路行驶的拖拉机，依法必须经过认证的，在出厂前应当标注认证标志，并符合机动车安全技术标准。

三、公安机关交通管理部门办理车辆登记应当对车辆进行当场查验

本条所称当场查验，是对车辆登记申请材料的实质内容进行核实。当场查验的主体是公安机关交通管理部门，根据《中华人民共和国行政许可法》第三十四条第三款规定，公安机关交通管理部门办理车辆登记时，应当指派两名以上工作人员对车辆进行当场查验。

当场查验是机动车登记的一个必要条件。近年来，受利益驱动等多种因素的影响，部分车辆生产企业盲目迎合少部分车

户需求，违反国家相关政策法规和技术标准生产机动车辆，造成部分车辆外廓尺寸严重超过国家规定的限值标准，轴荷及轮胎实际承载力也远远超过公路工程技术标准等国家相关规定标准，为货运车辆实施违法超限超载运输提供了条件和可能。因此，从车辆注册登记环节严把查验审核关，是杜绝非法生产和改装车辆进入道路运输市场的最有效的源头举措。《中华人民共和国道路交通安全法》第十条规定："准予登记的机动车应当符合机动车国家安全技术标准。申请机动车登记时，应当接受对该机动车的安全技术检验。"只有经过相关管理部门当场查验合格，符合相关机动车国家安全技术标准的车辆，才能允许办理注册登记，才能获得上路行驶和道路运输资格。

四、对不符合机动车国家安全技术标准的车辆不予办理注册登记

工业和信息化部、公安部联合印发的《关于进一步加强道路机动车辆生产一致性监督管理和注册登记工作的通知》(工信部联产业〔2010〕453 号)规定：车辆产品设计应符合国家有关政策和标准的规定，其中载货汽车和半挂车的载货部分，不得设计成可伸缩的结构，整备质量与总质量的关系应真实合理；汽车、挂车以及组成的汽车列车的外廓尺寸要符合《道路车辆外廓尺寸、轴荷及质量限值》(GB 1589—2004)的规定；各地公安机关交通管理部门要按照《机动车运行安全技术条件》(GB 7258)、《道路车辆外廓尺寸、轴荷及质量限值》(GB 1589—2004)、《机动车登记规定》(公安部令第 102 号)及《机动车查验工作规程》(GA 801—2008)等规定查验车辆，审核机动车所有人提交的有关资料，办理机动车注册登记；对符合要求的，要收存有关资料，办理机动车注册登记；对未按规定列入《车辆生产企业及产品公告》或超过《车辆生产企业及产品公告》有效期出厂、车辆参数不符合有关国家标准、车辆技术参数和相片与《车辆生产企业及产品公告》不一致、车辆识别代号拓印膜和实际车辆不一致的产品，不予办理注册登记；对违规产品取证后按照《机动车查验工作规程》记录具体信息，并录入机动车登记信息系统。

此外，《机动车登记规定》第九条第五项和第六项规定："有下列情形之一的，不予办理注册登记：（五）机动车的有关技术数据与国务院机动车产品主管部门公告的数据不符的；（六）机动车的型号、发动机号码、车辆识别代号或者有关技术数据不符合国家安全技术标准的"。

第三十二条　运输不可解体物品需要改装车辆的，应当由具有相应资质的车辆生产企业按照规定的车型和技术参数进行改装。

【释义】本条是关于运输不可解体物品车辆改装的规定。

一、非法改装车辆的主要形式及其危害

机动车辆改装一般分为两种情况：一种是为满足某种合法的特殊运输需要，由专门生产改装汽车的厂家，用国家鉴定合格的发动机、底盘或总成，重新设计、改装与原车型不同的汽车；另一种是已领有牌照的汽车，为了某种使用目的，在原车总成的基础上，作一些技术改造。改装出来的汽车，统称为改装车。非法改装机动车辆，是指未经国家有关部门批准，不按国家有关技术标准设计，擅自改变车辆原来结构、部件和技术参数而生产的机动车辆。根据原交通部《关于进一步加强道路运输车辆改装管理工作的通知》（交公路发〔2006〕158号）的规定，非法改装机动车辆包括下列几种情形：

（一）擅自改变车辆类型或用途

指擅自将客车改为货车、货车改为客车、普通货车改为专用货丰、专用货车改为普通货车、卧铺客车改为座位客车、座位客车改为卧铺客车等。

（二）擅自改变车辆颜色

指擅自将驾驶室和车身改为与原车辆不同的外观颜色。

（三）擅自改变车辆主要总成部件

指擅自更换与原车型不一致的发动机、变速箱、前桥、后桥或者车架；擅自更换车辆车身或者罐车罐体；擅自改变车辆悬架形式（空气悬架、复合悬架、钢板弹簧式悬架等悬架形式之间的改变）。对于小型、微型道路客运车辆加装前后防撞装置，道路货运车辆加装防风罩、水箱、工具箱、备胎架等，道路运输车辆增加车内装饰等，在不影响安全和识别号牌的情况下，可由道路运输经营者自行决定，交通运输主管部门和道路运输管理机构不得将其认定为非法改装道路运输车辆。

（四）擅自改变车辆外廓尺寸或者承载限值

指擅自加高、加宽、加长、拆除货厢拦板或者增加车辆外廓尺寸；擅自增加或者减少轮胎数量；擅自增加或者减少车轴数量；擅自增加或减少客车座位或者卧铺铺位。

非法改装道路运输车辆，将破坏车辆本身的结构和性能，给车辆安全行驶带来隐患，同时还会造成道路运输市场不公平竞争，不利于道路运输市场健康协调发展，危害很大。

二、规范运输不可解体大件物品车辆改装管理

机动车必须按照国家有关车辆外廓尺寸、轴荷、质量限值等机动车安全技术标准的规定进行设计和生产，一般情况下，不得擅自改变原设计参数，对车辆进行改装。但是，对用于运输不可解体大型物品的车辆，为满足其性能及安全需要，国家允许其按照有关规定进行改装。

本条规定应从以下三个方面理解：

（一）根据实际需要改装的原则。不可解体的大型物品种类

繁杂,长短各异,总质量也差别很大,部分大型物品难以使用普通货车完成运输,确需使用经过特殊改装的车辆才能满足其使用的,才能依照有关规定对车辆进行改装。对于运输的大型物品的外廓尺寸和质量较小,现有货运车辆(主要是低平板运输车辆)能够满足运输需求的,不得进行改装。

(二)具有相应资质企业改装的原则。车辆应当由具有相应资质的车辆生产企业进行改装。

(三)按照规定车型和技术参数改装的原则。改装后的车辆轴荷应当符合国家有关车辆外廓尺寸、轴荷、质量限值等机动车安全技术标准规定的技术参数。

第三十三条　超过公路、公路桥梁、公路隧道限载、限高、限宽、限长标准的车辆,不得在公路、公路桥梁或者公路隧道行驶;超过汽车渡船限载、限高、限宽、限长标准的车辆,不得使用汽车渡船。

公路、公路桥梁、公路隧道限载、限高、限宽、限长标准调整的,公路管理机构、公路经营企业应当及时变更限载、限高、限宽、限长标志;需要绕行的,还应当标明绕行路线。

【释义】本条是关于超过公路、公路桥梁、公路隧道或汽车渡船规定限值的车辆行驶公路和使用汽车渡船(又称超限运输车辆行驶公路)的规定。

3

公路、公路桥梁、隧道和汽车渡船,对车辆的轴载质量、总重、高度、宽度和长度有着相应的限定要求。就我国目前的政策标准而言,除另有限载、限高、限宽、限长标准的特殊公路路段外,一般公路上通行车辆的限值标准是:车货总高度从地面算起4米以上(集装箱运输车车货总高度从地面算起4.2米以上),车货总长18米以上,车货总宽度2.5米以上;二轴货车车货总重20吨以上，三轴货车车货总重30吨以上，四轴车辆车货总重40吨以上，五轴车辆车货总重50吨以上，六轴及六轴以上车辆车货总重55吨以上；单轴（每侧单轮胎）载质量6吨以上，单轴（每侧双轮胎）载质量10吨以上。上述标准是根据我国公路工程技术标准、国家有关车辆外廓尺寸、轴荷、质量限值等机动车安全技术标准而确定的，其具体标准由交通运输部另行制定。

本条规定的基本含义有：

（一）禁止违法超限运输车辆行驶公路

超过公路、公路桥梁、公路隧道限载、限高、限宽、限长标准的车辆不得在有限定标准的公路和公路桥梁上以及公路隧道内行驶；超过汽车渡船限载、限高、限宽、限长标准的车辆，不得使用汽车渡船。否则，将造成公路、公路桥梁、公路隧道和汽车渡船的损坏，甚至会车（船）毁人亡。

（二）及时更换与公路建筑限界及汽车荷载有关的禁令标志和指路标志

公路标志一般分为警告标志、禁令标志、指示标志和指路标志。在需要明确禁止或限制车辆、行人交通行为的路段起点前，应设置有关禁令标志。其中，在因车辆的宽度、高度超过公路建筑限界或有关规定而禁止通行的路段，应设置限制宽度、限制高度标志；在车辆的总质量或轴重超过公路汽车荷载设计值或有关规定而禁止通行的路段，应设置限制质量或限制轴重标志。除特殊规定外，禁令标志所设位置，应便于受限车辆驾驶人或行人观察前方路况，并易于转换行驶或行走方向。部分禁令标志可在开始路段的交叉口前适当位置设置有关指路标志，提示被限制车辆提前绕道行驶。公路标志和标线应在路网分析的基础上，综合考虑公路条件、交通条件、气象和环境条件等因素，根据各种公路标志和标线的功能、驾驶人的行为特征和交通管理的需要进行设置。公路标志和标线设置条件发生变化时，应及时更换或去除。

这里要注意超限与超载的区别。货运车辆超限与超载是两个不同的法律概念。超限是指车辆的轴载质量、车货总质量或装载后长度、宽度、高度超过国家规定的限值或公路(含桥梁、隧道、渡口)特殊限定标准。超载是指车辆运载的货物质量超过行驶证核定载质量。二者的主要区别:

一是二者违反的法律规范不同。车辆超限违反的是《中华人民共和国公路法》,车辆超载违反的是《中华人民共和国道路交通安全法》。

二是认定二者违法的技术参数不同。超限是以车辆装载后总重、轴重、外廓尺寸与国家规定的限值或公路特殊限定标准进行对比、认定,超载是以车辆装载后货物的质量与其行驶证上核定的载质量进行对比、认定。

三是二者危害后果不同。车辆超限危害的是公路这一构筑物自身完好、安全,后果是损坏路桥,与交通事故没有因果关系;车辆超载危害的是车辆的技术状况及道路交通安全,后果是诱发交通事故,与交通事故有因果关系。

四是对二者实施行政管理的主体不同。超限的行政管理主体是公路管理机构,超载的行政管理主体是公安机关交通管理部门。

五是对二者实施行政管理目标不同。公路管理机构对超限车辆实施管理,是为了保护公路完好安全,使路桥免遭损害,发挥其正常使用功能;公安机关交通管理部门对超载车辆实施管理,是为了避免道路交通事故,保护道路参与者人身财产安全。

六是对二者处罚额度不同。违法超限运输,根据《公路法》的规定,可处3万元以下罚款;违法超载运输,根据《道路交通安全法》的规定,处200元以上500元以下,超过核定载质量30%的,处500元以上2 000元以下的罚款。

七是货运车辆大多数同时处于超载与超限的状态,但是也存在大量超载但不一定超限、超限但不一定超载的情形。

第三十四条　县级人民政府交通运输主管部门或者乡级人民政府可以根据保护乡道、村道的需要，在乡道、村道的出入口设置必要的限高、限宽设施，但是不得影响消防和卫生急救等应急通行需要，不得向通行车辆收费。

【释义】本条是关于在乡道、村道的出入口设置限高、限宽设施的规定。

本条所称限高、限宽设施，是指在乡道、村道出入口设置的活动门式限高装置以及桩式或伸缩式限宽装置。

乡道和村道直接服务于乡村经济、文化、生产、生活以及乡村与外部联系，虽然交通流量小、等级低，但对当地社会和经济发展起着至关重要的作用。随着近年来乡道和村道通车里程的迅速增长[①]，其保护需求与保护能力之间的矛盾愈显突出，特别是在一些砂石和煤炭等矿产资源主产区的路段，以及路网密度较大便于绕行逃避超限检测的路段，大量违法超限运输车辆对乡道、村道造成严重损害，直接影响了当地人民群众出行、生活和生产发展。

为加强乡道和村道的保护，使其更好地为农村经济社会发展服务，全国治理车辆超限超载工作领导小组《关于印发全国车辆超限超载长效治理实施意见的通知》（交公路发〔2007〕596号）规定，要按照“高速公路入口阻截劝返、普通公路站点执法监管、农村公路限宽限高保护”的总体要求，对包括乡道和村道在内的农村公路，要鼓励其管理主体，在重要出入口及节点位置，设置限宽、限高设施，防止违法超限运输车辆驶入。从近几年来各地的实践情况看，在乡道、村道的出入口设置必要的限高、限宽设施，是完善路面治超监控网络、强化治超长效机制建设的有

①截止到2011年底，我国乡道106.6万公里，村道196.4万公里，占公路通车总里程的73.8%。

效手段和重要措施。主要有以下方面原因：

一是从乡道和村道技术等级等自身特点看。我国乡道和村道通车里程长、覆盖面积广，但车流量小、技术等级低，国家现有路政执法力量难以覆盖到乡道和村道。在此情况下，加强乡道和村道的治超管理，除大力推广重要货物装载源头运政人员派驻及巡查制度外，通过设置必要的限宽、限高设施，在满足当地群众通行和普通生产运输需要的同时，限制违法超限运输车辆特别是多轴重型货运车辆，是最为有效和可行的措施。

二是从完善路面治超监控网络方面看。随着公路超限检测站的逐步建立和完善，对国省干线公路上治超力度进一步增加，一些违法超限运输车辆通过绕行乡道、村道等方式逃避超限检测，既严重损害了乡道和村道的完好、畅通，也给当地群众生命财产安全带来较大的影响。

三是从维护和促进“三农”发展看。近年来，农村公路的快速发展极大方便了农民群众出行。对于农村公路的建设成果，广大农民群众倍感珍惜，强烈要求加大保护力度，保持路况完好、安全。

一、县级人民政府交通运输主管部门或者乡级人民政府是在乡道、村道的出入口设置限宽、限高设施的法定主体

（一）乡道的限高、限宽设施由县级人民政府交通运输主管部门设置

设置限高、限宽设施属于公路管理工作，根据《公路法》第八条规定，乡级人民政府负责乡道的建设和养护工作，其管理工作由县级人民政府交通运输主管部门负责。因此，乡道的限高、限宽设施由县级人民政府交通运输主管部门负责设置。如果乡级人民政府认为确需在乡道的出入口设置限高、限宽设施的，可以向县级人民政府交通运输主管部门提出设置需求，由县级人民政府交通运输主管部门统筹决定是否设置。

(二)村道的限高、限宽设施由乡级人民政府设置

根据《条例》第七十五条第一款规定,村道的管理和养护工作由乡级人民政府负责。因此,村道的限高、限宽设施由乡级人民政府负责设置。为便于统一管理,乡级人民政府在村道的出入口设置限高、限宽设施后,可将相关信息及时报县级人民政府交通运输主管部门备案。

根据本条规定,县级人民政府交通运输主管部门或乡级人民政府是在乡道或村道设置限宽、限高设施的法定主体,其他任何单位和个人均无权设置。

二、设置限宽、限高设施应当符合实际需要、应急保障和无偿通行的原则

(一)实际需要的原则

要结合当地矿产资源分布、公路货运产业格局等特点,按照“源头监管优先、控制重要节点、保障正常通行、防止超限超载”的总体要求设置。要结合地方政府及相关部门的安全监管等相关职责,优先加强重点货物装载源头监管,努力从源头环节杜绝违法超限运输车辆出场上路。矿产资源输出重点地区和违法超限运输车辆绕行集中的地区,可选择重要的节点位置,设置限宽、限高设施。对于违法超限运输车辆较少通行的地区,原则上应暂缓设置限宽、限高设施。

(二)应急保障的原则

在乡道、村道的出入口设置必要的限高、限宽设施,不得影响消防和卫生急救等应急通行需要。

(三)无偿通行的原则

任何单位和个人不得借机巧立名目向通行车辆收取费用。但是对于非法强行通过限高、限宽设施并造成路产损害的,应当依法承担民事赔偿责任。二者并不矛盾。

三、违反本条规定应承担的法律责任

《条例》未针对本条设定相应的法律责任。对违反本条规定,有下列行为之一的,由交通运输主管部门按照《公路法》第九条和第七十四条的规定,责令停止违法行为,没收违法所得,可以处违法所得3倍以下罚款,没有违法所得的,可以处2万元以下的罚款;对负有直接责任的主管人员和其他直接责任人员,依法给予行政处分:

(一)县级人民政府交通运输主管部门或乡级人民政府超越职权范围在乡道、村道的出入口设置限高、限宽设施的;

(二)县级人民政府交通运输主管部门或乡级人民政府以外其他单位或个人在乡道、村道的出入口设置限高、限宽设施的;

(三)任何单位或个人向通过限高、限宽设施的车辆收费的。

第三十五条　车辆载运不可解体物品,车货总体的外廓尺寸或者总质量超过公路、公路桥梁、公路隧道的限载、限高、限宽、限长标准,确需在公路、公路桥梁、公路隧道行驶的,从事运输的单位和个人应当向公路管理机构申请公路超限运输许可。

【释义】本条是关于超限运输车辆行驶公路许可的规定。

《条例》第三十三条第一款规定:"超过公路、公路桥梁、公路隧道限载、限高、限宽、限长标准的车辆,不得在公路、公路桥梁或者公路隧道行驶;超过汽车渡船限载、限高、限宽、限长标准的车辆,不得使用汽车渡船。"但考虑到国家一些重点工程建设及生产、科研的需要,确需通过公路运载车货总重或外廓尺寸超过公路、公路桥梁、公路隧道限载、限高、限宽、限长标准的不可解体大型物品,为此设置超限运输车辆行驶公路许可,目的在于通过公路管理机构许可,在确保公路设施安全、完好的前提下,通过选择科学合理的时间和线路、采取加固桥梁等必要的防护措施,引导或护送超限运输车辆安全通行公路、公路桥梁或者公路隧道,既满足特殊运输需要,又确保公路安全、完好、畅通。

本条包含以下几个方面的含义:

(一)就超限运输车辆行驶公路许可而言,必须同时符合三个方面的条件,方可按照有关规定提出。一是必须是载运不可解体物品,所载物品非不可解体物品的不予受理。本条所称不可解体物品,是指装载物品为不可分割的一个整体,不可拆卸,或拆卸会导致该物品的使用功能破坏的一种物理状态。二是车货总体的外廓尺寸或者总质量超过公路、公路桥梁、公路隧道的限载、限高、限宽、限长标准中一项及一项以上的。车货总体的外廓尺寸或者总质量均未超过公路、公路桥梁、公路隧道的限载、限高、限宽、限长标准的,不需要办理申请。需要明确的是,车辆载运不可解体物品时,车辆轴荷不得超过国家规定的最大限值标准。三是确需在公路、公路桥梁、公路隧道行驶的。考虑到公路服务的社会普遍性而实行的对公路的特殊保护、企业运输成本及便利等方面的因素,《公路法》和本《条例》均规定将"确需行驶公路的"作为许可前提条件,即对可以通过铁路、水运等方式运达的不可解体物品,应优先采用非公路运输方式。

(二)公路超限运输许可,应当由从事运输的单位和个人申请。申请公路超限运输许可的单位和个人,应当如实向公路管理机构提交有关材料和反映真实情况,并对其申请材料实质内容的真实性负责。申请材料有:超限运输车辆行驶公路申请表,主要内容包括运输货物的名称、重量和外廓尺寸,运输货物的起止点、拟经路线和运输时间,运输车辆的厂牌型号、自载质量、轴载质量、轴距、轮数、轮胎单位压力以及载货时车货总体外廓尺寸;记录载货时车货总体轮廓信息的照片或者总体轮廓图;拟进行超限运输的车辆的行驶证或者其他所有权证明文件;拟进行超限运输的驾驶员所持有的机动车驾驶证和道路运输从业资格证;申请人的身份证明资料(申请人是法人或其他组织的,身份证明资料为营业执照或机构代码证;申请人是公民个人的,身份证明资料为公民身份证;委托办理申请的,还需要提交授权委托书和受托人的身份证明资料);公路超限运输企业资质证书等。

(三)公路管理机构应当按照有关规定将法律、法规、规章规定的有关公路超限运输许可的事项、依据、条件、数量、程序、期限以及需要提交的全部材料的目录和申请书示范文本等在部门网站及办公场所等地进行公示,方便申请人采取数据电文等方式提出许可申请,提高办事效率。对申请人要求对公示内容予以说明、解释的,公路管理机构应当说明、解释,提供准确、可靠的信息。公路管理机构在接到申请材料后,对申请材料不全的,应当当场或者5日内一次告知申请人需要补正的全部内容;对不符合受理条件的,应书面告知不予受理;对符合受理条件的,应予受理。

随着我国经济的持续快速发展,特别是国家重点建设项目越来越多,我国不可解体大型物品运输(以下简称大件运输)需求增长很快。2008年全国大件运输企业共有1 817家,大件运输车辆共有14 813辆,载重吨位27.8万吨,车辆数量和载重吨位比2007年分别增长了42.7%和42.6%。同时大件运输车辆数和平均承载吨位成倍提升,跨省运输业务比例提高,大件运输企业对公路的通行能力有了更高的要求。为加强和规范大件运输行为,交通运输部先后制定了《道路大型物件运输管理办法》和《超限运输车辆行驶公路管理规定》,对大件分类、企业资质、行驶审批程序和时限等提出明确要求,充分满足了大件运输的需求,并最大限度地保证了公路设施和行车安全。同时深入开展以桥梁为重点的交通基础设施安全隐患排查治理专项行动,“十一五”期间中央及地方共投资145.8亿元,专项补助各地用于危桥改造工程,为大件运输车辆安全行驶桥梁奠定良好的基础。结合近年来的实践情况,《条例》对超限运输车辆行驶公路许可制度予以延续并进一步加强和规范，下一步需要依据《条例》对相关制度进行及时修订和完善。

第三十六条　申请公路超限运输许可按照下列规定办理：

（一）跨省、自治区、直辖市进行超限运输的，向公路沿线各省、自治区、直辖市公路管理机构提出申请，由起运地省、自治区、直辖市公路管理机构统一受理，并协调公路沿线各省、自治区、直辖市公路管理机构对超限运输申请进行审批，必要时可以由国务院交通运输主管部门统一协调处理；

（二）在省、自治区范围内跨设区的市进行超限运输，或者在直辖市范围内跨区、县进行超限运输的，向省、自治区、直辖市公路管理机构提出申请，由省、自治区、直辖市公路管理机构受理并审批；

（三）在设区的市范围内跨区、县进行超限运输的，向设区的市公路管理机构提出申请，由设区的市公路管理机构受理并审批；

（四）在区、县范围内进行超限运输的，向区、县公路管理机构提出申请，由区、县公路管理机构受理并审批；

公路超限运输影响交通安全的，公路管理机构在审批超限运输申请时，应当征求公安机关交通管理部门意见。

【释义】本条是关于超限运输车辆行驶公路许可权限的规定。

本条明确超限运输车辆行驶公路许可的主体是公路管理机构，并对许可权限、许可申请作了具体规定：

（一）跨省、自治区、直辖市进行超限运输的，本着就近、方便当事人的原则，申请人可直接向起运地省级公路管理机构递交申请，但申请书中注明的申请机关应当包括超限运输途经沿线的所有省的公路管理机构。起运地省级公路管理机构统一受理后,负责出面协调公路沿线各省、自治区、直辖市公路管理机构对超限运输申请进行审批,包括申请材料的转送、审批事宜的联系与协商等;出现有不同意见、难以协调或其他必要的情形时,由受理申请的起运地省级公路管理机构将申请材料及沿线各省级公路管理机构意见报送交通运输部协调处理。这主要是为了方便当事人办理跨省(区)不可解体大件运输手续,根据行政许可法的规定,从便民的角度,《条例》创新了行政许可的方式,建立了跨省(区)不可解体大件运输联合审批的机制,实行"一家受理,一站式审批"的工作机制。

(二)在省、自治区范围内跨设区的市进行超限运输,或者在直辖市范围内跨区、县进行超限运输的,由省、自治区、直辖市公路管理机构受理并审批。

(三)在设区的市范围内跨区、县进行超限运输的,向设区的市公路管理机构提出申请,由设区的市公路管理机构受理并审批。

(四)在区、县范围内进行超限运输的,由区、县公路管理机构受理并审批。

超限运输影响交通安全的,公路管理机构在审批时,应征求公安机关交通管理部门的意见。这与《中华人民共和国道路交通安全法》第四十八条第二款的规定一致。必须明确,若公路管理机构认为超限运输影响交通安全,则审批的公路管理机构应向公安机关交通管理部门征求意见,而不是由申请人向公安机关交通管理部门征求意见。因此,在具体实施许可审批时,公路管理机构与公安机关交通管理部门应建立联合审批制度和相应的协调机制。

公路管理机构应当在法定期限内作出行政许可决定,但依照法律、法规和规章的规定需要听证、检验、检测、鉴定和安全技术评价的,所需时间不计算在法定期限内,并将所需时间书面告知申请人。需要对申请材料的实质内容进行核实的,有关公路管理机构应当指派2名以上工作人员或者委托距超限运输车辆较近的公路管理机构或者公路超限检测站进行核查。超限运输车辆有下列情形之一的,公路管理机构不予行政许可:一是载运可分载物品的;二是车轴载质量超过公路工程技术标准要求的;三是未按要求采取有效的防护措施的;四是运输企业不具有与其承运物品相适应的资质条件的;五是法律、法规规定的其他不予行政许可的情形。

第三十七条　公路管理机构审批超限运输申请,应当根据实际情况勘测通行路线,需要采取加固、改造措施的,可以与申请人签订有关协议,制定相应的加固、改造方案。

公路管理机构应当根据其制定的加固、改造方案,对通行的公路桥梁、涵洞等设施进行加固、改造;必要时应当对超限运输车辆进行监管。

【释义】本条是关于超限运输车辆行驶路线勘测以及采取加固、改造措施的规定。

一、公路管理机构应当根据实际情况勘测通行路线

公路管理机构对拟通行路线要进行勘测,线路的确定应从几个方面来考虑:

(一)对有批准设计文件、施工质量良好、使用时间不长的公路和桥梁,当运输车辆轴载质量未超过公路和桥梁设计荷载标准时,应当允许通过;

(二)对无设计资料或缺乏设计、施工资料的公路和桥梁,施工质量较差、不符合设计要求的公路和桥梁,经过一段时间运营后发现较严重质量问题的公路和桥梁,以及需要通过超设计荷载标准的特殊车辆的公路和桥梁,应当比较有关标准慎重确定;

（三）收集查找公路和桥梁技术档案，现场查看桥梁状况，除搜集书面资料外，还应向比较了解公路和桥梁历史及现状的人进行调查；

（四）依据公路和桥梁的技术资料，按照超限运输车辆的实际荷载，特别是对桥梁结构进行强度、稳定性、刚度检算；有些桥梁，仅仅依靠验算不足以确定其承载能力，一些特别重要的桥梁，如特大桥、特殊结构的桥梁以及战略意义重大的桥梁，为了使桥梁结构在超限运输车辆过桥时有足够的安全度，可进行荷载试验，将理论计算与试验测试结合起来，以判定桥梁的承载能力；但荷载试验耗时长、成本高，当检查、验算不足以判断时才考虑做荷载试验；

（五）按各级设计荷载标准设计的桥梁，当桥梁技术状况属于三类时，经加固或大修后，方能允许通过相当于该级设计荷载标准的超限运输车辆；当桥梁技术状况属于四类①时，必须经过改建才能允许通过与该桥设计荷载相应的超限运输车辆；当有多条线路可以通行时，应选取桥梁技术状况好，加固工程费用较低的路线通过；

（六）超限运输车辆只能在三级以上（含三级）公路上进行，低于三级公路标准的路段，一般不得进行超限运输。

需要明确的是，公路管理机构不是对所有的超限运输申请都要进行通行路线勘测，对于超限情形轻微的，公路管理机构可以根据其掌握的路况情况不进行勘测。

二、申请人应当按公路管理机构的要求采取有效的防护措施

经过勘测，需要采取加固、改造等防护措施的，公路管理机构应当及时告知申请人采取有效的防护措施。申请人不能按照公路管理机构要求采取防护措施的，按照《公路法》第五十条和

①根据《公路桥涵养护规范》（JTG H11—2004）有关公路桥梁的评定标准，公路桥梁技术状况评定等级分为一类、二类、三类、四类、五类。一类桥梁处于完好、良好状态，二类桥梁处于较好状态，三类桥梁处于较差状态，四类桥梁处于差的状态，五类桥梁处于危险状态。

本条规定,可以通过签订协议的方式,委托公路管理机构制定相应的加固、改造方案,并由公路管理机构代为采取防护措施,采取加固、改造等措施所需费用,由申请人承担。公路管理机构应当根据其制定的加固、改造方案和签订的有关协议,对通行的公路桥梁、涵洞等设施进行加固、改造。

加固、改造公路、桥梁的基本要求是安全可靠、经济合理、切实可行。在这个前提下,可以灵活地采取各种有效措施。由于超限运输车辆通过公路及桥梁的次数很少,采取临时加固措施比较经济、简单,应优先考虑。总体上,采取加固、改造等防护措施应当符合以下要求①:

(一)当桥梁承载力不足时,应当对其不足部分如桥梁上部结构、下部结构、地基以及全桥采取经济合理、切实可行的加固措施,其中特大桥梁的加固宜至少提出两个加固方案进行经济技术比较;

(二)加固时应尽可能采取易于实施及拆除,构建可回收利用的临时措施;

(三)当采用永久性或半永久性加固措施时,可与桥梁的技术改造及提高荷载等级一并考虑;

(四)桥梁通过加固仍无法满足超限运输车辆的通行要求时,可在原桥址附近修建临时便桥、便道或采取绕行措施,保证车辆顺利通过。

三、必要时公路管理机构应当对超限运输车辆进行监管

公路管理机构对超限运输车辆进行监管时,执行下列任务:

(一)指导和帮助超限运输车辆采取防护措施;

(二)监督超限运输车辆按要求行驶公路;

(三)提醒过往车辆注意避让;

---

①参见《公路桥涵养护规范》(JTG H11—2004)中的“8.3 加固措施”。

（四）协调公路沿线相关单位保障超限运输车辆顺利通行。

超限运输车辆特别是重量超限的运输车辆行驶桥梁时，该桥梁的养护管理机构应当视情况需要，对车辆通行桥梁进行观测和检查，主要观测桥梁各部分的位移、变形、裂缝等，并予以记录；必要时，还应观测应变、反力等。

四、采取防护措施所需费用由运输单位承担

根据《公路法》第五十条规定，采取加固、改造等防护措施的责任人是运输单位，所需费用应由运输单位承担。通常情况下，运输单位不具有实施加固、改造措施的专业技术，也没有能力采取这些防护措施，更多情况下，是委托公路管理机构帮助其采取的，但这并不转移或改变运输单位的责任和义务，所需费用仍由运输单位承担。

第三十八条　公路管理机构批准超限运输申请的，应当为超限运输车辆配发国务院交通运输主管部门规定式样的超限运输车辆通行证。

经批准进行超限运输的车辆，应当随车携带超限运输车辆通行证，按照指定的时间、路线和速度行驶，并悬挂明显标志。

禁止租借、转让超限运输车辆通行证。禁止使用伪造、变造的超限运输车辆通行证。

【释义】本条是关于超限运输通行证发放和使用以及超限运输车辆行驶公路管理的规定。

一、公路管理机构应当为经批准超限运输的车辆配发超限运输车辆通行证

《中华人民共和国行政许可法》第三十九条规定："行政机

关作出准予行政许可的决定，需要颁发行政许可证件的，应当向申请人颁发加盖本行政机关印章的下列行政许可证件：①许可证、执照或者其他许可证书；②资格证、资质证或者其他合格证书；③行政机关的批准文件或者证明文件；④法律、法规规定的其他行政许可证件。”公路管理机构对于超限运输申请作出准予许可决定的，应当为超限运输车辆配发超限运输车辆通行证。本条所称超限运输车辆通行证，是公路管理机构颁发的准许超限运输车辆行驶公路的书面凭证，属于行政许可证件的一种。超限运输车辆可以凭公路管理机构核发的通行证行驶公路。超限运输车辆通行证式样由国务院交通运输部统一制定，省、自治区、直辖市公路管理机构负责统一印制和管理。公路管理机构核发超限运输车辆通行证时，应当在通行证上注明车辆型号、运载货物、行驶路线、期限等信息。

超限运输车辆通行证一经公路管理机构发放即具有法律效力。超限运输车辆通行证的法律效力取决于超限运输行政许可行为的法律效力，并与超限运输行政许可行为的法律效力状态及其表现一致。超限运输车辆通行证的法律效力具有公定力、既定力、确定力、证明力、约束力等特征。一是公定力，即超限运输车辆通行证一经发放，一般即认定其合法有效从而具有法律效力。二是既定力，即权益的明确，公路管理机构向申请人发放超限运输车辆通行证，即表明公路管理机构认可并同意被许可人可以进行超限运输，被许可人也只有在领取了超限运输车辆通行证后才能在许可的权利范围内进行超限运输活动。三是确定力，申请人一经取得超限运输车辆通行证，公路管理机构非依法不得收回或撤销。被许可人与公路管理机构之间的关系是确定的。一般来说，只要被许可人依法使用超限运输车辆通行证，在许可范围内依法进行超限运输活动，公路管理机构就不得改变此行政许可。四是证明力，被许可人在进行超限运输活动中，可以持超限运输车辆通行证向沿途公路管理机构的路政执法人员证明通行的权利，只要被许可人在许可范围内依法进行超限运输活动，路政执法人员就不得以违法超限运输予以处理。五是拘束力，超限运输车辆通行证一经发放，被许可人必须在许可的范围内进行超限运输活动，不得违反，如超限运输车辆应当按照指定的时间、路线和速度行驶，并悬挂明显标志；公路管理机构也不得随意加以干预，其他机关或组织、个人也不得侵犯其法定权利。

二、超限运输车辆行驶公路的管理要求

(一)随车携带超限运输车辆通行证

超限运输车辆通行证是具有法律效力的许可证件，被许可人进行超限运输活动时，应当随车携带超限运输车辆通行证，接受并积极配合沿途公路管理机构路政执法人员的检查。超限运输车辆运载的货物、行驶时间和路线应与通行证上注明内容相一致。

(二)超限运输车辆应当按照指定的时间、路线和速度行驶

运输途中因公路施工、自然灾害或者其他不可预见因素而出现公路通行状况异常，从事超限运输的单位和个人应当及时联系作出行政许可决定的公路管理机构，按照其要求通行。超限运输车辆通过桥梁时，应当遵循以下规定[①]：一般情况下，沿桥梁的中心线行驶；时速不得超过 5 公里，且应当匀速行驶；严禁在桥上制动、变速、停留；必要时，可调整牵引车与平板挂车的行驶距离，或让其分别通过桥梁；通行时，可视情况采取措施，禁止其他车辆及行人通行；在行洪等可能发生灾害的时候不宜通过桥梁。

(三)超限运输车辆必须悬挂明显标志

如在车前部和车后部安装黄色闪烁警示灯，超宽、超长货物

①参见《公路桥涵养护规范》(JTG H11—2004)中的“8.4 超重车辆过桥的技术管理”。

应在货物的超宽、超长部位安置红色指示标志，夜间行驶需安装标志灯、反光板，提醒过往车辆安全行驶。

三、超限运输车辆通行证的使用管理

（一）禁止租借、转让超限运输车辆通行证

超限运输车辆通行证是被许可人进行超限运输活动的重要凭证，具有专有性。如果以从中牟利为目的或其他目的将超限运输车辆通行证租借、转让给他人从事违法活动，就背离了公路管理机构许可发证的本意，违反了国家对许可证件的管理规定，破坏了超限运输管理秩序。因此，超限运输车辆通行证是禁止租借、转让的。

（二）禁止使用伪造、变造的超限运输车辆通行证

伪造，是指无权制作超限运输车辆通行证的单位或个人，冒用公路管理机构的名义，非法制造超限运输车辆通行证的行为。变造，是指利用涂改、擦消、拼接等方法，对真实的超限运输车辆通行证进行改制，改变其原来真实内容的行为，如涂改车牌号、日期等。使用伪造、变造的超限运输车辆通行证，是指行为人明知其所用的超限运输车辆通行证是虚假的，是经过伪造或者变造的，而继续使用，欺骗他人的行为。

第三十九条　经省、自治区、直辖市人民政府批准，有关交通运输主管部门可以设立固定超限检测站点，配备必要的设备和人员。

固定超限检测站点应当规范执法，并公布监督电话。公路管理机构应当加强对固定超限检测站点的管理。

【释义】本条是关于设置公路超限检测站的规定。

2005年国务院办公厅《关于加强车辆超限超载治理工作的

通知》(国办发〔2005〕30 号)和 2007 年全国治理车辆超限超载工作领导小组《关于印发全国车辆超限超载长效治理实施意见的通知》明确要求,“加强检测站点规范化建设,在全国建设一批标志统一、设施完备、管理规范、信息共享的检测站点和信息管理系统,完善全国治超路面监控网络”。同时要求“各级交通、公安部门要各司其职,密切配合,继续保持路面执法协作和联合治超机制。坚持以治超检测站点为依托、以固定检测和流动稽查相结合的方式,逐步加大对超限超载车辆避站绕行、短途驳载等违法行为的打击力度”。为进一步巩固和扩大治超成果,持续稳定地推进全国治超工作,自 2005 年开始,交通运输部组织各地有计划地开展了公路超限检测站建设工作,并印发了《关于做好治超检测站点规范化建设有关事项的通知》(交公路发〔2006〕46 号)、《公路超限超载检测站设计指南(试点工程版)》、《全国治超信息系统数据交换标准(试行)》等文件和技术规定。为切实加强公路超限检测站管理,规范治超执法行为,2011 年 6 月 24 日交通运输部以 2011 年第 7 号部令发布了《公路超限检测站管理办法》,自 2011 年 8 月 1 日起施行。

一、公路超限检测站的分类和主要职责

公路超限检测站,是指为保障公路完好、安全和畅通,在公路上设立的,对车辆实施超限检测,认定、查处和纠正违法行为的执法场所和设施。按照布局和作用,公路超限检测站分为Ⅰ类检测站和Ⅱ类检测站。Ⅰ类检测站主要用于监控国道或者省道的省界入口、多条国道或者省道的交汇点、跨省货物运输的主通道等全国性公路网的重要路段和节点。Ⅱ类检测站主要用于监控港口码头、厂矿等货物集散地、货运站的主要出入路段以及省内货物运输的主通道等区域性公路网的重要路段和节点。

公路超限检测站具体承担以下职责:

(一)宣传、贯彻、执行国家有关车辆超限治理的法律、法规、

规章和政策；

（二）制定公路超限检测站的各项管理制度；

（三）依法对在公路上行驶的超限车辆进行超限检测，认定、查处和纠正违法行为；

（四）监督当事人对超限运输车辆采取卸载、分装等消除违法状态的改正措施；

（五）收集、整理、上报有关检测、执法等数据和动态信息；

（六）管理、维护公路超限检测站的设施、设备和信息系统；

（七）法律、法规规定的其他职责。

二、公路超限检测站的设立必须经省级政府批准并按规划建设

（一）公路超限检测站的设置，应当按照统一规划、合理布局、总量控制、适时调整的原则，由省、自治区、直辖市人民政府交通运输主管部门提出方案，报请本级人民政府批准；其中，I类检测站的设置还应当符合交通运输部有关超限检测站的规划。经批准设置的公路超限检测站，未经原批准机关同意，不得擅自撤销或者变更用途。需要特别指出的是，在公路上设置固定公路超限检测站必须经过省级人民政府批准，市、县、乡级人民政府以及有关政府部门均无权批准在公路上设置固定超限检测站。

（二）建设公路超限检测站，应当根据车辆超限检测的需要，合理设置下列功能区域及设施：检测、执法处理、卸载、停车等车辆超限检测基本功能区；站区交通安全、交通导流、视频监控、网络通讯、照明和其他车辆超限检测辅助设施；必要的日常办公和生活设施。对于交通流量较大、治理工作任务较重的公路超限检测站，可以在公路主线上设置不停车预检设施，对超限运输车辆进行预先识别。

（三）公路超限检测站配置的信息系统应当符合交通运输部

颁发的数据交换标准，并满足远程查询证照和违法记录信息、站内执法信息化以及部、省、站三级联网管理的需要。

三、公路超限检测站的运行管理

公路超限检测站作为执法场所，必须配备必要的设备和人员，并进行规范化运作和管理。

（一）公路超限检测站实行站长负责制。公路管理机构应当加强对站长、副站长的选拔和考核管理工作，实行站长定期轮岗交流制度。

（二）公路超限检测站原则上实行4班3运转、24小时工作制。因特殊情况确需暂停工作的，应当报经省、自治区、直辖市公路管理机构批准。检测站应配备适当数量的路政执法人员进行执法工作。公路超限检测站应当根据检测执法工作流程，明确车辆引导、超限检测、行政处罚、卸载分装、流动检测、设备维护等不同岗位的工作职责，并结合当地实际，参照Ⅰ类检测站不少于35名、Ⅱ类检测站不少于25名的标准确定路政执法人员数量，其编制可以从交通运输主管部门、公路管理机构内部调剂解决；难以调剂的，可以按照地方人民政府有关规定申请解决。

（三）公路超限检测站应当建立健全工作制度，规范检测、处罚、卸载等工作流程，并在显著位置设置公告栏，公示有关批准文书、工作流程、检测时间、收费项目与标准、计量检测设备合格证等信息。

（四）公路超限检测站应当根据检测路段交通流量、车辆出行结构等因素合理配置下列超限检测执法设备：一是经依法定期检定合格的有关车辆计量检测设备；二是卸载、分装货物或者清除障碍的相关机械设备；三是执行公路监督检查任务的专用车辆；四是用于调查取证、执法文书处理、通讯对讲、安全防护等与超限检测执法有关的其他设备。

（五）公路超限检测站应建立《公路超限检测站岗位职责》、《公路超限检测站工作人员工作守则》、《公路超限检测站廉政建设制度》、《公路超限检测站票据管理规定》、《公路超限检测站卸载货物管理规定》、《公路超限检测站统计报表管理规定》、《公路超限检测站突发事件应急预案》等制度。

（六）公路超限检测站执法人员查处超限运输车辆时，对可卸载的，应当责令并协助当事人采取自行卸载、分装等改正措施，消除违法状态；对运载不可解体大件物品且未办理超限运输许可手续的，应当责令当事人停止违法行为，接受调查处理，并告知当事人到有关部门申请办理超限运输许可手续；对整车运输新鲜农产品以及易燃、易爆危险品的，按照有关规定处理。对经检测发现不存在违法超限运输情形的车辆，或者经复检确认消除违法状态并依法处理完毕的车辆，应当立即放行。

四、公路超限检测站执法纪律规定

公路超限检测站执法人员在执法工作中，严禁下列行为：

（一）未按照规定佩戴标志或者未持证上岗；

（二）辱骂、殴打当事人；

（三）当场收缴罚款不开具罚款收据或者不如实填写罚款数额；

（四）擅自使用被扣留车辆、私自处理卸载货物；

（五）对未消除违法状态的超限运输车辆予以放行；

（六）接受与执法有关的吃请、馈赠；

（七）包庇、袒护和纵容违法行为；

（八）指使或者协助外部人员带车绕行、闯卡；

（九）从事与职权相关的经营活动；

（十）贪污、挪用经费、罚没款。

公路超限检测站执法人员违反上述执法纪律规定的，取消其行政执法资格，调离执法岗位；情节严重的，予以辞退或者开除公职；构成犯罪的，依法追究刑事责任。涉及驻站其他部门执法人员的，由交通运输主管部门向其主管部门予以通报。

五、公路管理机构应当加强对公路超限检测站的管理和监督检查

（一）公路超限检测站是公路管理机构的派出机构，不是独立法人，对外执法时应当以其隶属的公路管理机构的名义进行。

（二）公路管理机构应当加强对站长、副站长的选拔和考核管理工作，实行站长定期轮岗交流制度。省、自治区、直辖市公路管理机构应当制定公路超限检测站运行管理办法，加强对公路超限检测站的组织管理和监督考核。

（三）省、自治区、直辖市公路管理机构应当设立公开电话及时受理群众的投诉举报。同时通过政府网站、公路超限检测站公告栏等方式公示有关信息，接受社会监督。

第四十条　公路管理机构在监督检查中发现车辆超过公路、公路桥梁、公路隧道或者汽车渡船的限载、限高、限宽、限长标准的，应当就近引导至固定超限检测站点进行处理。

车辆应当按照超限检测指示标志或者公路管理机构监督检查人员的指挥接受超限检测，不得故意堵塞固定超限检测站点通行车道、强行通过固定超限检测站点或者以其他方式扰乱超限检测秩序，不得采取短途驳载等方式逃避超限检测。

禁止通过引路绕行等方式为不符合国家有关载运标准的车辆逃避超限检测提供便利。

【释义】本条是关于流动超限检测执法以及超限检测秩序管理的规定。

一、公路管理机构应当积极开展流动超限检测执法，加大对绕行逃避超限检测的打击力度

本条规定公路管理机构可以在公路上开展流动超限检测执

法，其上位法依据是《公路法》第七十一条第一款规定“公路监督检查人员依法在公路、建筑控制区、车辆停放场所、车辆所属单位等进行监督检查时，任何单位和个人不得阻挠”。此外，2007年全国治理车辆超限超载工作领导小组《关于印发全国车辆超限超载长效治理实施意见的通知》（交公路发〔2007〕596号）明确规定，交通、公安部门坚持以治超检测站点为依托、以固定检测和流动稽查相结合的方式，逐步加大对超限超载车辆避站绕行、短途驳载等违法行为的打击力度。因此，对于公路超限检测站附近路网密度较大、故意绕行逃避检测或者短途超限运输情形严重的地区，公路管理机构可以按照省、自治区、直辖市人民政府交通运输主管部门的有关规定，利用移动检测设备等流动检测方式进行监督检查。经流动检测认定的违法超限运输车辆，应当就近引导至公路超限检测站进行处理。

这里要求“就近引导”的目的是为了更规范地进行查处，公路超限检测站都设有卸载场地和卸载设施，能够保证对违法超限运输车辆处罚后实施卸载、分装等改正措施。“就近引导”的前提是流动检测点附近设置有固定的公路超限检测站点。若流动检测点附近没有设置固定的公路超限检测站点，或者虽然设置有固定的公路超限检测站点，但是距离流动检测点很远，引导的过程会对公路造成更大的损害，则应就地进行查处和卸载。这里需要强调的是，就地进行查处违法超限车辆，必须在其消除违法状态后方可放行，不得以罚代纠、以罚代管。同时为确保流动检测时方便就地卸载，这就要求在流动检测点的选取上，应当紧靠道班或者有卸载能力的区域、场地。同时禁止在高速公路主线上开展流动超限检测。

公路管理机构在公路上开展流动超限检测执法需要拦车的，应当以确保安全为原则，并遵守下列程序规定：一是上路拦车前应当明确执法的任务、方法、要求和安全防护规定，检查安全防护装备；二是根据公路条件和交通状况，选择安全和不妨碍通行的地点进行拦车,避免引发交通堵塞;三是在距检查地点至少200米处开始摆放发光或者反光的警示标志,间隔设置减速提示标牌、反光锥筒等安全防护设备;四是拦车时使用停车示意牌和规范的指挥手势,严格执行安全防护规定,注意自身安全;五是指挥车辆停放在安全地点,再进行检查,并认真做好有关记录。

省、自治区、直辖市人民政府交通运输主管部门可以制定流动超限检测执法的具体规定,对此进行规范。

二、车辆应当遵守超限检测秩序

为保证检测工作的顺利进行,保障公路安全畅通,公路管理机构应该科学、规范检测超限运输车辆,使检测秩序有条不紊,应当采取有效措施防止因检测而造成车辆的拥堵。为提高检测的效率,不仅公路管理机构应科学和规范检测,同时要依靠被检测车辆的配合。被检测的车辆应当服从管理,遵守检测秩序,配合公路管理机构做好检测工作。为保证检测的效率和道路的通畅与安全,对于不服从检测,堵塞通行车道的,法规赋予公路管理机构强制措施权,可强行将车辆拖移或扣留车辆。超限检测秩序主要包括:

(一)车辆应当按照超限检测指示标志或者公路管理机构监督检查人员的指挥接受超限检测;

(二)车辆不得故意堵塞固定超限检测站点通行车道、强行通过固定超限检测站点或者以其他方式扰乱超限检测秩序;

(三)车辆不得采取短途驳载等方式逃避超限检测。

三、禁止通过引路绕行等方式为不符合国家有关载运标准的车辆逃避超限检测提供便利

治超工作过程中,随着公路管理机构逐步在公路上设置公路超限检测站工作的推进,部分站点附近出现了引路绕行的“黄

牛”、“车托”群体，极大地干扰了正常的治超执法。“黄牛”、“车托”群体，是指以获取直接或间接的非法经济利益为目的，经常引领、护送或组织违法超限运输车辆，采用暴力或非暴力手段，使其逃避超限检测的个人或组织。“黄牛”、“车托”通常采取的方式主要有：

（一）引路绕行

利用对公路超限检测站附近路网熟悉的优势，引导违法超限运输车辆通过其他道路绕过公路超限检测站；有的“黄牛”、“车托”还在河滩、荒地等修建简易绕行道路，专供违法超限运输车辆绕行通过，并据此收取费用。

（二）分装驳载

利用空车对违法超限运输车辆装载的货物进行分装，通过公路超限检测站后，再将货物重新装回到违法超限运输车辆上。

（三）探听治超动向

先让违法超限运输车辆停放在公路沿途的饭店、修理厂等地，并安排专人在公路超限检测站附近负责探风，密切注视检测站动向，趁执法人员吃饭、换班或人少时通过检测站。还有的“黄牛”、“车托”跟踪流动超限检测执法车辆，同时联系违法超限运输车辆从另外一条路通过。

（四）制造堵车，逼迫放行

根据通行优先的原则，公路超限检测站在发生拥堵后，会尽量放行。“黄牛”、“车托”在公路超限检测站附近上游组织大货车制造拥堵，然后由在附近负责探风的“车托”把检测站放行进度报告给沿途“车托”，使违法超限运输车辆浑水摸鱼通过检测站。还有的“黄牛”、“车托”为了使自己带的车辆通过超限检测站，多人同时给当地政府、上级有关部门以及媒体打电话，谎称“堵车了都是治超治的”，迫使超限检测站放行车辆。

（五）纠集车辆，集体闯关

“黄牛”、“车托”纠集违法超限运输车辆集体闯关，有时一伙人还把拦车的执法人员挡在一边，让违法超限运输车辆通过，从而收取费用。

（六）殴打执法人员

部分地区出现过多起砸毁执法车辆和设备、殴打执法人员的事件，有时不同的带车团伙为带车利益还在检测站附近拿着砍刀、铁棍等撕打。

《条例》增加了对引路绕行、分装驳载等违法行为的禁止性规定，将会有效改善公路超限检测站周边的执法环境，为有效打击"黄牛"、"车托"引路绕行等违法行为奠定法律基础。对于违反本条规定，通过引路绕行等方式为不符合国家有关载运标准的车辆逃避超限检测提供便利的，由公安机关依法给予治安管理处罚；构成犯罪的，依法追究刑事责任。

第四十一条　煤炭、水泥等货物集散地以及货运站等场所的经营人、管理人应当采取有效措施，防止不符合国家有关载运标准的车辆出场（站）。

道路运输管理机构应当加强对煤炭、水泥等货物集散地以及货运站等场所的监督检查，制止不符合国家有关载运标准的车辆出场（站）。

任何单位和个人不得指使、强令车辆驾驶人超限运输货物，不得阻碍道路运输管理机构依法进行监督检查。

【释义】本条是关于货物装载源头监管的规定。

一、货运源头单位应当采取有效措施防止不符合国家有关载运标准的车辆出场（站）

货运源头单位，是指依法取得行政许可或者注册登记，从事煤、铁等矿产品，焦炭、建材等生产加工的企业和物流站场以及其他道路货物装载现场的经营人、管理人。货运源头监管是治超源头监管的重要环节之一。近些年,受经济利益驱动,煤炭、水泥等货物集散地以及货运站等场所的经营人、管理人,为车辆超限、超载配货现象严重,导致路面执法压力过大;加之交通运输主管部门缺乏有效监管手段,对未履行义务致使超限超载车辆出站的货运集散地经营者,难以追究其法律责任。因此,本条规定货运源头单位对场区内或者站区内车辆配装货物行为负有管理责任,即:不得为无牌无证、证照不全、非法改装的车辆装载、配载,不得为车辆超标准装载、配载,不得为超限车辆提供虚假装载证明。

为防止不符合国家有关载运标准的车辆出场(站),货运源头单位应当采取下列有效措施:

(一)明确工作人员职责、建立责任追究制度;

(二)对货物装载、开票、计重等相关人员进行培训;

(三)对装载货物车辆驾驶员出示的道路运输证和从业资格证进行登记;

(四)建立健全货运源头治超登记、统计制度和档案,并按规定向道路运输管理机构报送相关信息;

(五)配置称重设备对出场(站)的车辆进行强制检测,经检测符合装载要求的车辆,货运源头单位发放装载合格证,方可出场(站),装载合格证应当注明装载货物的种类、数量、几何尺寸,对不符合装载要求的,不允许离场(站)。

二、道路运输管理机构应当加强对货运源头地的监督检查,防止不符合国家有关载运标准的车辆出场(站)

《道路运输条例》和本条规定授权道路运输管理机构对货运源头单位的监督检查权。道路运输管理机构应当在货运源头单位公布超限装载标准、监督机构名称和监督电话。对具有一定规模的货物集散地、货运站等场所,道路运输管理机构可以采取派驻运政执法人员等方式,监督车辆配货和检测流程,加强货运源头监管,防止超限车辆或者未经检测的车辆出站。被派驻的货运源头单位应当积极配合,接受道路运输管理机构的监督检查,并如实提供有关情况和资料。对货运源头单位允许不符合国家有关载运标准的车辆出场(站)的,应依照《道路运输条例》等有关规定予以处理。

同时,道路运输管理机构应当联合货运源头单位的生产、经营许可机关或者主管部门,在货运市场信用体系中建立货运源头单位信誉档案,对货运源头单位实行信用等级管理,纪录和通报超限车辆出站情况,对违反《道路运输条例》等法规的,由道路运输管理机构以及货运源头单位的生产、经营许可机关或者主管部门依法给予罚款、停业整顿、取消资格等处理。公路管理机构对行驶公路的车辆进行超限检测时,对发现的违法超限运输车辆,除了按照《公路法》和《条例》等有关规定予以处理,还应当将超限运输违法信息通知有关道路运输管理机构,由道路运输管理机构对货运源头单位实施责任倒查。

三、配合道路运输管理机构对货运源头地依法实施监管

任何单位、个人(包括货运源头单位、运输企业、货主等)不得指使、强令车辆驾驶人超限运输货物。《道路货物运输及站场管理规定》第五十二条规定:“货运站经营者不得超限、超载配货,不得为无道路运输经营许可证或证照不全者提供服务;不得违反国家有关规定,为运输车辆装卸国家禁运、限运的物品。”道路运输管理机构对货运源头单位进行派驻执法或巡查时,任何单位、个人应当积极配合,不得阻碍道路运输管理机构依法进行监督检查。有关单位、个人阻碍道路运输管理机构依法进行监督检查的,由公安机关依照《中华人民共和国治安管理处罚法》第五十条第二项规定,处警告或者 200 元以下罚款;情节严重的,处 5 日以上 10 日以下拘留,可以并处 500 元以下罚款。以

暴力、威胁方法阻碍国家机关工作人员依法执行职务的,依照《中华人民共和国刑法》第二百七十七条第一款规定,处3年以下有期徒刑、拘役、管制或者罚金。

2011年7月21日,交通运输部下发了《关于加强道路货运车辆超限超载源头治理工作的通知》(交运发〔2011〕355号),要求各地交通运输主管部门和道路运输管理机构要严格按照《公路安全保护条例》、《国务院办公厅关于加强车辆超限超载治理工作的通知》(国办发〔2005〕30号)和《关于印发全国车辆超限超载长效治理实施意见的通知》(交公路发〔2007〕596号)明确的工作措施及要求,将重点货物集散地、货运车辆、运输企业及相关从业人员作为监管重点,切实推动货运源头治理工作:

(一)明确并公开重点货运源头单位

各地要根据当地经济发展、货源分布和地理条件等实际情况,将货运量较大、容易发生超限超载的矿山、水泥厂、煤场、沙石料场、港口、火车站、汽车货运站(含物流园区、物流中心)、蔬菜集散站(场)等货物集散地、装卸现场作为重点货运源头单位,加强监管。地方交通运输主管部门会同相关部门核查和确定货运源头单位,上报当地政府批准并向社会公布。各地道路运输管理机构对经政府批准公布的重点货运源头单位,应采取驻点、巡查等方式实施监督管理。

(二)落实货运源头单位主体责任

货运源头单位是车辆合法装载的责任主体。要在货物装运场地安装合格的称重和计量设备,严格按照国家标准对车辆进行装载,确保违法超限超载车辆不出厂、不出站;要建立工作制度,加强人员培训,明确工作人员职责;对车辆驾驶员从业资格证、车辆营运证和车辆装载情况等进行登记,建立健全统计制度和档案,按规定向道路运输管理机构报送相关信息;自觉接受执法人员依法实施的监督检查,并按要求提供有关情况和资料。

(三)加强运管机构源头监管

道路运输管理机构及运管执法人员对货运源头单位监管工作应履行以下职责:

一是宣传有关法律法规和规章制度,提高货运源头单位和运输经营者的守法经营意识。

二是通过驻点、巡查等有效方式,对政府公布的重点货运源头单位实施监管,制止非法超限超载车辆出场、出站。对重点货运源头单位建立治超有关制度、履行职责的情况进行监督检查,发现违法行为责令纠正,依法予以处罚。

三是加强对违规装载行为的查处,对违法超限运输的道路运输企业、货运车辆、驾驶人员,以及指使、强令车辆驾驶员超限运输货物的单位和人员,依法予以处罚。

四是监督运输服务质量和市场竞争秩序,将车辆超限超载运输违法行为纳入道路运输企业质量信誉考核和驾驶员诚信考核,建立和完善超限超载运输"黑名单"制度,协助货运源头单位维护好市场运营秩序。

五是对不属于本机构职责范围的违法行为及时抄告相关主管部门查处,同时向本级人民政府和上级有关部门报告。

(四)建立路面执法与源头治超联动机制

各地交通运输主管部门要建立路面执法与源头监管的联动机制。公路管理机构在路面执法工作中,对查处的非法超限超载车辆有关信息要及时抄告给同级运管机构。抄告内容应包括违章车辆牌号和道路运输证号、违规驾驶员姓名和从业资格证号、违规车辆所属企业名称、违法违规行为简要描述及处罚决定等事项。运管机构要严格按照《公路安全保护条例》等有关规定,切实加大非法超限运输车辆、驾驶人和企业跟踪处罚力度,并将相关处理(处罚)信息及时反馈公路管理部门和治超工作机构。

(五)实行货运源头监管信息报送制度

各地道路运输管理机构要进一步完善货运源头监管信息报

送制度，建立科学、准确、完整的信息报送体系，对查处的违法装载运输的单位和个人有关信息按月报送上级道路运输管理机构。省级道路运输管理机构汇总后，对外省（区、市）籍车辆至少每半年向相关省通报一次，相关省（区、市）道路运输管理机构要及时记入质量信誉考核档案，对违法行为依法进行处理。

第四十二条　载运易燃、易爆、剧毒、放射性等危险物品的车辆，应当符合国家有关安全管理规定，并避免通过特大型公路桥梁或者特长公路隧道；确需通过特大型公路桥梁或者特长公路隧道的，负责审批易燃、易爆、剧毒、放射性等危险物品运输许可的机关应当提前将行驶时间、路线通知特大型公路桥梁或者特长公路隧道的管理单位，并对在特大型公路桥梁或者特长公路隧道行驶的车辆进行现场监管。

【释义】本条是关于载运易燃、易爆、剧毒、放射性等危险物品的车辆行驶特大型公路桥梁或者特长公路隧道的规定。

一、车辆载运危险物品应当符合国家有关安全管理规定

危险物品，是指《危险货物品名表》列明的易燃、易爆、有毒、有腐蚀性、放射性等危险物品，虽未列入《危险货物品名表》但具有危险物品性质的新产品，也属于危险物品。道路危险货物根据有关国家标准和汽车运输特点，可以分为八大类[①]：第一类，爆炸品；第二类：气体；第三类：易燃气体；第四类：易燃固体、自燃物品和遇湿易燃物品；第五类：氧化剂和有机过氧化物；第六类：毒害品和感染性物品；第七类：放射性物品；第八类：腐蚀性物品。

国家有关安全管理规定，是指《中华人民共和国道路交

①危险货物的具体品名，参见《危险货物品名表》（GB 12268—2005）。

通安全法》、《危险化学品安全管理条例》、《民用爆炸物品安全管理条例》、《烟花爆竹安全管理条例》、《道路运输条例》等法律、法规关于危险物品运输的安全管理规定。具体包括:

(一)《中华人民共和国道路交通安全法》规定,机动车载运爆炸物品、易燃易爆化学物品以及剧毒、放射性等危险物品,应当经公安机关交通管理机关批准后,按指定的时间、路线、速度行驶,悬挂警示标志并采取必要的安全措施。

(二)《道路运输条例》规定,从事危险货物运输经营的,向设区的市级道路运输管理机构提出申请;予以许可的,向申请人颁发道路运输经营许可证,并向申请人投入运输的车辆配发车辆营运证。

(三)《危险化学品安全管理条例》规定,公安机关负责危险化学品的公共安全管理,核发剧毒化学品购买许可证、剧毒化学品道路运输通行证,并负责危险化学品运输车辆的道路交通安全管理;交通运输主管部门负责危险化学品道路运输、水路运输的许可以及运输工具的安全管理,对危险化学品水路运输安全实施监督,负责危险化学品道路运输企业、水路运输企业驾驶人员、船员、装卸管理人员、押运人员、申报人员、集装箱装箱现场检查员的资格认定。

(四)《民用爆炸物品安全管理条例》规定,运输民用爆炸物品,收货单位应当向运达地县级人民政府公安机关提出申请。

(五)《烟花爆竹安全管理条例》规定,经由道路运输烟花爆竹的,应当经公安机关许可。

根据国家有关法律、法规的规定,公安机关负责审批易燃、易爆、剧毒、放射性等危险物品公路运输的许可,交通运输主管部门负责审批运输企业运输资格。

二、载运危险物品的车辆应当避免通过特大公路桥梁或者特长隧道

特大型公路桥梁和特长公路隧道一般分布在重要的国省干线公路或高速公路上，不仅承担公路通行功能，而且还具有重要的战备交通意义。因其结构复杂和造价高，一旦发生事故，修复成本高、周期长，并产生一系列严重后果。易燃、易爆、剧毒、放射性等危险物品运输存在很大风险，如果发生事故，将对公路特别是特大型公路桥梁和特长公路隧道造成严重损坏。近年来，载运危化品的车辆造成公路桥隧安全事故时有发生，如2008年5月4日凌晨，一辆载有化学危险品“二甲苯”的槽罐车在京珠高速公路大宝山隧道被一辆半挂大货车追尾相撞，事故造成危险品泄漏并剧烈燃烧，2人当场烧死，5人受伤，公路设施受损严重，墙体瓷砖和混凝土严重脱落，封闭维修一个月时间，给人民生命和财产安全带来严重损失。考虑到公路设施安全保护的需要，公安机关在办理危险物品公路运输通行证及确定运输路线时，应当对承运人提出明确的安全防护要求，有绕行条件的，应当避免通过特大型公路桥梁或特长公路隧道。

根据《中华人民共和国行政许可法》有关“谁许可、谁监管、谁负责”的原则，公安机关作为负责审批危险物品运输线路的许可机关，应当认真履行对被许可人从事行政许可事项活动情况的监督职责，对载运危险物品的车辆确需在特大型公路桥梁或者特长公路隧道行驶的，应当加强对车辆进行现场监管，同时公安机关还应当提前将危险物品运输车辆的行驶时间、路线通知特大型公路桥梁或者特长公路隧道的管理单位，该通知义务是其法定义务。

接到公安机关的通知后，特大型公路桥梁或者特长隧道的管理单位应当做好相应突发事件的预防与应急准备工作。特大型公路桥梁或者特长隧道的管理单位应当针对其管养的特大型

公路桥梁或者特长隧道可能出现的突发事件，制定专项应急预案，并加强对管理人员的培训和技能训练，使其掌握危险物品管理的基本常识，懂得应对处理危险品的基本方法，特别是当载运危险物品的车辆通过桥梁或者隧道出现突发情况时，能够快速采取处置措施。

第四十三条　车辆应当规范装载，装载物不得触地拖行。车辆装载物易掉落、遗洒或者飘散的，应当采取厢式密闭等有效防护措施方可在公路上行驶。

公路上行驶车辆的装载物掉落、遗洒或者飘散的，车辆驾驶人、押运人员应当及时采取措施处理；无法处理的，应当在掉落、遗洒或者飘散物来车方向适当距离外设置警示标志，并迅速报告公路管理机构或者公安机关交通管理部门。其他人员发现公路上有影响交通安全的障碍物的，也应当及时报告公路管理机构或者公安机关交通管理部门。公安机关交通管理部门应当责令改正车辆装载物掉落、遗洒、飘散等违法行为；公路管理机构、公路经营企业应当及时清除掉落、遗洒、飘散在公路上的障碍物。

车辆装载物掉落、遗洒、飘散后，车辆驾驶人、押运人员未及时采取措施处理，造成他人人身、财产损害的，道路运输企业、车辆驾驶人应当依法承担赔偿责任。

【释义】本条是关于车辆规范装载和装载物掉落、遗洒或者飘散管理及造成他人人身、财产损害的赔偿责任的规定。

一、车辆应当规范装载

车辆是否规范装载，事关道路交通安全及公路设施安全。因为车辆装载不规范，容易致使装载物发生掉落、遗洒和飘散，影响后方车辆正常行驶,给道路交通安全带来严重的隐患;还有一些遗洒在路面上的货物,如沙石,不仅污染公路路面,而且在过往车辆的反复碾压下,会对路面产生较大破坏。因此,《条例》规定车辆应当规范装载,这是道路运输企业及相关从业人员的法定义务。

车辆规范装载,应当符合以下规定:

(一)按照《中华人民共和国道路交通安全法》第四十八条规定进行装载。即机动车载物应当符合核定的载质量,严禁超载;载物的长、宽、高不得违反装载要求,不得遗洒、飘散载运物。机动车运载超限的不可解体的物品,影响交通安全的,应当按照公安机关交通管理部门指定的时间、路线、速度行驶,悬挂明显标志。在公路上运载超限的不可解体的物品,并应当依照《公路法》的规定执行。机动车载运爆炸物品、易燃易爆化学物品以及剧毒、放射性等危险物品,应当经公安机关批准后,按指定的时间、路线、速度行驶,悬挂警示标志并采取必要的安全措施。

(二)按照《中华人民共和国道路交通安全法实施条例》第五十四条的规定进行装载。即机动车载物不得超过机动车行驶证上核定的载质量,装载长度、宽度不得超出车厢,并应当遵守下列规定:重型、中型载货汽车,半挂车载物,高度从地面起不得超过4米,载运集装箱的车辆不得超过4.2米;其他载货的机动车载物,高度从地面起不得超过2.5米;摩托车载物,高度从地面起不得超过1.5米,长度不得超出车身0.2米。两轮摩托车载物宽度左右各不得超出车把0.15米;三轮摩托车载物宽度不得超过车身。载客汽车除车身外部的行李架和内置的行李箱外,不得载货。载客汽车行李架载货,从车顶起高度不得超过0.5米,从地面起高度不得超过4米。

(三)按照《公路法》第五十条的规定进行装载。即超过公路、公路桥梁、公路隧道或者汽车渡船的限载、限高、限宽、限长标准的车辆,不得在有限定标准的公路、公路桥梁上或者公路隧道内行驶，不得使用汽车渡船。超过公路或者公路桥梁限载标准确需行驶的，必须经县级以上地方人民政府交通运输主管部门批准，并按要求采取有效的防护措施；运载不可解体的超限物品的，应当按照指定的时间、路线、时速行驶，并悬挂明显标志。

(四)按照《道路运输条例》第三十五条规定执行。即道路运输车辆运输货物的，运输的货物应当符合核定的载重量，严禁超载；载物的长、宽、高不得违反装载要求。

(五)车辆装载货物时，要符合《汽车货物运输规则》的相关规定。即搬运装卸人员应对车厢进行清扫，发现车辆、容器、设备不适合装货要求，应立即通知承运人或托运人。搬运装卸作业应当轻装轻卸，堆码整齐，清点数量，防止混杂、洒漏、破损，严禁有毒、易污染物品与食品混装，危险货物与普通货物混装。对性质不相抵触的货物，可以拼装、分卸。搬运装卸过程中，发现货物包装破损，搬运装卸人员应及时通知托运人或承运人，并做好记录。搬运装卸危险货物，按《汽车危险货物运输、装卸作业规程》进行作业搬运装卸作业完成后，货物需绑扎苫盖篷布的，搬运装卸人员必须将篷布苫盖严密并绑扎牢固；由承、托运人或委托站场经营人、搬运装卸人员编制有关清单，做好交接记录；并按有关规定施加封志和外贴有关标志。

二、车辆装载物不得触地拖行

车辆装载物不得触地拖行，这也是道路运输企业及相关从业人员的法定义务。车辆装载货物后在公路上行驶，如果装载物触地拖行，装载物与公路路面发生摩擦，不仅加速了对公路路面结构的破坏，增加公路维护成本，而且在装载物触地拖行时，装载物极易发生掉落、遗洒和飘散，造成货损及道路交通安全隐患。因此，本条规定装载物不得触地拖行，不仅是基于对公路自身安全的保护，更是基于对道路交通安全秩序的维护。

三、车辆装载物易掉落、遗洒或者飘散的，应当采取厢式密闭等有效防护措施

车辆装载物易掉落、遗洒或者飘散的，应当采取厢式密闭等有效防护措施方可在公路上行驶，以此消除和防范道路交通安全隐患。其中，厢式密闭只是有效防护措施的一种，对于不宜采取厢式密闭措施的，可以采取其他的有效防护措施。同时，采取的防护措施必须是有效的，即能有效防范和避免装载掉落、遗洒或飘散。如果不是有效的防护措施，采取这样的防护措施也是徒劳的。

四、车辆驾驶人、押运人员及其他人员的法定义务

公路上行驶车辆的装载物掉落、遗洒或者飘散的，车辆驾驶人、押运人员应当及时采取措施处理；无法处理的，应当在掉落、遗洒或者飘散物来车方向适当距离外设置警示标志，并迅速报告公路管理机构或者公安机关交通管理部门。车辆驾驶人接受承运人的指派或委托，应代表承运人履行其安全运输的义务，并负责对货物运输途中的保管，同时其作为车辆驾驶员，本身也有安全驾驶、防止道路交通事故出现的法定义务。因此，驾驶人对车辆在公路上行驶中出现装载物掉落、遗洒或者飘散的，有及时采取措施进行处理的法定义务。押运人员一般由托运人指派或委托，对货物运输过程进行监督管理。根据《汽车货物运输规则》的规定，押运人员在运输过程中负责货物的照料、保管和交接；如发现货物出现异常情况，应及时作出处理并告知车辆驾驶人员。因此，汽车货物运输中，有押运人员的，对车辆在公路上行驶中出现装载物掉落、遗洒或者飘散的，押运人员也有及时采取措施进行处理的法定义务。驾驶人员和押运人员受现场条件的限制，对掉落、遗洒或者飘散在公路上的装载物，确实无法处理的，应当采取以下措施，履行相关法定义务：

（一）车辆驾驶人、押运人员有立即消除道路交通安全隐患、防范道路交通事故发生的义务

这要求驾驶人、押运人员应当立即在掉落、遗洒或者飘散物来车方向适当距离外设置警示标志。对于该“适当距离”，应当以能确保后方来车安全通行为原则，如在高速公路上发生货物掉落、遗洒或者飘散的，应参照《中华人民共和国道路交通安全法》第六十八条关于机动车在高速公路上发生故障时警告标志设置的距离来确定，即警告标志应当设置在掉落、遗洒或者飘散物所在位置起、来车方向150米以外。

（二）驾驶人、押运人员有报告管理机关的义务

这里的管理机关主要是公路管理机构和公安机关交通管理部门。本条规定，公路上行驶车辆的装载物掉落、遗洒或者飘散的，车辆驾驶人、押运人员无法处理的，除了应当在掉落、遗洒或者飘散物来车方向适当距离外设置警示标志，还应迅速报告公路管理机构或者公安机关交通管理部门。车辆上发生装载物掉落、遗洒或者飘散的，可能会给公路自身结构的完好、安全、畅通带来一定影响，因此，本条规定应报告公路管理机构；装载物掉落、遗洒或者飘散，必然危害道路交通安全，因此本条还规定，应报告公安机关交通管理部门。从方便报告的角度出发，加上现在全国警路基本已经建立相对稳定联系机制，本条未强制规定必须同时报告两个机构，而是将报告哪个机构的选择权交给车辆驾驶人、押运人员。公路管理机构或者公安机关交通管理部门接到报告后，应当相互通报，并在各自法定职责内依法进行处理。

车辆驾驶人、押运人员以外的其他人员发现公路上有影响交通安全的障碍物的，应当及时报告公路管理机构或者公安机关交通管理部门。本条所称其他人员，是指车辆驾驶人、押运人员以外的不特定的人员，这是《条例》要求社会公众所承担的保护公路的义务。

五、公安机关交通管理部门应当责令改正车辆装载物掉落、遗洒、飘散等违法行为

责令改正,指行政机关为了预防或制止正在发生或可能发生的违法行为、危险状态以及不利后果而作出的要求违法行为人履行法定义务、停止违法行为、消除不良后果或恢复原状的具有强制性的决定。改正违法行为,包括必须停止违法行为和消除违法所造成的后果。本条如此规定,正是基于车辆装载物掉落、遗洒、飘散违法行为对道路交通安全的违法性和公安机关对道路交通安全管理的职责和责任。要正确理解本规定,首先,本条规定的责令改正违法行为并非公安机关唯一行政处理方式。《中华人民共和国道路交通安全法》第八十七条规定,公安机关交通管理部门及其交通警察对道路交通安全违法行为,应当及时纠正。第九十条规定,机动车驾驶人违反道路交通安全法律、法规关于道路通行规定的,处警告或者 20 元以上 200 元以下罚款。因此,公安机关针对此种违法情形,并非只能责令改正车辆装载违法行为,而是仍有依法进行处罚的行政处罚权,并且有及时纠正违法行为、对障碍物进行清除的强制权。其次,本条也并未排除其他行政管理机关对此违法行为的行政管理权。根据《道路运输条例》第七十条的规定,对货运经营者没有采取必要措施防止货物脱落、扬撒等的,县级以上道路运输管理机构也可责令改正,处 1 000 元以上 3 000 元以下的罚款,情节严重的,由原许可机关吊销道路运输经营许可证。另外,车辆装载物掉落、遗洒、飘散,实际造成公路路面损坏、污染后果的,公路管理机构也可依照《公路法》第四十六条、第七十七条和《条例》第四十三条、第六十九条的规定,责令改正,并处 5 000 元以下的罚款。

六、公路管理机构、公路经营企业应当及时清除掉落、遗洒、飘散在公路上的障碍物

根据《公路法》第三十五条的规定,公路管理机构应当按照国务院交通运输主管部门规定的技术规范和操作规程对公路进行养护，保证公路经常处于良好的技术状态。第六十六条规定，依照本法第五十九条规定受让收费权或者由国内外经济组织投资建成经营的公路的养护工作，由各该公路经营企业负责。公路经营企业在经营期间应当按照国务院交通运输主管部门规定的技术规范和操作规程做好公路养护工作。在受让收费权的期限届满，或者经营期限届满时，公路应当处于良好的技术状态。因此，公路养护的责任主体是公路管理机构或公路经营企业，具体说，对经营性收费公路，公路养护责任主体是公路经营企业；对乡道、村道的养护责任主体，是乡级人民政府；对专用公路的养护责任主体，是该专用公路的产权或使用单位；对政府还贷收费公路及其他公路，养护责任主体是公路管理机构。清除公路上的杂物，是公路养护日常保洁的一个工作内容，因此，本条规定，公路管理机构、公路经营企业等养护责任主体应当及时清除掉落、遗洒、飘散在公路上的障碍物。

需要明确的是，公路管理机构、公路经营企业应及时清除掉落、遗洒和飘散在公路上的障碍物，这里的“及时”并不等于“随时”，公路是全天候提供服务的线性公共设施，要求公路管理机构或公路经营企业采取“人墙”形式全天候对公路障碍物进行随时清除，是不符合日常生活常理的，法律法规也不会对此提出严格责任要求。公路管理机构或公路经营企业只要在接到报告后及时予以清除，或者在规定巡查频率中发现障碍物后及时进行清除，即视为履行了“及时”清除的义务。

七、关于车辆驾驶人、押运人员未尽法定义务致他人人身、财产损害的侵权责任

公路是公共道路，其使用关系到公众的利益，在我国快步进入汽车社会的过程中，如果车辆不按规范进行装载，导致车辆装载物掉落、遗洒和飘散，且车辆驾驶人员、押运人员没有及时采

取措施进行处理,会对他人的安全造成危险。《中华人民共和国侵权责任法》第八十九条规定:"在公共道路上堆放、倾倒、遗洒妨碍通行的物品造成他人损害的,有关单位或者个人应当承担侵权责任。"《条例》结合《中华人民共和国侵权责任法》的规定,规定了车辆驾驶人、押运人员在车辆装载物掉落、遗洒、飘散后不及时采取处理措施造成他人人身、财产损害的情形下如何追究民事赔偿责任。车辆装载物发生掉落、遗洒或飘散且不及时采取有效措施进行处理,造成他人人身、财产损害的行为,是一种典型的民事侵权行为。本条第三款对其归责原则明确为无过错责任,即只要车辆装载物掉落、遗洒、飘散后,车辆驾驶员、押运人员未及时采取有效措施进行处理,一旦造成他人人身、财产损害的,由道路运输企业、车辆驾驶人承担侵权民事责任。

第四章　公 路 养 护

【本章提要】本章是关于公路养护的规定。公路养护，就是为保证公路正常使用而进行的经常性保养、检测和维修，预防和修复灾害性破坏，以及为提高公路使用质量和服务水平而进行的日常养护，小修、中修、大修以及改建工程。公路养护的目的是保持公路及其沿线设施良好的技术状况，为社会公众提供良好的通行条件。公路养护的基本任务包括：一是贯彻“预防为主，防治结合”的方针，加强预防性养护，提高公路的抗灾害能力；二是加强公路及其沿线设施的基本技术状况调查和检测，及时发现和消除隐患；三是保持公路及其沿线设施良好的技术状况，及时修复损坏部分，保障公路行车安全、畅通、舒适；四是吸收和采用新技术、新工艺、新材料、新设备，采取科学的技术措施，不断提高公路养护工程质量，有效延长公路的使用寿命，降低路桥设施的全寿命周期成本，提高养护资金使用效益；五是加强公路的技术改造，以适应公路交通事业的不断发展；六是在发生公路突发事件时组织应急抢险，在最短时间内保障公路在应急状态下畅通。

本章共十二条，以明确公路养护管理主体和基本职责为中心，对公路养护作业规范、公路养护作业单位资质许可管理、养护巡查、公路及桥隧检测与评定、公路突发事件应急响应、公路报废等部分进行了法律规定。第四十四条，是本章的宗旨，明确了公路养护管理主体，同时规定公路养护的根本任务是保持公路经常处于良好技术状态。第四十五条、第五十一条和第五十二条，确立了公路养护作业规范制度；其中，第四十五条是总规范，要求公路养护应当按照技术规范和操作规程实施作业，第五十一条是因实施养护作业而封闭公路和较大范围、较长时间影响交通的处置制度，第五十二条是关于保障养护作业人员和养护车辆、机械设备安全作业的制度。第四十六条，确立了公路养护作业单位资质许可管理制度。第四十七条，确立了公路养护巡查制度及对巡查发现公路毁损情况的处置制度。第四十八条和第四十九条，明确了公路、公路桥梁、公路隧道定期检测、评定和维修制度，要注意本条规定和《条例》第三十三条第二款之间的照应关系，对检测发现公路、公路桥梁、公路隧道限载、限高、限宽、限长标准需要调整的，公路管理机构、公路经营企业应当及时变更限载、限高、限宽、限长标志。第五十三条和第五十四条，确立了公路抢修、路网运行监测、信息发布等公路突发事件应急响应制度，同时明确了武装警察交通部队抢修公路设施的职责。第五十五条，确立了公路报废制度。

第四十四条　公路管理机构、公路经营企业应当加强公路养护，保证公路经常处于良好技术状态。

前款所称良好技术状态，是指公路自身的物理状态符合有关技术标准的要求，包括路面平整，路肩、边坡平顺，有关设施完好。

【释义】　本条是关于公路养护管理主体及其基本职责的规定。

一、公路养护的管理和组织实施主体是公路管理机构和公路经营企业

《收费公路管理条例》规定，按照公路投资性质的不同，公路主要分为非收费公路、政府还贷收费公路和经营性收费公路三种。非收费公路，是指全部由政府投资或者社会组织、个人捐资建设的公路；政府还贷收费公路，是指由县级以上人民政府交通运输主管部门贷款或者向企业、个人有偿集资建设的公路；经营性收费公路，是指国内外经济组织投资建设或者依照《公路法》的规定受让政府还贷公路收费权的公路。根据公路属性的不同，公路管理机构和公路经营企业承担着不同的公路养护责任。根据《公路法》和《收费公路管理条例》有关规定，公路管理机构主要承担非收费公路和政府还贷收费公路的养护、维修和管理，同时对经营性收费公路的养护管理工作进行业务指导和行业监管；经营性收费公路的养护工作由公路经营企业负责，接受公路管理机构的业务指导和行业监管。需要说明的是，本条规定并没有排除乡级人民政府对乡道、村道的养护责任。

二、为社会公众提供良好的公路通行条件是公路养护管理工作的根本目的

保持公路及其沿线设施经常处于良好技术状态，是公路管理机构和公路经营企业开展公路养护管理工作的基本目标。本条所称公路自身的物理状态，是指公路各部件和结构的几何尺寸和技术指标要求。交通运输部行业标准《公路技术状况评定标准》建立了一套完整的公路技术状况评定体系，明确规定了公路技术状况的评定指标、计算方法、评定标准及检测频率等要求，为客观描述公路技术状况和科学评价公路养护质量和管理水平提供了依据。交通运输部行业标准《公路养护技术规范》统一和规范了公路及其沿线设施的养护标准，分别对路基、路面、桥梁、涵洞与渡口、隧道、路线交叉、公路防灾与突发事件处置、交通工程及沿线设施、公路绿化与环境保护等方面的养护作了详细的要求和规定。

本条所称良好技术状态，是指各分项指标不低于养护技术

规范中的规定值，其中路面平整，路肩、边坡平顺及有关设施完好是基本要求。此外，根据《条例》第六条规定，公路养护水平的提高是一个科学的、历史的过程，每个发展阶段都必须符合经济社会发展现状，因此，公路养护标准既要符合规范要求，又要与经济社会发展状况和财力相适应，不可盲目超前，提出不切当前实际的养护要求。

需要说明的是，公路在使用寿命期限内，随着运营时间的增加和交通流量的增长，公路的技术状态和通行服务条件会自然衰减，加上自然和人为等不确定因素的影响，公路的技术状态和通行服务条件随时会发生变化，公路管理机构和公路经营企业有义务及时修复损坏部分，保障公路行车安全、畅通、舒适。根据部颁《公路养护工程管理办法》，公路养护工程分为小修保养、中修工程、大修工程及改建工程等四类。其中小修保养为经常性的养护作业，主要进行公路及其沿线设施的维修保养和修补轻微损坏部分的作业，其他三类养护工程为定期或周期性的加固、综合修理或提升等级的较大规模的养护作业。为此，本条对公路处于良好技术状态的要求是经常性的，而非每时每刻。

第四十五条　公路养护应当按照交通运输主管部门规定的技术规范和操作规程实施作业。

【释义】　本条是关于公路养护作业实施要求的规定。

公路养护工程作业与基本建设施工相比，在施工工艺、技术要求等方面均具有自身特点，为规范实施，保证养护效果，保障养护作业人员和设备安全以及公众通行安全，交通运输部制定了一系列公路养护方面的技术规范和作业规程，现行技术规范和标准主要包括《公路养护技术规范》、《公路水泥混凝土路面养护技术规范》、《公路沥青路面养护技术规范》、《公路桥涵养护规范》、《公路隧道养护技术规范》、《公路养护安全作业规程》、《临时占道施工标志设置》等。

由于公路养护大、中修和改建等规模较大的养护工程作业同样涉及结构设计、施工工艺控制、质量检测、安全管理等内容，为此，公路养护工程除必须执行公路养护的规范、规程外，还应当满足公路建设工程设计、检测、施工、质检、安全等相关技术标准和规范的要求。

第四十六条　从事公路养护作业的单位应当具备下列资质条件：

（一）有一定数量的符合要求的技术人员；

（二）有与公路养护作业相适应的技术设备；

（三）有与公路养护作业相适应的作业经历；

（四）国务院交通运输主管部门规定的其他条件。

公路养护作业单位资质管理办法由国务院交通运输主管部门另行制定。

【释义】　本条是关于公路养护作业单位资格的规定。

为解决管养不分、事企不分的问题，本条规定了公路养护单位应当具备的资质条件，为公路养护市场化管理奠定了制度基础。公路养护作业单位资质管理属于行政许可范畴，本条是从行政法规的层面规定了国务院交通运输主管部门实施公路养护单位资质行政管理的职责。早在2003年，原交通部就发布了《公路养护工程市场准入暂行规定》，对公路养护工程从业单位的资质进行了规定。随着近年来公路养护管理体制和运行机制改革的不断探索，公路养护作业内容也得到的不断扩充完善，《公路养护工程市场准入暂行规定》已不能完全适应公路养护作业市场的需求，有必要根据《条例》有关要求作进一步修订和完善。

一、从事公路养护作业的单位应当具备相应的资质条件

随着我国公路网的建成并逐步完善,公路养护任务繁重、养护作业市场潜力巨大。为加快推进公路养护作业市场化进程,规范市场管理,进一步提高公路养护作业质量和管理水平,制定科学、全面的公路养护作业市场准入资质条件非常重要。为此,本条规定从事公路养护作业单位必须具备相应的资质条件:

(一)有一定数量的符合要求的技术人员

从事公路养护的技术人员不仅要具备相关专业知识,还要具有对公路病害的判断和处置能力,同时还应具备一定的现场组织能力,这是从事养护作业的技术力量保障,也是对公路养护作业单位的一项基本要求。

(二)有与公路养护作业相适应的技术设备

《公路养护技术规范》从日常养护、交通安全设施维修、除雪清方排障、路面养护维修、路基养护维修、压实、材料准备、装运、公路检测、桥隧养护等十个方面,对公路养护每 100 公里的养护机械提出了配备参考要求,这是对养护作业能力的要求,也是能否满足养护作业单位资质要求的必要条件。另外,从事公路养护作业的单位,还应配备足够的满足养护工程需要的机械和设备。

(三)有与公路养护作业相适应的作业经历

我国幅员辽阔,地形地貌和地质条件复杂,公路养护的自然条件和公路病害的发生具有多样性,有些养护作业具有一定的难度和较高的技术含量,要求养护作业单位具有一定的作业经验,故此,将作业经历作为养护作业单位的一项资质条件,这也是提高养护作业水平,保证养护质量的重要保障。

(四)满足交通运输主管部门规定的其他条件

成立和组建一个养护作业单位,除具备上述三项资质条件

外，还应当具备一些其他必备的条件，如注册资金、企业的履约能力、企业信誉等，这些应根据养护作业单位的作业范围在相关资质管理办法中予以明确。

二、《条例》授权交通运输部制定公路养护作业单位资质管理办法

本条第一款对养护作业单位的资质条件提出了原则性要求，但资质条件中，具有多少、符合什么要求的技术人员才能达到资质条件要求，具有多少、什么样的养护设备才能适应养护作业需要，具有什么样的养护作业经历才算是适应养护作业要求，其他条件的具体要求有哪些，这些内容在本条都未能明确。同时，由于不同养护工程具有不同的工程性质、技术复杂程度和规模大小，是否对养护作业单位提出不同的资质条件要求，也需要结合公路养护工作实际进行明确。另外，按照市场化管理要求，对取得公路养护作业资质的单位如何进行市场监管和考核，建立怎样的退出机制，都需要相关管理办法予以明确。因此，本条第二款授权交通运输部制定全国统一的公路养护作业单位资质管理办法。

第四十七条　公路管理机构、公路经营企业应当按照国务院交通运输主管部门的规定对公路进行巡查，并制作巡查记录；发现公路坍塌、坑槽、隆起等损毁的，应当及时设置警示标志，并采取措施修复。

公安机关交通管理部门发现公路坍塌、坑槽、隆起等损毁，危及交通安全的，应当及时采取措施，疏导交通，并通知公路管理机构或者公路经营企业。

其他人员发现公路坍塌、坑槽、隆起等损毁的，应当及时向公路管理机构、公安机关交通管理部门报告。

【释义】 本条是关于公路养护巡查以及有关单位和个人发现公路损毁处置的规定。

我国是一个多自然灾害的国家,洪水、地震、塌方、地质沉降、采空区沉降等来自自然方面的原因可能导致公路发生险情。同时,在公路使用过程中,公路路面、桥梁、隧道及附属设施也会发生损坏情况。为此,建立公路巡查制度是十分必要的。

一、关于公路养护巡查的规定

(一)对公路进行经常性巡视检查,及时发现和处置公路病害,是公路养护日常养护管理的一项重要工作,也是保持公路经常处于良好技术状态的重要手段,交通运输部颁布的《公路养护技术规范》明确要求对公路进行日常巡查,并制作巡查记录。由于公路所处的地理位置、自然环境存在较大差异,对公路的巡查频率、范围、内容和巡查记录的格式,部颁标准和规范中未做详细要求,应由各省、自治区、直辖市人民政府交通运输主管部门或公路管理机构结合实际,作出明确要求。

(二)负责公路养护巡查的主体是公路管理机构、公路经营企业。在公路养护市场尚不完善的地区,公路管理机构或者公路经营企业应当组织内部专业技术人员进行巡查和记录。在市场化逐步完善、条件成熟的地区,公路巡查的具体工作可以作为日常养护的一项作业内容,由公路养护作业单位具体承担,但公路管理机构或者公路经营企业应当对巡查质量和巡查记录进行检查和考核,保证巡查效果。

(三)巡查中发现公路坍塌、坑槽、隆起等损毁的,及时设置警示标志,并采取措施予以修复;危及交通安全的,应当通知公安机关交通管理部门,及时采取措施,疏导交通。

二、关于公安机关交通管理部门发现危及交通安全的公路损毁时的管理责任

（一）公安机关交通管理部门是《中华人民共和国道路交通安全法》明确规定的负责道路交通安全管理工作的职能部门，应当根据工作实际，经常性对公路的交通安全状况进行巡视和检查。

（二）巡查中发现公路坍塌、坑槽、隆起等损毁，危及交通安全的，在公路管理机构或者公路经营企业尚未发现并采取相应措施的情况下，公安机关交通管理部门应当及时采取措施，疏导交通，确保行车安全。

（三）公安机关交通管理部门应当将巡查中发现的有关公路坍塌、坑槽、隆起等损毁危及交通安全的信息及时通知公路管理机构或者公路经营企业。

三、关于社会公众参与公路保护的义务

其他人员，主要是指公路管理机构、公路经营企业及公安机关交通管理部门以外的不特定的人，发现公路坍塌、坑槽、隆起等损毁的，应当积极履行以下义务：

（一）及时向公路管理机构报告，由公路管理机构直接或者通知公路经营企业及时设置警示标志，并采取措施修复。

（二）及时向公安机关交通管理部门报告，由公安机关交通管理部门根据影响交通安全程度采取相应措施，疏导交通，确保行车安全。

公路管理机构和公安机关交通管理部门应当采取适当方式，向社会公开、公告服务电话，便于社会公众反映和报告。同时，公路管理机构和公安机关交通管理部门应当建立联动机制，对发现的公路坍塌、坑槽、隆起等损毁及时通报信息，并按照各自职责进行处置。

本条规定的公路巡查主要是指养护巡查，养护巡查不同于路政巡查。二者的区别在于：一是养护巡查是公路养护的内容，属

于事务性工作,其主体是负有养护义务的公路管理机构、公路经营企业以及公路养护作业单位;路政巡查是国家法律法规赋予公路管理机构的行政义务,其主体只能是承担公路行政管理职能的公路管理机构。二是养护巡查的目的是了解公路路况,及时发现影响车辆通行的公路坍塌、坑槽、水毁、隆起等情况,设置警示标志,避免发生交通事故,并及时予以养护;路政巡查的目的是及时发现和制止违反公路法律法规的违法行为,同时对养护作业现场秩序进行监督和维护,及时发现影响公路安全和畅通的问题,并及时告知养护作业单位。二者的共同之处均是履行法律赋予的义务,目的是确保公路的完好和畅通。需要特别指出的是,无论是养护巡查还是路政巡查,都应当建立和完善规章制度,确定合理的、科学的巡查频次。既不要在制度中提出诸如"昼夜巡查"或"全天候巡查"等不符合实际的要求,又要能够实现巡查的目的。在巡查过程中,要有完整详细的巡查记录,真实反映巡查情况,同时也可以证明已经履行了相应的义务。公路管理机构应当建立路政与养护联合巡查机制,降低巡查成本,提高管理效能。

第四十八条　公路管理机构、公路经营企业应当定期对公路、公路桥梁、公路隧道进行检测和评定,保证其技术状态符合有关技术标准;对经检测发现不符合车辆通行安全要求的,应当进行维修,及时向社会公告,并通知公安机关交通管理部门。

【释义】　本条是关于公路、公路桥梁、公路隧道定期检测、评定和维修的规定。

一、定期对公路、公路桥梁、公路隧道进行检测和评定是公路养护工作的一项重要内容

通过定期检测和评定,对公路特别是对桥梁和隧道等结构物的技术和运营状况进行及时、准确的判断，及时维修病害和损毁，对保持公路处于良好的技术状况，保证公众行车和通行安全具有重要意义。《公路技术状况评定标准》对公路路基、路面、沿线设施的检测内容、检测频率和评定标准进行了详细规定；《公路桥涵养护规范》和《公路隧道养护技术规范》明确要求对公路桥梁、公路隧道要进行定期检查，并根据实际情况进行特殊检查和专项检查，并明确了检测频率、评定方法及评定标准。公路、公路桥梁、公路隧道的定期检查一般由公路管理机构或公路经营企业组织专业人员进行或选择具有相应资质的专业检测机构进行。对于桥梁、隧道定期检查中发现的复杂技术问题，应当选择具有相应资质的专业检测机构进行特殊检查和专项检查。目前，在实际工作中，对于特大型、大型和具有特殊作用的桥梁、隧道等结构物，一般选择具有相应资质的专业检测机构进行定期检测和评定。

二、对经检测发现公路、公路桥梁、公路隧道不符合车辆通行安全要求的，公路管理机构、公路经营企业应当采取相关措施

（一）组织维修

由于有些病害或损毁形成的原因比较复杂，维修方案的确定和技术要求比较高，或者因自然条件等其他原因暂不具备维修条件，修复工作有可能不能立即开展，为此，本条未提出及时或立即维修的要求。

（二）及时向社会公告

这里有两层含义，一是在组织维修过程中，符合《条例》第五十一条规定情形的，应当及时向社会公告对公路通行条件造成的影响，告知相关养护维修信息或者绕行方案，便于公众提前对出行路线进行选择；二是暂不能实施维修但仍需维持通车的路段，或按规定进行鉴定、设计、审查、招标等程序期间，要向社会公告相应的限速、限载等限行措施，并设置相应的标志和安全设施,保障车辆通行安全。

(三)及时通知公安机关交通管理部门

由公安机关交通管理部门根据公路养护维修方案,制定相应交通疏导与管理措施,保持道路交通的安全畅通。

第四十九条　公路管理机构、公路经营企业应当定期检查公路隧道的排水、通风、照明、监控、报警、消防、救助等设施,保持设施处于完好状态。

【释义】　本条是关于隧道的排水和机电设施定期检查的规定。

为了体现公路隧道的排水、机电等设施的重要性,《公路隧道养护技术规范》中均单独列出章节,对其养护和检查维修工作进行了详细规定。其中,公路隧道排水设施的养护维修是隧道养护的关键,根据《公路隧道养护技术规范》的规定,隧道排水设施应定期进行清理和疏通。一是隧道排水设施的清理不宜少于1次/半年,在雨季,应加强对排水设施的检查和清理疏通工作;二是对纵坡较小的隧道或隧道的洞口区段,应加强其清理和疏通工作,对于井洞和沉沙池,应及时将其底部沉积物清除干净。公路隧道机电设施主要指为隧道营运服务的相关机电设施,包括供配电设施、照明设施、通风设施、消防及救援设施、监控设施等,其养护维修可分为日常检查、经常性维修、定期检修、分解性检修和应急检查等五个层次。日常养护是指巡视车上或通过步行目测对机电设施外观和运行状态进行的一般巡视检查,高速公路隧道应不少于1次/日,其他各级公路可按1次/1~3日进行;经常性维修是指通过步行目测或使用简单工具,对设施仪表读数、运转状态或损伤情况进行的检查,可以1次/1~3月进行,对破损零部件应及时进行维修更换;定期检修是指通过检测仪器对仪表进行的标定，和对连接及装配状态等机电设施运转情况和性能进行的较全面检查和维修，可按1次/年进行；分解性检修是指通过对设备分解拆卸而进行的重点维修，可按1次/3～5年进行；应急检查是指公路隧道内或相邻处发生重大事故或自然灾害后对机电设施进行的检查，没有固定周期，可配合土建检查仪器进行。

《条例》将隧道的排水和机电设施定期检查作为独立的一条进行规范和要求，将技术规范要求提升到法律高度，对隧道排水和机电设施定期检查工作提出强制性要求。公路管理机构和公路经营企业应当认真理解和把握，在养护工作中严格执行技术规范，保持公路隧道各类设施处于完好状态。

第五十条　公路管理机构应当统筹安排公路养护作业计划，避免集中进行公路养护作业造成交通堵塞。

在省、自治区、直辖市交界区域进行公路养护作业，可能造成交通堵塞的，有关公路管理机构、公安机关交通管理部门应当事先书面通报相邻的省、自治区、直辖市公路管理机构、公安机关交通管理部门，共同制定疏导预案，确定分流路线。

【释义】　本条是关于公路管理机构统筹安排公路养护作业计划以及建立公路养护作业省际沟通协调机制的规定。

一、公路管理机构应当统筹安排公路养护作业计划

（一）公路管理机构应当统筹安排本辖区内公路养护作业计划，即公路管理机构是统筹安排公路养护作业计划的主体。养护作业计划由各相关公路管理机构、公路经营企业负责编制，并报上级公路管理机构或负责经营性收费公路业务指导和行业监管的公路管理机构。省、自治区、直辖市公路管理机构可以根据

需要,对报送的养护作业计划进行统筹安排,作出适当调整,避免集中进行公路养护作业造成交通堵塞。省、自治区、直辖市公路管理机构应当制定具体办法,便于操作执行。

(二)有关公路管理机构在统筹安排公路养护作业计划,特别是大中修或改建计划时,一是做好平行路线养护作业的统筹,尽量避免平行路线特别是高速公路和与之并行或绕行的普通公路,同时实施养护工程,为交通分流提供条件;二是做好同一路段的不同养护作业内容的统筹,尽量避免同一公路主线上多个路段同时施工和连续作业,减少养护作业对同一路段交通的持续影响;三是做好具体施工作业路段长度的统筹,特别是有中央分隔带需借道行驶的,应合理确定施工路段长度,避免造成长距离、长时间的交通堵塞现象。

二、在省、自治区、直辖市交界区域进行公路养护作业的,有关部门应当建立省际沟通协调机制

随着物流业快速发展,在实施省际交界区域公路养护作业时,加强与相邻省份公路管理机构、公安机关交通管理部门的沟通协调显得尤为重要。

(一)要加强本省公路管理机构和公安机关交通管理部门的协作,对在省际交界区域实施的公路养护作业可能造成交通堵塞情况进行判断和分析,制定疏导预案,提出分流路线建议。

(二)要建立相邻省份间的协调互动机制,在安排省际交界区域的公路养护作业计划时,加强沟通和协作,共同制定疏导方案,确定分流路线。实施过程中,应当及时通报公路养护作业进展情况和相关信息,有针对性地制定专项预案,减少和避免严重交通堵塞现象的发生。有关公路管理机构也可以利用公路路网信息管理平台,对在省际交界实施公路养护作业区域的相关公路交通运营状况进行监控,并对交通保障工作进行指导和协调。

另外,在同一个省、市、区范围内实施养护作业,同样也存在

相邻地市之间的沟通协调问题，各省、市、区也应按照上述要求，统筹做好交通组织和管理工作，保障安全畅通。对于省、地级交界区域范围，按照公安部、原交通部下发的《关于加强公路施工管理 确保交通畅通的紧急通知》（公传发〔2004〕2844 号）文件要求，"对省（自治区、直辖市）、市（地）交界处（省级 50 公里以内、地市级 30 公里以内）的公路施工，还应提前书面通报相邻地方公安机关交通管理部门、公路管理机构。"

第五十一条　公路养护作业需要封闭公路的，或者占用半幅公路进行作业，作业路段长度在 2 公里以上，并且作业期限超过 30 日的，除紧急情况外，公路养护作业单位应当在作业开始之日前 5 日向社会公告，明确绕行路线，并在绕行处设置标志；不能绕行的，应当修建临时道路。

【释义】　本条是关于因实施养护作业而封闭公路和较大范围、较长时间影响交通的处置规定。主要包括两层含义：

（一）本条规定了在以下两种养护作业情况时，应当向社会公告，并采取相应处置措施：

一是养护作业需要临时封闭公路的。为尽量减小因公路养护作业对交通的影响，一般情况下，公路养护作业尽量在边维修、边维持通车的情况下进行。但在一些特殊情况下，必须临时封闭公路，如技术等级较低，路面较窄，不具备边通车边维修的条件的；沿线连续或较多结构物需要集中维修，不满足安全通行要求的；养护作业有特殊工艺要求，为确保养护质量需要采取封闭公路措施的。

二是需占用半幅公路进行作业，且作业路段长度在 2 公里以上，作业期限超过 30 日的。在公路技术等级较高、路面宽度能够满足半幅通车要求的路段，养护作业通常采用半幅施工的方式。

但当作业路段较长，且作业期限也较长时，对公路的正常通行将造成较大影响。《条例》第五十条要求公路管理机构应加强统筹管理，尽量避免此种情况。因客观情况无法避免的，要在保证养护作业正常进行的同时，采取有效措施尽量保障车辆通行。

（二）出现上述两种情况时，为方便过往车辆和人员通行，公路养护作业单位应当采取以下措施：

一是除紧急情况外，应当在作业开始之日前5日向社会公告。占用1～2个车道进行作业且未达到半幅公路的，应根据施工作业路段的交通量大小、作业路段长度和作业期限视情向社会公告。

二是明确绕行路线，并在绕行处设置标志。标志应当载明绕行路线、应绕行的车辆类型等信息。同时应当在绕行线路增设相应的指路信息，并保持信息的连续。

三是对确不能绕行的路段，应当修建临时道路。临时道路的技术等级和服务水平可以比原有公路降低一级。交通量特别大的路段，应组织相关部门进行专题论证。

需要明确的是，本条对公路养护作业单位采取上述措施还规定了例外情形，即在紧急情况下，如地质灾害、极端气象灾害和其他不可预测的因素，造成公路大面积严重损毁，需要采取封闭公路或者长距离、长时间半幅占路维修的，可以先行安排抢修，再向社会公告，并明确绕行路线，设置相关绕行标志。

第五十二条　公路养护作业人员作业时，应当穿着统一的安全标志服。公路养护车辆、机械设备作业时，应当设置明显的作业标志，开启危险报警闪光灯。

【释义】　本条是关于保障养护作业人员和养护车辆、机械设备安全作业的规定。

公路养护作业不仅影响公路畅通和行车安全，同时也涉及养护人员的人身和养护设施的安全。养护人员在进行公路养护作业时,应当穿着统一的安全标志服;利用车辆、机械设备进行养护作业时,应当在公路养护车辆、机械设备上设置明显的作业标志,并开启危险报警闪光灯。其目的是为了保障公路养护人员和作业车辆、机械设备的安全,避免事故发生。安全标志服的式样、颜色等由省级公路管理机构按照有关要求统一规定。公路养护车辆是指公路管理机构、公路经营企业及公路养护作业单位专用于公路养护和管理的车辆,包括养护巡查车、抢修保障车、专用检测车、养护作业车等。养护巡查车主要用于公路的日常路况巡查;抢修保障车主要用于抢修突发损毁路段及应急抢险;专用检测车主要用于公路路况、桥隧的检测;养护作业车是指配有一种或多种公路养护作业功能的车辆。公路养护车辆进行作业时,在不影响过往车辆通行的前提下,其行驶路线和方向不受公路标志、标线限制,过往车辆和人员应当注意避让。

本条规定的上位法依据是《公路法》和《道路交通安全法》。《公路法》第三十九条规定:“为保障公路养护人员的人身安全,公路养护人员进行养护作业时,应当穿着统一的安全标志服;利用车辆进行养护作业时,应当在公路作业车辆上设置明显的作业标志。公路养护车辆进行作业时,在不影响过往车辆通行的前提下,其行驶路线和方向不受公路标志、标线限制;过往车辆对公路养护车辆和人员应当注意避让。”《道路交通安全法》第五十四条规定:“道路养护车辆、工程作业车进行作业时,在不影响过往车辆通行的前提下,其行驶路线和方向不受交通标志、标线限制,过往车辆和人员应当注意避让。洒水车、清扫车等机动车应当按照安全作业标准作业;在不影响其他车辆通行的情况下,可以不受车辆分道行驶的限制,但是不得逆向行驶。”

第五十三条　发生公路突发事件影响通行的,公路管理机构、公路经营企业应当及时修复公路、恢复通行。设区的市级以上人民政府交通运输主管部门应当根据修复公路、恢复通行的需要,及时调集抢修力量,统筹安排有关作业计划,下达路网调度指令,配合有关部门组织绕行、分流。

设区的市级以上公路管理机构应当按照国务院交通运输主管部门的规定收集、汇总公路损毁、公路交通流量等信息,开展公路突发事件的监测、预报和预警工作,并利用多种方式及时向社会发布有关公路运行信息。

【释义】　本条是关于公路抢修、公路运行监测、预警和信息发布的规定。

一、关于公路抢修主体

(一)公路管理机构和公路经营企业

发生公路突发事件影响通行的,对公路进行抢修任务由公路管理机构和公路经营企业承担。公路管理机构、公路经营企业应当根据《条例》第七条第二款规定,按照交通运输主管部门制定的公路突发事件应急预案,组建应急队伍,并定期组织应急演练。日常状态下,公路管理机构、公路经营企业可以采取全社会范围内的公开招投标等方式择优选择公路养护作业单位,并通过签订合同,明确应急状态下技术管理要求、应急征用的条件和程序、征用补偿的标准和程序以及违约责任等,规范公路交通应急抢通保障行为。

(二)县级以上地方人民政府

根据《公路法》规定,在公路管理机构、公路经营企业难以及时修复时,应当报告当地县级以上地方人民政府,由县级以上地方人民政府及时组织当地机关、团体、企业事业单位、城乡居民进行抢修。

（三）当地驻军及武警交通部队

县级以上地方人民政府根据公路抢修任务需要，可以请求当地驻军支援，以尽快恢复交通。此外，武警交通部队也承担公路、桥梁、隧道等交通设施的抢修保通任务。

二、设区的市级以上人民政府交通运输主管部门负责实施路网调度

根据《公路法》第八条的规定，县级以上人民政府交通运输主管部门主管本行政区域内的公路工作，其有责任确保本辖区内公路的完整畅通。同时，县级以上人民政府交通运输主管部门熟悉本区域的公路交通情况以及公路突发事件的种类、特征，赋予其实施路网调度的职责有利于公路突发事件得到迅速处理。但县级以上人民政府交通运输主管部门对公路突发事件下抢修公路的程序以及运力调度，都应当遵循《公路交通突发事件应急预案》的规定。

需要强调的是，实施路网调度的交通运输主管部门是设区的市级以上人民政府交通运输主管部门，这主要考虑到采取调集抢修力量、统筹安排有关作业计划等路网调度措施，大多数是在跨区域应急处置的情形下展开的，县级人民政府交通运输主管部门往往是路网调度的执行主体，而不是组织实施主体。

三、关于公路运行监测、预警和信息发布

国务院办公厅《关于印发“十一五”期间国家突发公共事件应急体系建设规划的通知》规定：“加强国家关键基础设施监控监测，推进综合应急平台建设，具备值守应急、信息汇总与发布、指挥协调、综合研判和视频会商等基本功能。”2009 年，《国务院办公厅关于印发交通运输部主要职责内设机构和人员编制规定的通知》中明确交通运输部应“负责国家高速公路及重要干线路网运行监测和协调”。2009 年，交通运输部印发《全国公路网管

理与应急处置平台建设指导意见》,要求各地要根据路网运行监测和协调管理的需求,结合实际情况制定本地区路网运行监测系统的布局和建设规划,并将已有的交通流量检测等设施设备资源纳入路网运行监测体系,实现部省信息联网,不断增强对国家高速公路、国省干线公路重要路段、大型桥梁、长大隧道、大型互通式立交桥、收费站、超限检测站、服务区等重点监控目标的日常监测与监控能力,并集成公路交通安全信息,为路网协调管理、应急处置和出行服务提供支撑。2010 年,交通运输部、中国气象局联合发布《关于进一步加强公路交通气象服务工作的通知》(交公路发〔2010〕456 号),要求共同推进公路交通气象观测站点网络建设,认真做好公路交通气象预报预警服务工作,建立健全有效的公路交通气象应急工作联动机制,促进公路交通气象服务的信息共享和集约化发展,加强交通气象服务标准化建设,研究探索建立多样化的公路交通气象合作模式。该文件对公路交通气象服务工作提出了明确要求。

设区的市级以上公路管理机构应当按照国务院交通运输主管部门的规定收集、汇总公路损毁、公路交通流量等信息,开展公路突发事件的监测、预报和预警工作,并利用多种方式及时向社会发布有关公路运行信息。一是国务院交通运输主管部门的规定主要包括《公路交通突发事件应急预案》、《交通运输突发事件信息报告和处理办法》、《关于印发交通运输部公路交通阻断信息报送制度的通知》(交公路发〔2011〕183 号)等。二是通过路网运行监测设施设备,采集重点监控目标的交通流量、平均车速、车道占有率、气象状况、交通事件、施工占道、交通管制等信息,或通过人工报告交通事件信息,并基于 GIS 地图显示和标绘,及时发现重点监控目标运行的异常情况。三是利用出行信息服务网站、服务热线、短信、广播、电视以及公路沿线可变信息标志、服务区查询终端等多种方式,及时向出行者发布路况、气象、施工占道、交通管制等出行相关信息。

第五十四条　中国人民武装警察交通部队按照国家有关规定承担公路、公路桥梁、公路隧道等设施的抢修任务。

【释义】　本条是关于武装警察交通部队抢修公路设施职责的规定。

一、武装警察交通部队的基本情况

中国人民武警交通部队前身是中国人民解放军基本建设工程兵交通部办公室下辖的部队，组建于1966年8月1日。根据1984年9月21日，国务院、中央军委批转的《关于基建工程兵水电、交通、黄金部队改编的实施方案》，1985年1月1日起编入武警部队序列，受交通运输部和武警总部的双重领导，1999年转隶武警总部统一管理，是一支军事化组织、企业化管理的工程部队。交通指挥部为正军级单位，下辖交通一总队、交通二总队、交通直属工程部队和教导大队。部队组建以来，主要负责国家能源、交通基础设施建设以及承担国家抢险救灾等“急、难、险、重”工程项目的施工和维护社会治安、处置突发事件的任务。部队具备政治素质好、作风纪律严、技术水平高、施工装备精、灵活机动、攻坚突破性强等优势，集军事化、专业化、机械化于一身，是国家能源、交通、基础设施建设战线上的一支重要力量。在1998年抗洪、2000年西藏易贡堰塞湖和冷曲河公路抢险、2001年川藏公路海通沟大塌方抢险、2008年初抗击低温雨雪冰冻灾害，特别是在“5·12四川汶川地震”的抗震救灾中，该部队按照党中央、中央军委和国务院的统一部署，在第一时间冲到第一线，累计完成20多条公路400多公里路段的抢修保通任务，为抗震救灾取得阶段性胜利作出了重要贡献。

二、武装警察交通部队的抢修公路设施职责

2009年7月1日，国务院、中央军委批准同意将武警交通部

队纳入国家应急救援力量体系。在发生公路突发事件时，武警交通部队主要担负公路、桥梁、隧道等交通设施的抢修保通和特殊时期、特定条件下重要公路桥隧的管护，以及其他突发事件的应急处置等任务。当交通运输主管部门或公路管理机构在短时期内无法完成公路、公路桥梁、公路隧道的抢险、抢修任务时，按有关规定申请武装警察交通部队支援。

但对于受灾地区或其周边地区没有武警交通部队部署的，应当按照《公路法》有关规定执行。《公路法》第四十条规定："因严重自然灾害致使国道、省道交通中断，公路管理机构应当及时修复；公路管理机构难以及时修复时，县级以上地方人民政府应当及时组织当地机关、团体、企业事业单位、城乡居民进行抢修，并可以请求当地驻军支援，尽快恢复交通。"根据本条规定，防止、抢修因洪水、泥石流、地震、冰雪等严重自然灾害对公路的损坏，恢复交通首先是公路管理机构的责任和重要任务。当公路遇有大量雪阻、塌方、水毁、泥石流、沙埋、地震等自然灾害致使交通受阻或中断，公路管理机构难以及时修复时，应当报告当地县级以上地方人民政府。县级以上地方人民政府应当及时组织当地机关、团体、企业事业单位、城乡居民进行抢修，并可以请求当地驻军支援，以尽快恢复交通。地方人民政府以及国务院有关主管部门请求军队参与公路抢修的，应当说明险情或者灾情发生的种类、时间、地域、危害程度、已经采取的措施，以及需要使用的兵力、装备等情况，具体按照《中国人民解放军参加抢险救灾条例》规定执行。

第五十五条　公路永久性停止使用的，应当按照国务院交通运输主管部门规定的程序核准后作报废处理，并向社会公告。

公路报废后的土地使用管理依照有关土地管理的法律、行

政法规执行。

【释义】 本条是关于公路报废的规定。

一、公路报废的核准程序

公路永久性停止使用,是指公路改线或者新建与之并行的公路等原因致使原路段不再承担公共交通车辆通行功能的情形。倘若原路段仍承担公共交通车辆通行功能的,则不启动报废程序,如涉及管养职责移交和下放的,应当办理相关手续。

报废公路在公路路网中的地位不同,核准报废的主体和执行程序也不相同,也就是说,国道、省道、县道、乡道和村道的报废应适用不同的核准程序。因此,《条例》授权国务院交通运输部制定公路报废的核准程序。经核准报废的,该公路的原保护主体应当通过报刊、电视、网络等形式及时向社会公告公路报废的相关情况,并在报废路段或者桥梁的两端设置提示标志,并设置隔离设施进行封闭。向社会公告的内容主要包括:报废里程、报废起始时间、核准部门、提醒车辆不得在该路段行驶等。公路经核准报废并向社会公告的,有关车辆不得在已公告报废的公路上行驶。

二、公路报废后的土地使用管理

公路经核准报废的,该公路的原保护主体应当积极联系相关部门和单位,做好公路报废处理的衔接工作,对公路报废后的土地使用管理应当根据报废公路所占用土地的属性予以区别对待:

(一)报废公路所占用的土地是国有土地的,根据《中华人民共和国土地管理法》第五十八条规定,由有关人民政府土地行政主管部门报经原批准用地的人民政府或者有批准权的人民政府批准,可以收回国有土地使用权;

（二）报废公路所占用的土地是集体土地的，比如，村道，应当充分尊重集体经济组织对集体土地的所有权和使用权，按照《中华人民共和国物权法》、《中华人民共和国土地管理法》等有关规定，由有关集体经济组织收回土地使用权。规划、国土资源主管部门应当按照土地利用规划要求，重新确定报废公路的土地使用性质。

三、公路报废的法律意义

公路报废制度是通过立法明确的一项新制度。公路报废的法律意义在于报废后的路段不再作为公路存在，公路管理机构对其不再具有养护和管理的责任和义务，该路段也不再具备完好、安全、畅通地供社会车辆行驶及公众出行的条件和作用。在这种情况下，公路管理机构只要尽到法定的报废核准程序并进行公告包括警示义务，就不再对这条路承担法律责任了。现实中出现过在废弃的公路上发生事故引发责任纠纷的案件，所以《条例》明确公路报废制度，既是对社会公众的保护，也便于明确和划清责任。

第五章　法律责任

【本章提要】本章是关于违反《条例》应当承担的法律责任的规定。

法律责任，是指违反法律的规定而应当承担的法律后果。这里所称的法律是广义上的法律，除了包括由全国人大和其常委会颁布的法律外，还包括由国务院颁布的行政法规、国务院部门颁布的规章及有立法权的地方人大和政府颁布的地方性法规和规章。法律责任按照违法行为的性质不同，可以分为行政责任、刑事责任和民事责任三大类。具体采取何种法律责任形式，应根据违法行为人所侵害的社会关系的性质、特点和侵害的程度、后果、动机等多种因素确定。

一、行政责任

行政责任，是指行政法律关系主体违反行政法律规范或者不履行行政法律义务而依法承担的行政法律后果。由于行政法律关系主体既包括作为行政相对人的公民、法人和其他组织，又包括作为行政主体的行政机关、法律法规授权的组织，因此，行政责任根据制裁的对象不同，分为对行政相对人的行政处罚和对行政机关、法律法规授权组织的行政处分、行政赔偿两大类。

行政处罚，是指特定行政机关、法律法规授权组织依法惩戒违反行政法律规范尚不构成犯罪的公民、法人和其他组织的一种具体行政行为。根据《中华人民共和国行政处罚法》规定，行政处罚的种类主要有：警告，罚款，没收违法所得、没收非法财物，责令停产停业，暂扣或者吊销许可证、执照，行政拘留以及法律、行政法规规定的其他行政处罚。本章规定的行政处罚的种类主要包括罚款，没收违法所得，没收伪造、变造的超限运输车辆通行证，吊销公路养护作业单位资质证书，责令道路运输企业停业整顿，吊销道路运输经营许可证等。

行政处分，是指国家机关、企事业单位对所属的国家工作人员违法失职行为尚不构成犯罪，依据法律、法规所规定的权限而给予的一种惩戒。根据《中华人民共和国公务员法》规定，行政处分种类有：警告、记过、记大过、降级、撤职、开除。对于公务员或者国家机关工作人员违法失职行为给予何种处分，要根据行为人违法行为的性质、情节以及造成后果来决定。一般而言，给予行政处分分为三种情况：一是对违法较轻，仍能担任现任职务的人员，可以给予警告、记过、记大过、降级处分；二是对于违法较重，不宜继续担任现任职务的人员，可以给予降级或者撤职处分；三是对于严重违法失职的，可以给予开除处分。本章第七十三条规定，对公路管理机构及其工作人员的违法失职行为，依法给予行政处分。

行政赔偿，是指因行政主体在行使行政职权时，违法侵犯公民、法人和其他组织的合法权益造成损害，而引起的由国家向受害人赔偿的制度。如果说行政处分是一种对内部工作人员的惩戒，那么行政赔偿则是行政主体因其违法行为对外承担赔偿的责任形式。对于行政赔偿的范围、程序、标准等具体内容，《中华人民共和国国家赔偿法》已有明确规定。公路管理机构及其工作人员行使职权侵犯公民、法人和其他组织的合法权益，造成损害的，应当依照《中华人民共和国国家赔偿法》的规定予以赔偿。

二、刑事责任

刑事责任，是指触犯刑法而应当承担相应的法律责任，即对犯罪行为人依照刑事法律的规定追究的法律责任。追究刑事责任的法律依据是《中华人民共和国刑法》。根据《中华人民共和国刑法》规定，刑事责任的制裁方式包括管制、拘役、有期徒刑、无期徒刑、死刑五种主刑，另外还有罚金、剥夺政治权利、没收财产三种附加刑。《条例》涉及的需要追究刑事责任的犯罪主要包括破坏交通设施罪，交通肇事罪，妨害公务罪，生产、销售不符合安全标准的产品罪，伪造、变造、买卖国家机关公文、证件、印章罪，滥用职权罪，玩忽职守罪等。

三、民事责任

民事责任，是指公民、法人和其他组织因违反法律或合同规定的民事义务，从而侵害了他人的财产或人身权利时，依法应当承担的法律后果。违反民事义务的行为包括作为和不作为。《公路法》第八十五条第一款规定："违反本法有关规定，对公路造成损害的，应当依法承担民事责任。"根据《民法通则》规定，承担民事责任的方式主要有：停止侵害，排除妨碍，消除危险，返还财产，恢复原状，修理、重作、更换，赔偿损失，支付违约金，消除影响、恢复名誉，赔礼道歉。以上承担民事责任的方式，可以单独适用，也可以合并适用。

法律、法规和规章是一种通过设定权利、义务约束社会主体的行为规范，对于拒不履行法律规定义务的社会主体，通过采取相应行政措施，迫使其遵守法律，从而保证法律规范的顺利实施。行政主体在制止、预防违法行为、敦促行政相对人履行义务的过程中，不仅要通过教育、威慑的措施保障法律规定的落实，对拒不履行义务的行政相对人还要采取必要的强制手段。《条例》规定的行政措施主要有行政命令和行政强制措施、行政强制执行。行政命令是一种具体行政行为，如责令改正违法行为、责令限期拆除、责令补种等。行政命令的实质意义是责令违法行为人纠正违反行政管理秩序的行为，其实质是使违法行为恢复合法状态。行政强制措施也是一种具体行政行为，是指行政机关在实施行政管理的过程中，为制止违法行为、防止证据损毁、避免危害发生、控制危险扩大等情形，依法对公民人身自由进行暂时性限制，或者对公民、法人或者其他组织的财产实施暂时性控制的行为。《条例》规定了扣留车辆、工具，强制拖离车辆等行政强制措施。行政强制执行，是指行政机关或行政机关申请人民法院，对不履行行政决定的公民、法人或其他组织，依法强制履行义务的行为。《条例》规定了强制拆除违法建筑物、构筑物和设施等行政强制执行。

本章共十九条，对违反《条例》规定的各种违法行为，分别规定了相应的法律责任，同时也对行使《条例》规定的行政处罚权的执法主体作了规定。

第五十六条　违反本条例的规定，有下列情形之一的，由公路管理机构责令限期拆除，可以处5万元以下的罚款。逾期不拆除的，由公路管理机构拆除，有关费用由违法行为人承担：

（一）在公路建筑控制区内修建、扩建建筑物、地面构筑物或者未经许可埋设管道、电缆等设施的；

（二）在公路建筑控制区外修建的建筑物、地面构筑物以及其他设施遮挡公路标志或者妨碍安全视距的。

【释义】　本条是关于违反《条例》关于公路建筑控制区管理制度所应承担的法律责任的规定。

本条规定的法律责任是针对违反《条例》第十三条和第二十七条第七项的行为作出的。国家设立公路建筑控制区的目的在前面已经进行了简单介绍,如前面所述,如果不对公路两侧一定距离范围内的建筑物和地面构筑物的建设和埋设管道、电缆等设施的行为进行控制,不仅在将来公路扩建的时候需要支付更多的拆迁成本,给人民群众生活带来不必要的麻烦和影响,同时人民群众在公路沿线的频繁活动,也不利于行车安全和公路畅通。更为重要的是公路上的车辆运行带来的噪声、尾气、震动和各类事故将严重影响人民群众的生活质量甚至是生命财产安全。因此,必须对公路建筑控制区进行管理。《公路法》第五十六条也明确规定,除公路防护、养护需要的以外,禁止在公路两侧的建筑控制区内修建建筑物和地面构筑物;需要在建筑控制区内埋设管线、电缆等设施的,应当事先经县级以上地方人民政府交通运输主管部门批准。违反《公路法》规定的,其第八十一条规定,由交通运输主管部门责令限期拆除,并可以处5万元以下的罚款;逾期不拆除的,由交通运输主管部门拆除,有关费用由建筑者、构筑者承担。《条例》与《公路法》的规定是一致的。同时为了保证公路安全行车的需要,《条例》增加了对建筑控制区外修建的建筑物、地面构筑物以及其他设施不得遮挡公路标志或者妨碍安全视距的行为模式以及法律责任。

一、本条规定的违法行为的主体

(一)在公路建筑控制区内修建、扩建建筑物、地面构筑物的公民、法人和其他组织;

(二)未经许可在公路建筑控制区内埋设管道、电缆等设施的公民、法人和其他组织;

(三)在公路建筑控制区外修建的建筑物、地面构筑物以及其他设施遮挡公路标志或者妨碍安全视距的公民、法人和其他组织。

二、本条规定的违法行为

（一）违反公路建筑控制区管理禁止性规定，在公路建筑控制区内修建、扩建建筑物或者地面构筑物的；

（二）违反公路建筑控制区管理许可性规定，未经公路管理机构许可，在公路建筑控制区内埋设管道、电缆等设施的；值得注意的是，对“未经许可埋设管道、电缆等设施的”应当作广义上的理解，不仅包括那些没有取得许可擅自埋设管道、电缆等设施的违法行为，也包括虽然取得了相关许可，但是超越许可范围进行埋设管道、电缆等设施的违法行为；

（三）在公路建筑控制区外修建的建筑物、地面构筑物以及其他设施遮挡公路标志，或者妨碍安全视距的。

但因公路保护需要而在建筑控制区内修建公路防护、排水、养护、管理、服务、交通安全、监控、通信等专用建筑物、构筑物的，不属于本条规定的违法行为。

三、本条规定的法律责任

本条规定，对违反《条例》的规定，在公路建筑控制区内修建、扩建建筑物、地面构筑物或者未经许可埋设管道、电缆等设施的；在公路建筑控制区外修建的建筑物、地面构筑物以及其他设施遮挡公路标志或者安全视距的，由公路管理机构责令限期拆除。对于逾期不拆除的，本条规定由公路管理机构拆除。公路管理机构拆除的行为，是法律和行政法规授予公路管理机构的行政强制执行权。公路管理机构进行强制拆除时，可以直接拆除，也可以委托其他主体代为拆除，拆除违法建筑物、地面构筑物、地下管道、电缆等产生的相关费用由违法行为人承担。“逾期不拆除”，既包括逾期未对违法建筑物、地面构筑物、地下管道、电缆等予以拆除，也包括虽进行了拆除活动，但未能达到要求的情况。

需要强调的是,对违法的建筑物、构筑物、设施等需要强制拆除的,应当履行遵守必要的程序,如先由公路管理机构予以公告,限期当事人自行拆除;当事人在法定期限内不申请行政复议或者提起行政诉讼,又不拆除的,公路管理机构可以依法强制拆除;不得在夜间或者法定节假日实施行政强制执行,但是情况紧急的除外;不得对居民生活采取停止供水、供电、供热、供燃气等方式迫使当事人履行相关行政决定等。

对于本条规定的违法行为,公路管理机构对违法行为人可以处5万元以下的罚款。本条规定的罚款,只是一种选择性的行政处罚。是否罚款,以及罚款数额如何,由公路管理机构根据违法行为危害性的大小、危害后果以及违法情节的具体情况合理地自由裁量,但不得超过5万元的最高上限。

四、本条规定的行政处罚的实施主体

本条规定的行政处罚的实施主体是公路管理机构。本条规定的行政强制执行的实施主体也是公路管理机构。尽管《中华人民共和国行政强制法》规定的行政强制执行实施主体是行政机关,但是该法第七十条也同时规定,法律、行政法规授权的具有管理公共事务职能的组织在法定授权范围内,以自己的名义实施行政强制,适用本法有关行政机关的规定。因此,公路管理机构可以根据《条例》的授权,以自己的名义实施行政强制。

第五十七条　违反本条例第十八条、第十九条、第二十三条规定的,由安全生产监督管理部门、水行政主管部门、流域管理机构、海事管理机构等有关单位依法处理。

【释义】　本条是关于在公路以及公路渡口、隧道、桥梁等一定范围内进行危害活动应承担的法律责任的规定。

一、本条规定的违法行为的主体

（一）在公路、公路渡口、中型以上公路桥梁以及公路隧道一定范围内设置生产、储存、销售易燃、易爆、剧毒、放射性等危险物品的场所和设施的公民、法人和其他组织；

（二）未经许可，擅自在中型以上公路桥梁跨越的河道一定范围内抽取地下水、架设浮桥以及修建其他危及公路桥梁安全的设施的公民、法人和其组织；

（三）通过公路桥梁的船舶不符合公路桥梁通航净空要求或者不遵守航行规则，以及在公路桥梁下停泊、系缆的公民、法人和其他组织。

二、本条规定的违法行为

本条规定的违法行为，结合《条例》第十八条、第十九条、第二十三条的规定，主要有以下几类：

（一）除按照国家有关规定设立的为车辆补充燃料的场所、设施外，在公路用地外缘起向外100米范围内设立生产、储存、销售易燃、易爆、剧毒、放射性等危险物品的场所、设施的行为；

（二）除按照国家有关规定设立的为车辆补充燃料的场所、设施外，在公路渡口和中型以上公路桥梁周围200米范围内设立生产、储存、销售易燃、易爆、剧毒、放射性等危险物品的场所、设施的行为；

（三）除按照国家有关规定设立的为车辆补充燃料的场所、设施外，在公路隧道上方和洞口外100米范围内设立生产、储存、销售易燃、易爆、剧毒、放射性等危险物品的场所、设施的行为；

（四）未经水行政主管部门、流域管理机构等有关单位和公路管理机构的批准，擅自在中型以上公路桥梁跨越的河道上下游各1 000米范围内抽取地下水、架设浮桥以及修建其他危及公

路桥梁安全的设施的行为;

(五)通过公路桥梁的船舶不符合公路桥梁通航净空要求,不严格遵守航行规则,在公路桥梁下停泊或者系缆的行为。

三、本条规定的法律责任

对上述违法行为,本条未直接规定法律责任,而是规定由安全生产监督管理部门、水行政主管部门、流域管理机构、海事管理机构等有关单位依法处理,这主要是考虑到,有关危险物品、水资源、防洪、水上交通安全等相关法规对上述行为已有相关规定,为避免职责交叉,本条做好衔接性规定即可。

(一)《危险化学品安全管理条例》第十九条第一款第四项和第八项规定:“危险化学品生产装置或者储存数量构成重大危险源的危险化学品储存设施(运输工具加油站、加气站除外),与下列场所、设施、区域的距离应当符合国家有关规定:(四)车站、码头(依法经许可从事危险化学品装卸作业的除外)、机场以及通信干线、通信枢纽、铁路线路、道路交通干线、水路交通干线、地铁风亭以及地铁站出入口;(八)法律、行政法规规定的其他场所、设施、区域。”第十九条第二款规定:“已建的危险化学品生产装置或者储存数量构成重大危险源的危险化学品储存设施不符合前款规定的,由所在地设区的市级人民政府安全生产监督管理部门会同有关部门监督其所属单位在规定期限内进行整改;需要转产、停产、搬迁、关闭的,由本级人民政府决定并组织实施。”

(二)《中华人民共和国水法》第四十八条规定:“直接从江河、湖泊或者地下取用水资源的单位和个人,应当按照国家取水许可制度和水资源有偿使用制度的规定,向水行政主管部门或者流域管理机构申请领取取水许可证,并缴纳水资源费,取得取水权。但是,家庭生活和零星散养、圈养畜禽饮用等少量取水的除外。实施取水许可制度和征收管理水资源费的具体办法,由国务院规定。”第六十五条规定:“在河道管理范围内建设妨碍行洪的建筑物、构筑物,或者从事影响河势稳定、危害河岸堤防安全和其他妨碍河道行洪的活动的,由县级以上人民政府水行政主管部门或者流域管理机构依据职权,责令停止违法行为,限期拆除违法建筑物、构筑物,恢复原状;逾期不拆除、不恢复原状的,强行拆除,所需费用由违法单位或者个人负担,并处1万元以上10万元以下的罚款。未经水行政主管部门或者流域管理机构同意,擅自修建水工程,或者建设桥梁、码头和其他拦河、跨河、临河建筑物、构筑物,铺设跨河管道、电缆,且防洪法未作规定的,由县级以上人民政府水行政主管部门或者流域管理机构依据职权,责令停止违法行为,限期补办有关手续;逾期不补办或者补办未被批准的,责令限期拆除违法建筑物、构筑物;逾期不拆除的,强行拆除,所需费用由违法单位或者个人负担,并处1万元以上10万元以下的罚款。虽经水行政主管部门或者流域管理机构同意,但未按照要求修建前款所列工程设施的,由县级以上人民政府水行政主管部门或者流域管理机构依据职权,责令限期改正,按照情节轻重,处1万元以上10万元以下的罚款。”第六十九条规定:“有下列行为之一的,由县级以上人民政府水行政主管部门或者流域管理机构依据职权,责令停止违法行为,限期采取补救措施,处2万元以上10万元以下的罚款;情节严重的,吊销其取水许可证:(一)未经批准擅自取水的;(二)未依照批准的取水许可规定条件取水的。”

(三)《中华人民共和国海上交通安全法》、《中华人民共和国内河交通安全管理条例》对船舶航行、停泊、作业等内容作出了全面规定,如《中华人民共和国内河交通安全管理条例》第二十四条规定:“船舶应当在码头、泊位或者依法公布的锚地、停泊区、作业区停泊;遇有紧急情况,需要在其他水域停泊的,应当向海事管理机构报告。”第六十九条规定:“船舶未在码头、泊位或者依法公布的锚地、停泊区、作业区停泊的,由海事管理机构责令改正;拒不改正的，予以强行拖离，因拖离发生的费用由船舶所有人或者经营人承担。”第八十一条规定：“违反本条例的规定，船舶在内河航行、停泊或者作业，不遵守航行、避让和信号显示规则的，由海事管理机构责令改正，处1 000元以上1万元以下的罚款；情节严重的，对责任船员给予暂扣适任证书或者其他适任证件3个月至6个月直至吊销适任证书或者其他适任证件的处罚；造成重大内河交通事故的，依照刑法关于交通肇事罪或者其他罪的规定，依法追究刑事责任。”《中华人民共和国内河避碰规则》第二十五条规定：“船舶、排筏在锚地锚泊不得超出锚地范围。系靠不得超出规定的尺度。停泊不得遮蔽助航标志、信号。船舶、排筏禁止在狭窄、弯曲航道或者其他有碍他船航行的水域锚泊、系靠。”

四、本条规定的行政处罚的实施主体

本条规定的行政处罚的实施主体分别是安全生产监督管理部门、水行政主管部门、流域管理机构、海事管理机构等有关单位。公路管理机构在发现上述违法行为时，应及时通报给相关主管单位进行查处，也可以在进行初步的调查基础上，将案件移送给相关主管单位进行查处。

第五十八条　违反本条例第二十条规定的，由水行政主管部门或者流域管理机构责令改正，可以处3万元以下的罚款。

【释义】　本条是关于在公路桥梁跨越的河道上下游一定范围内采砂应承担的法律责任的规定。

在公路桥梁跨越的河道一定范围内采砂，将直接影响河道桥墩周围砂石稳固，严重危及公路桥梁通行安全，进而对人民群众生命财产安全造成威胁。《条例》第二十条为防止采砂造成公路桥梁损害，规定了在公路桥梁跨越的河道上下游禁止采砂的范围:一是特大型公路桥梁跨越的河道上游500米,下游3 000米;二是大型公路桥梁跨越的河道上游500米,下游2 000米;三是中小型公路桥梁跨越的河道上游500米,下游1 000米。在上述范围内进行采砂的,水行政主管部门或者流域管理机构首先应当责令行为人改正,同时根据情节可以决定是否一并作出3万元以下罚款处罚的决定。

执行时应当作好本条和《中华人民共和国水法》、《中华人民共和国河道管理条例》、《长江河道采砂管理条例》等法律法规相关条款的衔接。按照《中华人民共和国水法》、《中华人民共和国河道管理条例》、《长江河道采砂管理条例》等法律法规规定,国家对河道采砂实行许可以及禁采区、禁采期制度,在河道管理范围内进行采砂的,需要经有关部门审批。需要说明的是,《条例》第二十条规定的范围属于绝对禁采区,任何单位和个人均不得在任何时间以任何借口和理由在上述范围内进行采砂,也不存在经审批后可以开采的例外情况。

一、本条规定的违法行为的主体

(一)在特大型公路桥梁跨越的河道上游500米,下游3 000米范围内采砂的公民、法人和其他组织;

(二)在大型公路桥梁跨越的河道上游500米,下游2 000米范围内采砂的公民、法人和其他组织;

(三)在中小型公路桥梁跨越的河道上游500米,下游1 000米范围内采砂的公民、法人和其他组织。

二、本条规定的违法行为

(一)在特大型公路桥梁跨越的河道上游500米,下游3 000米范围内采砂的行为;

(二)在大型公路桥梁跨越的河道上游500米,下游2 000米范围内采砂的行为;

（三）在中小型公路桥梁跨越的河道上游500米，下游1 000米范围内采砂的行为。

三、本条规定的法律责任

本条规定的行政措施是责令改正，即由水行政主管部门或者流域管理机构责令改正在上述区域内非法采砂的违法行为。责令改正，是行政命令的一种，指行政机关为了预防或制止正在发生或可能发生的违法行为、危险状态以及不利后果而作出的要求违法行为人履行法定义务、停止违法行为、消除不良后果或恢复原状的具有强制性的决定。改正违法行为，包括必须停止违法行为和消除违法所造成的后果。《中华人民共和国行政处罚法》第二十三条的规定："行政机关在实施行政处罚时，应当责令当事人改正或者限期改正违法行为。"

本条规定的法律责任是行政责任，即行政处罚。本条规定，对违反条例规定在上述区域内非法从事采砂的违法行为，可以处3万元以下罚款的行政处罚。

四、本条规定的行政处罚的实施主体

本条规定的行政处罚的实施主体是水行政主管部门或者流域管理机构。公路管理机构在巡查中发现在上述区域内非法采砂违法行为时，应及时通报给水行政主管部门或者流域管理机构进行查处，也可以在进行初步的调查基础上，将案件移送给水行政主管部门或者流域管理机构进行查处。

第五十九条　违反本条例第二十二条规定的，由公路管理机构责令改正，处2万元以上10万元以下的罚款。

【释义】　本条是关于利用公路桥梁、公路隧道、涵洞进行危

害性施工活动或者其他危害行为应承担的法律责任的规定。

实践中,利用公路桥梁进行牵拉、吊装等危及公路桥梁安全的施工作业的行为,往往容易导致公路桥梁结构变形,承重构件损害错位,公路桥梁栏杆、扶手、防撞护栏等防护设施毁坏以及公路标志、照明设施等桥梁附属设施损毁等后果,对于公路桥梁自身安全性及通行安全都会产生极大危害。公路隧道是为公路从地层内部或者水底通过而修筑的建筑物,主要由洞身和洞门组成。公路涵洞是为宣泄地面水流而设置的横穿路堤的小型排水构造物,一般由基础、洞身、洞口组成,分为管涵、拱涵、箱涵、盖板涵等。利用公路桥梁(含桥下空间)、公路隧道、涵洞堆放物品,搭建设施以及铺设高压电线和输送易燃、易爆或者其他有毒有害气体、液体的管道的行为都是对公路桥梁(含桥下空间)、公路隧道、涵洞具有较大危害性的活动。因此,《条例》第二十二条作出了禁止性规定。

一、本条规定的违法行为的主体

(一)利用公路桥梁进行牵拉、吊装等危及公路桥梁安全的施工作业的公民、法人和其他组织;

(二)利用公路桥梁(含桥下空间)、公路隧道、涵洞堆放物品的公民、法人和其他组织;

(三)利用公路桥梁(含桥下空间)、公路隧道、涵洞搭建设施的公民、法人和其他组织;

(四)利用公路桥梁(含桥下空间)、公路隧道、涵洞铺设高压电线和输送易燃、易爆或者其他有害有毒气体、液体的管道的公民、法人和其他组织。

二、本条规定的违法行为

(一)利用公路桥梁进行牵拉、吊装等危及公路桥梁安全的

施工作业的行为;

(二)利用公路桥梁(含桥下空间)、公路隧道、涵洞堆放物品的行为;

(三)利用公路桥梁(含桥下空间)、公路隧道、涵洞搭建设施的行为;

(四)利用公路桥梁(含桥下空间)、公路隧道、涵洞铺设高压电线和输送易燃、易爆或者其他有害有毒气体、液体的管道的行为。

三、本条规定的法律责任

本条规定的法律责任是行政责任,即行政处罚。本条规定,对违反条例规定利用公路桥梁、公路隧道、涵洞进行危害性施工活动或者其他危害行为,处2万元以上10万元以下罚款的行政处罚。其中"以上"和"以下",都包括本数在内,货币单位是人民币。具体处罚数额,应由公路管理机构根据违法行为的情节轻重,在2万元以上10万元以下的幅度范围内实施自由裁量权,进行处罚。《中华人民共和国行政处罚法》第二十七条规定:"当事人有下列情形之一的,应当依法从轻或者减轻行政处罚:(一)主动消除或者减轻违法行为危害后果的;(二)受他人胁迫有违法行为的;(三)配合行政机关查处违法行为有立功表现的;(四)其他依法从轻或者减轻行政处罚的。""违法行为轻微并及时纠正,没有造成危害后果的,不予行政处罚。"需要明确的是,如果进行罚款的行政处罚,罚款数额起点为2万元。本条规定的行政措施是责令改正,即由公路管理机构责令违法行为人改正违法行为,包括必须停止违法行为和消除违法所造成的后果。

四、本条规定的行政处罚的实施主体

本条规定的行政处罚的实施主体是公路管理机构。

第六十条　违反本条例的规定，有下列行为之一的，由公路管理机构责令改正，可以处3万元以下的罚款：

（一）损坏、擅自移动、涂改、遮挡公路附属设施或者利用公路附属设施架设管道、悬挂物品，可能危及公路安全的；

（二）涉路工程设施影响公路完好、安全和畅通的。

【释义】　本条是关于违反《条例》第二十五条和第二十九条，进行影响公路附属设施安全的活动，以及涉路工程设施发生影响公路完好、安全和畅通情况有关主体应当承担的法律责任的规定。

《条例》第二十五条规定，禁止损坏、擅自移动、涂改、遮挡公路附属设施或者利用公路附属设施架设管道、悬挂物品。违反该规定，将对公路安全产生影响。第二十九条规定，涉路工程设施的所有人、管理人应当加强维护和管理，确保工程设施不影响公路的完好、安全和畅通。违反该规定，易发生涉路工程设施倾倒、下沉、错位等影响公路完好、安全和畅通情况。

一、本条规定的违法行为的主体

（一）从事损坏、擅自移动、涂改、遮挡公路附属设施并可能危及公路安全的公民、法人和其他组织；

（二）从事利用公路附属设施架设管道、悬挂物品并可能危及公路安全的公民、法人和其他组织；

（三）未尽维护和管理义务，致使涉路工程设施影响公路完好、安全和畅通的涉路工程设施的所有人和管理人。

二、本条规定的违法行为

（一）从事损坏、擅自移动、涂改、遮挡公路附属设施并可能危及公路安全的行为，该行为要件包括：一是实施了损坏、擅自移动、涂改、遮挡公路附属设施的行为；二是上述行为具有危及公路安全的可能性。在两项要件齐备的情况下，应当承担法律责任；

（二）从事利用公路附属设施架设管道、悬挂物品并可能危及公路安全的行为，该行为要件包括：一是实施了利用公路附属设施架设管道、悬挂物品的行为；二是上述行为具有危及公路安全的可能性。在两项要件齐备的情况下，应当承担法律责任；

（三）涉路工程设施的所有人和管理人不加强对涉路工程设施的维护和管理，影响公路完好、安全和畅通的行为。

三、本条规定的法律责任

本条规定的法律责任是行政责任，即行政处罚。本条规定，对违反《条例》规定进行影响公路附属设施安全的活动，以及涉路工程设施发生影响公路完好、安全和畅通情况的行为，可以处3万元以下的罚款。这里的3万元，是罚款数额的最高限额。具体处罚数额，应由公路管理机构根据违法行为的情节轻重，在3万元以下的幅度范围内实施自由裁量权进行处罚。

本条规定的行政措施是责令改正，即由公路管理机构责令违法行为人改正违法行为，包括必须停止违法行为和消除违法所造成的后果。

四、本条规定的行政处罚的实施主体

本条规定的行政处罚的实施主体是公路管理机构。

5

第六十一条　违反本条例的规定，未经批准更新采伐护路林的，由公路管理机构责令补种，没收违法所得，并处采伐林木价值3倍以上5倍以下的罚款。

【释义】　本条是关于违反《条例》第二十六条擅自采伐公

路护路林应承担的法律责任的规定。

《公路法》第四十二条规定，需要更新砍伐公路用地上的树木的，应当经县级以上地方人民政府交通运输主管部门同意后，依照《中华人民共和国森林法》的规定办理审批手续，并完成更新补种任务。《中华人民共和国森林法》第三十二条规定，公路的护路林的更新采伐，由有关主管部门依照有关规定审核发放采伐许可证。《条例》第二十六条规定，禁止破坏公路、公路用地范围内的绿化物。需要更新采伐护路林的，应当向公路管理机构提出申请，经批准方可更新采伐，并及时补种；不能及时补种的，应当缴纳补种所需费用，由公路管理机构代为补种。

一、本条规定的违法行为的主体

违法行为主体是未经批准更新采伐公路护路林的公民、法人和其他组织。

二、本条规定的违法行为

本条规定的违法行为指“未经批准更新采伐护路林”的行为，包括未取得公路管理机构采伐许可进行的采伐、超出公路管理机构批准的采伐限额进行的采伐、未按公路管理机构批准的采伐种类等内容进行采伐、超出公路管理机构批准的采伐时间进行采伐等情形。

三、本条规定的法律责任

本条规定的法律责任是行政责任，即行政处罚。本条规定，对违反条例规定未经批准更新采伐护路林的，没收违法所得，并处采伐林木价值3倍以上5倍以下的罚款。没收违法所得也是行政处罚的种类之一，是行政机关将行政违法行为人占有的，通过违法途径和方法取得的财产收归国有的制裁方法。违法所得，包含违法所得的钱财和物品，违法行为人对采伐的林木有变卖等获利行为的，则没收违法所得的钱财；违法行为人对采伐的林木未进行变卖而直接占有的，则没收违法所得的林木。处采伐林木价值3倍以上5倍以下的罚款，这里是并处，即在没收违法所得的同时，必须进行处罚。对于采伐林木价值，应当以市场价值来计算，该市场价值可委托专业鉴定机构或评估机构通过鉴定或评估来确认。

本条规定的行政措施是责令改正，即对未经批准更新采伐护路林的，由公路管理机构责令违法行为人进行补种。

四、本条规定的行政处罚的实施主体

本条规定的行政处罚的实施主体是公路管理机构。需要明确的是，对于非更新采伐护路林的，以及未经批准采伐公路用地以外的林木的，由林业部门依法进行管理。

第六十二条 违反本条例的规定，未经许可进行本条例第二十七条第一项至第五项规定的涉路施工活动的，由公路管理机构责令改正，可以处3万元以下的罚款；未经许可进行本条例第二十七条第六项规定的涉路施工活动的，由公路管理机构责令改正，处5万元以下的罚款。

【释义】 本条是关于违反《条例》第二十七条第一项至第六项规定擅自进行涉路施工活动应承担的法律责任的规定。

《条例》第二十七条规定，下列涉路施工活动，建设单位应当向公路管理机构提出申请：（一）因修建铁路、机场、供电、水利、通信等建设工程需要占用、挖掘公路、公路用地或者使公路改线；（二）跨越、穿越公路修建桥梁、渡槽或者架设、埋设管道、电缆等设施；（三）在公路用地范围内架设、埋设管道、电缆等设施；

（四）利用公路桥梁、公路隧道、涵洞铺设电缆等设施；（五）利用跨越公路的设施悬挂非公路标志；（六）在公路上增设或者改造平面交叉道口；（七）在公路建筑控制区内埋设管道、电缆等设施。《条例》规定的内容基本上在《公路法》中已经有相应的法律责任条款。如《公路法》第七十六条规定，擅自占用、挖掘公路的；未经同意或者未按照公路工程技术标准的要求修建桥梁、渡槽或者架设、埋设管线、电缆等设施的，由交通运输主管部门责令停止违法行为，可以处 3 万元以下的罚款。《公路法》第八十条规定，未经批准在公路上增设平面交叉道口的，由交通运输主管部门责令恢复原状，处 5 万元以下的罚款。

一、本条规定的违法行为

（一）未经公路管理机构许可，因修建铁路、机场、供电、水利、通信等建设工程需要占用、挖掘公路、公路用地或者使公路改线的行为；

（二）未经公路管理机构许可，跨越、穿越公路修建桥梁、渡槽或者架设、埋设管道、电缆等设施的行为；

（三）未经公路管理机构许可，在公路用地范围内架设、埋设管道、电缆等设施的行为；

（四）未经公路管理机构许可，利用公路桥梁、公路隧道、涵洞铺设电缆等设施的行为；

（五）未经公路管理机构许可，利用跨越公路的设施悬挂非公路标志的行为；

（六）未经公路管理机构许可，在公路上增设或者改造平面交叉道口的行为。

二、本条规定的法律责任

本条规定的行政措施是责令改正，即对未经公路管理机构许可，从事《条例》第二十七条第一项至第六项的涉路施工活动的,由公路管理机构责令其改正。

本条规定的法律责任是行政处罚。本条规定的罚款限额有两个层次。一是对未经公路管理机构许可,从事《条例》第二十七条第一项至第五项的涉路施工活动的,公路管理机构可以处3万元以下的罚款。二是对未经公路管理机构许可,从事《条例》第二十七条第六项的涉路施工活动的,公路管理机构处5万元以下的罚款。

对于未经公路管理机构许可,从事《条例》第二十七条第七项的涉路施工活动的,本条并未提及。对该项违法行为,在《条例》第五十六条明确了法律责任。

本条规定的"未经许可"进行涉路施工活动,指的是未取得公路管理机构的许可即进行涉路施工活动,也包括超出许可范围、内容,以及不按照许可的设计和施工方案等情况进行涉路施工的活动。

三、本条规定的行政处罚的实施主体

本条规定的行政处罚的实施主体是公路管理机构。

第六十三条　违反本条例的规定,非法生产、销售外廓尺寸、轴荷、总质量不符合国家有关车辆外廓尺寸、轴荷、质量限值等机动车安全技术标准的车辆的,依照《中华人民共和国道路交通安全法》的有关规定处罚。

具有国家规定资质的车辆生产企业未按照规定车型和技术参数改装车辆的,由原发证机关责令改正,处4万元以上20万元以下的罚款;拒不改正的,吊销其资质证书。

【释义】　本条是对违反《条例》第三十条、第三十二条规定不按标准生产车辆,生产企业未按照规定改装车辆应当承担的

法律责任的规定。

《条例》第三十条规定，车辆的外廓尺寸、轴荷和总质量应当符合国家有关车辆外廓尺寸、轴荷、质量限值等机动车安全技术标准，不符合标准的不得生产、销售。第三十二条规定，运输不可解体物品需要改装车辆的，应当由具有相应资质的车辆生产企业按照规定的车型和技术参数进行改装。

一、本条规定的违法行为的主体

（一）违反《条例》的规定，非法生产外廓尺寸、轴荷、总质量不符合国家有关车辆外廓尺寸、轴荷、质量限值等机动车安全技术标准的车辆的公民、法人和其他组织；

（二）违反《条例》的规定，非法销售外廓尺寸、轴荷、总质量不符合国家有关车辆外廓尺寸、轴荷、质量限值等机动车安全技术标准的车辆的公民、法人和其他组织；

（三）运输不可解体物品需要改装车辆时，具有国家规定资质但是未按照规定车型和技术参数改装车辆的车辆生产企业。

二、本条规定的违法行为

（一）非法生产外廓尺寸、轴荷、总质量不符合国家有关车辆外廓尺寸、轴荷、质量限值等机动车安全技术标准的车辆的行为；

（二）非法销售外廓尺寸、轴荷、总质量不符合国家有关车辆外廓尺寸、轴荷、质量限值等机动车安全技术标准的车辆的行为；

（三）运输不可解体物品需要改装车辆时，具有国家规定资质的车辆生产企业未按照规定车型和技术参数改装车辆的行为。

三、本条规定的法律责任

（一）本条第一款规定的法律责任

根据本条第一款规定，对于违反《条例》第三十条规定，非法生产、销售外廓尺寸、轴荷、总质量不符合国家有关道路车辆外廓尺寸、轴荷、质量限值等机动车安全技术标准的车辆的，按照《中华人民共和国道路交通安全法》有关规定处罚。根据《中华人民共和国道路交通安全法》第一百零三条第二款至第五款的规定："机动车生产企业经国家机动车产品主管部门许可生产的机动车型，不执行机动车国家安全技术标准或者不严格进行机动车成品质量检验，致使质量不合格的机动车出厂销售的，由质量技术监督部门依照《中华人民共和国产品质量法》的有关规定给予处罚。""擅自生产、销售未经国家机动车产品主管部门许可生产的机动车型的，没收非法生产、销售的机动车成品及配件，可以并处非法产品价值 3 倍以上 5 倍以下的罚款；有营业执照的，由工商行政管理部门吊销营业执照，没有营业执照的，予以查封。""生产、销售拼装的机动车或者生产、销售擅自改装的机动车的，依照本条第三款的规定处罚。""有本条第二款、第三款、第四款所列违法行为，生产或者销售不符合机动车国家安全技术标准的机动车，构成犯罪的，依法追究刑事责任。"

据此，对这类行为有三种处理情况：

一是合法的机动车生产企业生产国家机动车产品主管部门许可生产的机动车型时，没有执行国家有关道路车辆外廓尺寸、轴荷、质量限值等机动车国家安全技术标准，导致质量不合格的产品出厂销售的，由产品质量监督部门按照《中华人民共和国产品质量法》第四十九条等条款规定，责令其停止生产，没收违法生产的车辆，并处违法生产车辆货值金额等值以上三倍以下的罚款；有违法所得的，并处没收违法所得；情节严重的，由工商行政管理部门吊销营业执照等；

二是任何单位和个人生产、销售不符合国家有关道路车辆外廓尺寸、轴荷、质量限值等机动车安全技术标准的车辆，同时又不属于国家机动车产品主管部门许可生产的机动车型的，应当没收非法生产、销售的机动车成品及配件，可以并处非法产品价值3倍以上5倍以下的罚款；有营业执照的，由工商行政管理部门吊销营业执照，没有营业执照的，予以查封；

三是上述行为构成犯罪的，依法追究刑事责任。按照《中华人民共和国刑法》第一百四十六条规定，对于生产不符合国家有关道路车辆外廓尺寸、轴荷、质量限值等机动车安全技术标准的车辆，或者销售明知是上述车辆，造成严重后果的，应当处5年以下有期徒刑，并处销售金额50%以上2倍以下罚金；后果特别严重的，处5年以上有期徒刑，并处销售金额50%以上2倍以下罚金。

（二）本条第二款规定的法律责任

公路特种运输车辆一般用于专门运输超高、超宽、超重物品，如大型水利发电机组，同时也有一些特殊工业材料如核反应堆的运输等。由于运输不可解体的大件货物的需要，具有国家规定资质的车辆生产企业往往根据运输货物的长、宽、高、重量以及形状等对特种运输车辆进行改装。但是，如果改装行为不是按照国家规定的车型和技术参数进行，对公路安全和交通安全都具有一定危害。本条第二款规定，对这种违法改装行为，应当由核发车辆生产企业资质的原发证机关责令其改正，并处罚款，根据违法情节、后果等酌定罚款数额；对拒不改正的，包括企业明确不予改正、消极对待不予改正以及虽经改正但未达到按照规定车型和技术参数改装效果等情况，由原发证机关吊销其资质证书。

运输不可解体物品需要改装车辆时，对于不具备国家规定资质的单位或个人实施改装车辆的，无论其改装的车辆是否按照规定车型和技术参数进行改装，其行为均是违法的，应依照《中华人民共和国道路交通安全法》第一百零三条的规定，按生产擅自改装的机动车行为处理，应当没收非法生产、销售的机动车成品及配件，可以并处非法产品价值3倍以上5倍以下的罚款；有营业执照的，由工商行政管理部门吊销营业执照，没有营业执照的，予以查封。

四、本条规定的行政处罚的实施主体

根据本条及《中华人民共和国道路交通安全法》、《中华人民共和国产品质量法》、《无照经营查处取缔办法》等相关规定，本条规定的行政处罚的实施主体是产品质量监督部门、工商行政管理部门、车辆生产企业资质的发证机关。

第六十四条　违反本条例的规定，在公路上行驶的车辆，车货总体的外廓尺寸、轴荷或者总质量超过公路、公路桥梁、公路隧道、汽车渡船限定标准的，由公路管理机构责令改正，可以处3万元以下的罚款。

【释义】　本条是关于违反《条例》第三十三条、第三十五条规定超过公路、公路桥梁、公路隧道、汽车渡船的限定标准进行运输应当承担的法律责任的规定。

由于公路、公路桥梁、公路隧道以及汽车渡船承载能力均有限定标准，超过标准行驶的，很容易造成公路、公路桥梁等损坏甚至发生桥梁坍塌事故等后果。《公路法》第五十条和《条例》第三十三条第一款均对此作出了禁止性规定，即超过公路、公路桥梁、公路隧道限载、限高、限宽、限长标准的车辆，不得在公路、公路桥梁或者公路隧道行驶，超过汽车渡船限载、限高、限宽、限长标准的车辆，不得使用汽车渡船。这里的限载、限高、限款、限长标准，既包括国家规定的法定标准，也包括因特殊情形下设置的特别限定标准。

对于车辆载运不可解体物品，车货总体的外廓尺寸或者总质量超过公路、公路桥梁、公路隧道的限载、限高、限宽、限长标准，确需在公路、公路桥梁、公路隧道行驶的，根据《公路法》第五十条和《条例》第三十五条均规定，从事运输的单位和个人应当

向公路管理机构申请公路超限运输许可，在经过公路管理机构审查并采取相应措施后，方可通行。

一、本条规定的违法行为的主体

（一）违反《条例》第三十三条的规定，超过公路、公路桥梁、公路隧道限载、限高、限宽、限长标准行驶，使用汽车渡船渡运超过渡船限载、限高、限宽、限长标准车辆的公民、法人和其他组织；

（二）违反《条例》第三十五条的规定，运载不可解体物品，车货总体外廓尺寸或者总质量超过公路、公路桥梁、公路隧道的限载、限高、限宽、限长标，确需在公路、公路桥梁、公路隧道行驶，但未经公路管理机构许可的公民、法人或其他组织。

二、本条规定的违法行为

（一）违反《条例》第三十三条的规定，超过公路、公路桥梁、公路隧道限载、限高、限宽、限长标准行驶的行为，使用汽车渡船渡运超过渡船限载、限高、限宽、限长标准车辆的行为；

（二）违反《条例》第三十五条的规定，运载不可解体物品，车货总体外廓尺寸或者总质量超过公路、公路桥梁、公路隧道的限载、限高、限宽、限长标，确需在公路、公路桥梁、公路隧道行驶，但未经公路管理机构许可，擅自行驶的行为。

对已经按照《条例》第三十五条规定办理了超限运输许可手续，则不属于本条规定的违法行为。

三、本条规定的法律责任

对于违反《条例》规定的上述违法行为，应当由公路管理机构首先责令改正，包括责令卸载、责令重装、责令分装货物等措施，直至符合要求。其次，公路管理机构可以处 3 万元以下的罚款。是否对其并处罚款及具体罚款数额，应当综合考虑违法情节、后果等情况合理进行自由裁量、确定。

四、本条规定的行政处罚的实施主体

本条规定的行政处罚的实施主体是公路管理机构。

第六十五条　违反本条例的规定，经批准进行超限运输的车辆，未按照指定时间、路线和速度行驶的，由公路管理机构或者公安机关交通管理部门责令改正；拒不改正的，公路管理机构或者公安机关交通管理部门可以扣留车辆。

未随车携带超限运输车辆通行证的，由公路管理机构扣留车辆，责令车辆驾驶人提供超限运输车辆通行证或者相应的证明。

租借、转让超限运输车辆通行证的，由公路管理机构没收超限运输车辆通行证，处1 000元以上5 000元以下的罚款。使用伪造、变造的超限运输车辆通行证的，由公路管理机构没收伪造、变造的超限运输车辆通行证，处3万元以下的罚款。

【释义】　本条是关于违反《条例》第三十八条关于经批准的超限运输车辆未按要求行驶以及违反超限运输车辆通行证管理要求应承担的法律责任的规定。

一、本条规定的违法行为的主体

（一）对已经取得超限运输许可但不按照指定的时间、路线和速度行驶的从事运输的单位和个人；

（二）对车辆经批准进行超限运输但不随车携带超限运输车辆通行证的从事运输的单位和个人；

（三）租借、转让超限运输车辆通行证的单位和个人；

（四）使用伪造、变造的超限运输车辆通行证的公民、法人和

其他组织。

《条例》第三十五条规定，车辆载运不可解体物品，车货总体的外廓尺寸或者总质量超过公路、公路桥梁、公路隧道的限载、限高、限宽、限长标准，确需在公路、公路桥梁、公路隧道行驶的，从事运输的单位和个人应当向公路管理机构申请公路超限运输许可。因此，与本条规定相对应的相关违法行为的主体应该是"从事运输的单位和个人"。从事运输的单位和个人，既包括承运人（与发包人签订货物运输合同，承接货运业务并获取运输对价收益的单位和个人），也包括实际使用的车辆所有人（包括法定车主和实际车主），也包括实际使用和管理的车辆的驾驶人。

二、本条规定的违法行为

（一）对已经取得超限运输许可但不按照指定的时间、路线和速度行驶的从事运输的行为。需要强调的是，这里所说的违法行为仅指不按照指定的时间、路线和速度行驶的违法行为，并不包括车载货物超出许可要求的总质量或者外廓尺寸等其他违法行为，后者严重违反了许可规定，不适用本条的法律责任，应当按照《条例》第六十四条规定，由公路管理机构责令改正，可以处3万元以下的罚款；

（二）对车辆经批准进行超限运输但不随车携带超限运输车辆通行证的从事运输的行为；

（三）租借、转让超限运输车辆通行证的行为；

（四）使用伪造、变造的超限运输车辆通行证的行为。

三、本条规定的法律责任

（一）对车辆经批准进行超限运输但不按照指定的时间、路线和速度行驶的从事运输的行为，由公路管理机构或者公安机关交通管理部门责令改正；拒不改正的，公路管理机构或者公安机关交通管理部门可以扣留车辆。这里，责令改正是行政命令，扣留车辆是行政强制措施。由于工程建设、企业生产等特殊需要，对于超过公路、公路桥梁、公路隧道限定标准的车辆载运不可解体的大件物品，确需在公路、公路桥梁和公路隧道行驶的，必须按照《条例》第三十五条至第三十八条规定取得超限运输许可。由于此类超限运输所经沿线的公路、公路桥梁、公路隧道限定标准不同，为最大限度地保障安全，许可机关在审批超限运输申请时往往为其指定行驶的时间、路线和速度，并悬挂明显的标志以起到警示作用。

对于未按照指定时间、路线和速度行驶的，既危害了公路、公路桥梁和公路隧道的安全、完好和畅通，对道路交通安全也具有较大影响。《中华人民共和国道路交通安全法》第四十八条第二款规定，机动车运载超限的不可解体的物品，影响交通安全的，应当按照指定的时间、路线、速度行驶，悬挂明显标志。《条例》第三十六条第二款也规定，公路超限运输影响交通安全的，公路管理机构在审批超限运输申请时，应当征求公安机关交通管理部门意见。因此，公安机关交通管理部门应当依法进行管理。故本条规定，由公路管理机构或者公安机关交通管理部门责令其改正，监督其按照事先指定的时间、路线和速度行驶。如果违法车辆拒不改正，公路管理机构或者公安机关交通管理部门均有权对其车辆进行扣留。

（二）对车辆经批准进行超限运输但不随车携带超限运输车辆通行证的从事运输的行为，本条规定，由公路管理机构扣留车辆，责令车辆驾驶人提供超限运输车辆通行证或者相应的证明。“未随车携带”包括已经取得了超限运输车辆通行证，但未随车携带，也包括未取得超限运输车辆通行证，但声称已取得只是未携带等情况。对此类行为，应当由公路管理机构扣留车辆，责令车辆驾驶人提供超限运输车辆通行证或者相应的证明，如果车辆驾驶人提供了超限运输车辆通行证或者相应的证明，则应当放行车辆；如果车辆驾驶人属于未取得超限运输车辆通行证的，则应当按照违反《条例》第三十三条和第六十四条规定超过公路、公路桥梁、公路隧道的限定标准进行运输的情况进行处罚。

（三）对租借、转让超限运输车辆通行证的行为，主要是针对依法取得超限运输车辆通行证但又将其非法租借、转让的单位和个人。在超限运输车辆通行证租借、转让关系中，这些单位和个人处于转让方的地位，是合法证件用于非法活动的提供者，对于违法超限运输行为的发生负有重要责任。对于租借、转让关系的受让方，即那些通过租借、转让获得超限运输车辆通行证的单位和个人，由于其本身并没有获取相关许可，从本质上讲是未取得超限运输许可而擅自进行超限运输的违法行为，应当按照《条例》第六十四条规定，由公路管理机构责令改正，可以处3万元以下的罚款，而不适用本条规定。

（四）对使用伪造、变造的超限运输车辆通行证的行为，本条规定由公路管理机构没收伪造、变造的超限运输车辆通行证，处3万元以下的罚款。以往执法实践中，有人对使用伪造、变造证件的主张除按使用伪造、变造证件违法行为进行处罚外，还应当以无证行为再进行处罚，具体到本条，也就是认为使用伪造、变造的超限运输车辆通行证的，同时违反了《条例》第三十三条未经批准禁止超过公路、公路桥梁、公路隧道的限定标准进行运输的规定，属于超限运输违法行为，应当同时按照《条例》第六十四条进行处罚。按照行政处罚法的立法理念，这种认识是不妥的。使用伪造、变造超限运输车辆通行证进行超限运输的行为，视同于违法进行超限运输，因此立法中对使用伪造、变造超限运输车辆通行证的设定了与违法进行超限运输相同的罚款幅度。同时，考虑到使用伪造、变造超限运输车辆通行证是利用一种违法行为掩盖另一种违法行为，在执法中可以根据其性质较为恶劣，在规定的处罚幅度内给予较高限额的处罚。

以上是对使用伪造、变造超限运输车辆通行证的违法行为的法律责任，那么对伪造、变造超限运输车辆通行证的违法行为应当承担何种责任？《中华人民共和国治安管理处罚法》第五十二条规定："有下列行为之一的，处10日以上15日以下拘留，可以并处1 000元以下罚款；情节较轻的，处5日以上10日以下拘留，可以并处500元以下罚款：（一）伪造、变造或者买卖国家机关、人民团体、企业、事业单位或者其他组织的公文、证件、证明文件、印章的；（二）买卖或者使用伪造、变造的国家机关、人民团体、企业、事业单位或者其他组织的公文、证件、证明文件的；（三）伪造、变造、倒卖车票、船票、航空客票、文艺演出票、体育比赛入场券或者其他有价票证、凭证的；（四）伪造、变造船舶户牌，买卖或者使用伪造、变造的船舶户牌，或者涂改船舶发动机号码的。"该法所称证件，是指国家机关、人民团体、企业、事业单位或者其他组织制作颁发的用以证明身份、权利、义务关系或者有关事实的凭证。超限运输车辆通行证即属于此类证件，伪造、变造超限运输车辆通行证的，由公安机关处10日以上15日以下拘留，可以并处1 000元以下罚款；情节较轻的，处5日以上10日以下拘留，可以并处500元以下罚款。此外，伪造、变造超限运输车辆通行证还可能构成伪造、变造、买卖国家机关公文、证件、印章罪，需承担相应的刑事责任。如《中华人民共和国刑法》第二百八十条第一款规定："伪造、变造、买卖或者盗窃、抢夺、毁灭国家机关的公文、证件、印章的，处3年以下有期徒刑、拘役、管制或者剥夺政治权利；情节严重的，处3年以上10年以下有期徒刑。"

另外，租借、转让、伪造、变造的行为不论是否有偿均属于本条规定的违法行为。同时，对于解决这类行为，公路管理机构应当进一步通过技术手段提高超限运输车辆通行证的防伪度，并逐步进行超限运输许可数据网络化，进一步完善路面治超监控网络，增加证件违法行为的难度和成本。

四、本条规定的行政处罚的实施主体

本条规定的行政处罚的实施主体是公路管理机构、公安机关交通管理部门。

(一)对经批准进行超限运输的车辆,未按照指定时间、路线和速度行驶的,由公路管理机构或者公安机关交通管理部门责令改正;拒不改正的,公路管理机构或者公安机关交通管理部门可以扣留车辆;

(二)对未随车携带超限运输车辆通行证的,由公路管理机构扣留车辆,责令车辆驾驶人提供超限运输车辆通行证或者相应的证明;

(三)对租借、转让超限运输车辆通行证的,由公路管理机构没收超限运输车辆通行证,处1 000 元以上5 000 元以下的罚款;

(四)对使用伪造、变造的超限运输车辆通行证的,由公路管理机构没收伪造、变造的超限运输车辆通行证,处3 万元以下的罚款。

第六十六条　对1 年内违法超限运输超过3 次的货运车辆,由道路运输管理机构吊销其车辆营运证;对1 年内违法超限运输超过3 次的货运车辆驾驶人,由道路运输管理机构责令其停止从事营业性运输;道路运输企业1 年内违法超限运输的货运车辆超过本单位货运车辆总数10%的,由道路运输管理机构责令道路运输企业停业整顿;情节严重的,吊销其道路运输经营许可证,并向社会公告。

【释义】　本条是关于在一定期限内连续违法进行超限运输的货运车辆、货运车辆驾驶人、道路运输企业应当承担的法律责任的规定。

本条的规定是和道路运输企业、人员、车辆信誉体系相结合的超限治理措施。近年来,各地交通运输主管部门、公路管理机构、道路运输管理机构纷纷探索了通过道路运输企业、人员、车辆信誉管理推进车辆超限超载治理的措施,包括建立实行违法超限车辆“黑名单”制度,超限车辆、驾驶员及企业信誉档案制度等,对于相关超限运输违法信息进行记载,并结合信誉情况采取说服教育、重点监控等不同措施,实践中取得了较好的效果。2007 年,全国治理车辆超限超载工作领导小组发布了《关于印发全国车辆超限超载长效治理实施意见的通知》,其中明确要“建立货运企业及从业人员信息系统及信誉档案,登记、抄告超限超载运输车辆和企业等信息,并结合道路运输企业质量信誉考核制度,进行源头处罚”,“实行重点运输企业及从业人员黑名单制度。对 1 年内超过 3 次以上(含 3 次)的车辆或驾驶人,要列入‘黑名单’予以曝光,并由原发证机关撤销其道路运输营运证或从业资格证”。对于道路运输企业的质量信誉考核制度,按照 2006 年原交通部以交公路发〔2006〕294 号文印发的《道路运输企业质量信誉考核办法(试行)》的规定,包括运输安全考核、经营违章情况考核、服务质量考核、社会责任考核等指标,根据考核情况分别授予企业不同的信誉等级。这些制度和做法有效地推进了车辆超限超载治理工作。本条正是在总结近年来车辆超限超载治理经验的基础上,进一步通过行政法规对这些经验加以提炼、总结和巩固所作的规定。

一、本条规定的违法行为的主体

(一)1 年内违法超限运输超过 3 次的货运车辆业主;实践中,货运车辆业主一般指取得车辆营运证的货运经营企业或者个体运输工商户,具体以车辆营运证上核定的业主为准;

(二)1 年内违法超限运输超过 3 次的货运车辆驾驶人;

(三)1 年内违法超限运输的货运车辆超过本单位货运车辆

总数10%的道路运输企业。

二、本条规定的违法行为

（一）货运车辆1年内违法超限运输超过3次的；

（二）货运车辆驾驶员在1年内违法超限运输超过3次的；

（三）道路运输企业1年内违法超限运输的货运车辆超过本单位货运车辆总数10%的；

（四）道路运输企业的货运车辆违法超限运输具有情节严重的其他行为。

三、本条规定的法律责任

（一）对1年内违法超限运输超过3次的货运车辆，由道路运输管理机构吊销其车辆营运证。吊销车辆营运证，是行政处罚种类的一种。按照《中华人民共和国行政处罚法》的规定，吊销车辆营运证只能适用一般程序进行处罚，并且在作出处罚决定前，必须告知当事人有要求举行听证的权利，当事人要求听证的，必须组织听证。

（二）对1年内违法超限运输超过3次的货运车辆驾驶人，由道路运输管理机构责令其停止从事营业性运输。货运车辆驾驶人不得再从事营业性运输，只能从事非营业性运输。

（三）对道路运输企业1年内违法超限运输的货运车辆超过本单位货运车辆总数10%的，由道路运输管理机构责令道路运输企业停业整顿；情节严重的，吊销其道路运输经营许可证，并向社会公告。责令停业整顿是行政处罚中的种类之一，是指行政处罚机关对被处罚人作出的暂停生产或经营进行整顿的行政处罚，属于行政处罚中的资格或能力处罚。作出责令停业整顿处罚的，只能适用一般程序进行处罚，并且在作出处罚决定前，必须告知当事人有要求举行听证的权利，当事人要求听证的，必须组织听证。情节严重，指违法情节严重，或者造成较严重后果的。如1年内违法超限运输的货运车辆超过本单位货运车辆总数10%的；或者本单位大量货运车辆被吊销车辆营运证或者大量驾驶员被责令停止营业性运输的；或者因违法超限运输导致公路、公路桥梁、公路毁损造成重大损失的等，都可以认定为违法情节严重。具体是否情节严重，由道路运输管理机构进行自由裁量确定。

四、本条规定的行政处罚的实施主体

本条规定的行政处罚的实施主体是道路运输管理机构。道路运输管理机构依法进行管理，取决于公路管理机构的现场查处后将相关违法信息抄告道路运输管理机构。交通运输部及地方各级交通运输主管部门、公路管理机构和道路运输管理机构应当尽快建立货运企业及从业人员信息系统及信誉档案，制定登记、抄告超限运输车辆和企业等信息相关制度，以保障本条的顺利实施。

第六十七条　违反本条例的规定，有下列行为之一的，由公路管理机构强制拖离或者扣留车辆，处3万元以下的罚款：

（一）采取故意堵塞固定超限检测站点通行车道、强行通过固定超限检测站点等方式扰乱超限检测秩序的；

（二）采取短途驳载等方式逃避超限检测的。

【释义】　本条是关于违反《条例》第四十条第二款规定扰乱超限检测秩序或者逃避超限检测应当承担的法律责任的规定。

根据《条例》第三十九条规定，经省、自治区、直辖市人民政府批准，有关交通运输主管部门可以设立固定超限检测站点，配备必要的设备和人员。公路管理机构应当加强对固定超限检测站点的管理。同时，《条例》第四十条也规定，公路管理机构在监督检查中发现车辆超过公路、公路桥梁、公路隧道或者汽车渡船的限载、限高、限宽、限长标准的，应当就近引导至固定超限检测站点进行处理。因此，固定超限检测站点的正常超限检测秩序的维护应该得到法律保障，否则，超限检测秩序将受到严重干扰，不能实现超限检测和管理的行政目标。为此，《条例》第四十条第二款规定，车辆应当按照超限检测指示标志或者公路管理机构监督检查人员的指挥接受超限检测，不得故意堵塞固定超限检测站点通行车道、强行通过固定超限检测站点或者以其他方式扰乱超限检测秩序，不得采取短途驳载等方式逃避超限检测。第四十条第三款规定，禁止通过引路绕行等方式为不符合国家有关载运标准的车辆逃避超限检测提供便利。

一、本条规定的违法行为的主体

（一）采取故意堵塞固定超限检测站点通行车道、强行通过固定超限检测站点等方式扰乱超限检测秩序的公民、法人和其他组织；

（二）采取短途驳载、通过引路绕行等方式逃避超限检测的公民、法人和其他组织。

二、本条规定的违法行为

（一）采取故意堵塞固定超限检测站点通行车道、强行通过固定超限检测站点等方式扰乱超限检测秩序的行为。固定超限检测站点是路面治超监控网络的重要组成部分。实践中，由于各方面原因，扰乱检测秩序的行为时有发生，不仅影响了超限检测秩序，同时对于车辆通行秩序甚至交通安全和社会治安均会造成一定程度的影响。本条规定的"扰乱超限检测秩序"的行为比较典型的有强行闯站、集团闯站、恶意堵车、锁门离开、拒绝检测、不按指挥检测、聚众闹事、破坏设施等违法行为。这里用了

"等方式",是在列举的同时使用了兜底的条款,因为对各类扰乱超限检测秩序的行为的列举是不能穷尽的。违法行为人主观上必须存在故意,非因故意,经查证确有客观原因,如车辆制动失灵等情况不属于本条规定的违法行为。

(二)采取短途驳载、通过引路绕行等方式逃避超限检测的行为。超限车辆除了前述恶意扰乱超限检测秩序的行为,还存在逃避超限检测的情况,如通过引路绕行等故意行为,绕道行走避开固定超限检测站;或者先卸后载短途驳载等。本条这里用的"等方式"。也是在列举的同时使用了"兜底"的条款,因为对各类逃避超限检测的行为的列举也是不能穷尽的。

三、本条规定的法律责任

根据本条规定,采取故意堵塞固定超限检测站点通行车道、强行通过固定超限检测站点等方式扰乱超限检测秩序的,或者采取短途驳载等方式逃避超限检测的,由公路管理机构强制拖离或者扣留车辆,处3万元以下的罚款。这里,强制拖离或者扣留车辆,是行政强制措施,是公路管理机构在实施超限检测这一行政管理的过程中,依法对公民、法人或者其他组织的车辆这一财产实施强制拖离或扣留这一暂时性控制的措施,保障超限检测站点良好的超限检测秩序、防止车辆故意逃避超限检测,保障超限检测这一行政管理的顺利进行的重要行政手段。处3万元以下的罚款,是一种行政处罚,3万元是罚款限额,具体罚款数额,由公路管理机构根据违法情节及危害后果进行自由裁量。

需要明确的是,对于不符合国家有关载运标准的车辆通过引路绕行等方式逃避超限检测的,应当依照本条规定,由公路管理机构进行相应的处理;对通过引路绕行等方式为不符合国家有关载运标准的车辆逃避超限检测提供便利的单位和个人,也就是对俗称的"黄牛"、"车托"等,则公路管理机构无权处理,应由公安机关依法处理。

超限检测行为属于行政执法行为，对于故意堵塞固定超限检测站点通行车道、强行通过扰乱超限检测秩序的行为，同时也属于阻碍国家机关工作人员依法执行职务的行为。根据《中华人民共和国治安管理处罚法》第五十条规定，有阻碍国家机关工作人员依法执行职务的行为的，由公安机关处警告或者200元以下罚款；情节严重的，处5日以上10日以下拘留，可以并处500元以下罚款。拒绝、阻碍执法使用暴力，如殴打、围攻公路监督检查人员，造成严重后果的，按妨碍公务罪追究刑事责任。最高人民检察院在《关于以暴力威胁方法阻碍事业编制人员依法执行行政执法职务是否可对侵害人以妨害公务罪论处的批复》中明确，以暴力、威胁方法阻碍国有事业单位人员依照法律、行政法规的规定执行行政执法职务的，或者以暴力、威胁方法阻碍国家机关中受委托从事行政执法活动的事业编制人员执行行政执法职务的，可以对行为人以妨害公务罪追究刑事责任。

四、本条规定的行政处罚的实施主体

本条规定的行政处罚的实施主体是公路管理机构。

第六十八条　违反本条例的规定，指使、强令车辆驾驶人超限运输货物的，由道路运输管理机构责令改正，处3万元以下的罚款。

【释义】　本条是关于违反《条例》第四十一条第三款规定指使、强令车辆驾驶人超限运输货物应当承担的法律责任的规定。

由于利益驱动、竞争状况等多方面的原因，部分车主、企业等有时会要求车辆驾驶人进行违法超限运输，即使在车辆驾驶人根据对车辆装载情况的判断，从安全等方面考虑，表示拒绝的情况下,也会发生强令驾驶人超限运输的情况。本条对违反第四十一条第三款设定的义务的行为规定了相关责任。

一、本条规定的违法行为的主体

指使、强令车辆驾驶人超限运输货物的公民、法人和其他组织。《条例》第四十一条第三款规定,任何单位和个人不得指使、强令车辆驾驶人超限运输货物,这里,“任何单位和个人”包括货物集散地以及货运站等相关场所的经营人、管理人,也包括托运人、承运人、货主、车主(含车辆的所有人、管理人)等。

二、本条规定的违法行为

(一)指使车辆驾驶人超限运输货物的行为,这里的“指使”,是指通过明示方式,指示他人按其意思行事的行为;

(二)强令车辆驾驶人超限运输货物的行为,这里的“强令”,是指明知其命令是违反法律的,而强迫他人执行其命令的行为。

三、本条规定的法律责任

《条例》规定,任何单位和个人不得指使、强令车辆驾驶人超限运输货物。本条规定,对于违反《条例》规定,指使、强令车辆驾驶人超限运输货物的,由道路运输管理机构责令改正,处3万元以下的罚款。这里的“责令改正”,是行政命令,通过行政命令的方式,要求违法行为人改正指使、强令车辆驾驶人超限运输货物的行为。这里的3万元以下的罚款,是行政处罚的一种,具体罚款数额,由道路运输管理机构结合违法行为人的违法情节、违法后果进行自由裁量。

四、本条规定的行政处罚的实施主体

本条规定的行政处罚的实施主体是道路运输管理机构。

第六十九条　车辆装载物触地拖行、掉落、遗洒或者飘散，造成公路路面损坏、污染的，由公路管理机构责令改正，处 5 000 元以下的罚款。

【释义】　本条是关于违反《条例》第四十三条规定车辆装载物触地拖行、掉落、遗洒或者飘散造成公路路面损害应承担的法律责任的规定。

《条例》第四十三条规定，车辆应当规范装载，装载物不得触地拖行。车辆装载物易掉落、遗洒或者飘散的，应当采取厢式密闭等有效防护措施方可在公路上行驶。实践中由于车辆未进行规范装载，造成装载物损害公路的情况时常发生，比较常见的如装载砂石、沥青以及其他强腐蚀性化学物品等货物的车辆出现掉落、遗洒等现象，造成公路路面损害或污染，影响了公路完好、安全和畅通，也影响了道路交通有序、安全和畅通，必须依法追究相关法律责任。

一、本条规定的违法行为的主体

根据《条例》第四十三条的规定，本条规定的违法行为的主体是车辆驾驶人、押运人员、道路运输企业。

二、本条规定的违法行为

本条规定的违法行为是车辆装载物触地拖行、掉落、遗洒或者飘散，造成公路路面损坏、污染的行为。

三、本条规定的法律责任

本条规定，车辆装载物触地拖行、掉落、遗洒或者飘散，造成公路路面损坏、污染的，由公路管理机构责令改正，处 5 000 元以下的罚款。这里的责令改正是行政命令，即责令改正车辆装载物触地拖行、掉落、遗洒或者飘散的行为，也包括责令对掉落、遗洒或者飘散的物品进行清理,对造成公路路面损坏、污染后果进行修复。这里的处 5 000 元以下的罚款,是行政处罚,具体处罚数额由公路管理机构根据违法情节及后果进行自由裁量。

本条规定与《公路法》第四十六条和第七十七条的规定也是一致的。《公路法》第四十六条规定,任何单位和个人不得在公路上及公路用地范围内摆摊设点、堆放物品、倾倒垃圾、设置障碍、挖沟饮水、利用公路边沟排放污物或者进行其他损坏、污染公路和影响公路畅通的活动。这里车辆装载物触地拖行、掉落、遗洒或者飘散的违法行为,属于其他损坏、污染公路和影响公路畅通的活动。根据《公路法》第七十七条规定,由交通运输主管部门责令停止违法行为,可以处 5 000 元以下的罚款。

理解本条规定重点在于明确以下三个要点:一是发生了违法行为,即车辆装载物触地拖行、掉落、遗洒或者飘散;二是造成了危害后果,即因上述危害行为产生了公路路面损坏、污染的结果,未造成危害后果的,不适用本条规定;三是法律责任的承担和事前是否进行了规范装载没有必然联系,只要发生了上述危害行为,并产生了上述危害后果,即适用本条规定。至于车辆是否在上路前进行了规范装载,不应成为判断是否应当承担本条规定法律责任的依据。

需要明确的是,公路管理机构对车辆装载物触地拖行、掉落、遗洒或者飘散的违法行为进行处理,是基于对公路完好、安全的管理,因为该行为直接损坏和污染了公路。车辆装载物触地拖行、掉落、遗洒或者飘散的违法行为在损坏和污染公路,对公路完好、安全造成破坏的同时,也直接影响了道路交通秩序的有序、安全和畅通。对此,公安机关交通管理部门应当依法进行管理。《中华人民共和国道路交通安全法》第四十八条第一款规定:“机动车载物应当符合核定的载质量,严禁超载;载物的长、宽、高不得违反装载要求,不得遗洒、飘散载运物。”违反该规定的,只要机动车未规范装载的,或者载物发生遗洒、飘散的,无论是否公路路面损坏、污染,公安机关交通管理部门依《中华人民共和国道路交通安全法》第九十条的规定,处警告或者20元以上200元以下罚款。另外,《道路运输条例》第二十七条第二款规定:“货运经营者应当采取必要措施,防止货物脱落、扬撒等。”第七十条第一款第五项规定:“违反本条例的规定,客运经营者、货运经营者有下列情形之一的,由县级以上道路运输管理机构责令改正,处1 000元以上3 000元以下的罚款;情节严重的,由原许可机关吊销道路运输经营许可证:(五)没有采取必要措施防止货物脱落、扬撒等的。”道路运输管理机构对该违法行为的管理,基于对货运经营业务的行业管理。因此,车辆装载物易掉落、遗洒或者飘散的,未采取厢式密闭等有效防护措施在公路上行驶的,由县级以上道路运输管理机构按照《道路运输条例》有关规定予以处理。

需要特别指出的是,《条例》第六十九条是基于公路保护的考虑,授予公路管理机构行使一定的行政处罚权,这有别于《中华人民共和国道路交通安全法》和《道路运输条例》有关规定。如果车辆装载物触地拖行、掉落、遗洒或者飘散未造成公路路面损坏、污染的,则不适用《条例》第六十九条规定,公路管理机构无权进行管理;但该行为因违反道路交通安全管理秩序和道路运输管理秩序,公安机关交通管理部门或道路运输管理机构仍可依照《中华人民共和国道路交通安全法》、《道路运输条例》的相关规定进行管理。

本条规定的是车辆装载物触地拖行、掉落、遗洒或者飘散造成公路路面损害、污染的行政责任,上述危害行为造成了公路路面损害、污染,应当根据《公路法》第八十五条规定,即对公路造成损害的,应当依法承担民事责任。此外,车辆装载物掉落、遗洒、飘散后,车辆驾驶人、押运人员未及时采取措施处理,造成第三人人身和财产损害的,还应当依据《中华人民共和国侵权责任法》的规定,由道路运输企业、车辆驾驶人依法承担赔偿责任。

四、本条规定的行政处罚的实施主体

本条规定的行政处罚的实施主体是公路管理机构。

第七十条　违反本条例的规定，公路养护作业单位未按照国务院交通运输主管部门规定的技术规范和操作规程进行公路养护作业的，由公路管理机构责令改正，处1万元以上5万元以下的罚款；拒不改正的，吊销其资质证书。

【释义】　本条是关于违反《条例》第四十五条规定，未按照有关技术规范和操作规程进行公路养护作业应当承担的法律责任的规定。

公路养护质量和水平以及养护作业秩序规范关系到公路的完好、安全和畅通，《条例》第四十五条就养护工作的规范化、标准化作出了原则性要求。近年来，国务院交通运输主管部门先后发布了《公路养护安全作业规程》、《公路养护技术规范》等一系列关于公路养护的技术规范和操作规程，对养护作业安全、公路各组成部分养护技术要求、公路防灾与突发事件处置等各有关方面均提出了相应的要求。公路养护作业单位在进行养护作业时，均应当严格遵守上述规范和规程，确保养护工程质量以及作业秩序规范。否则应当按照本条规定承担相应法律责任。

《条例》第四十五条规定，公路养护应当按照国务院交通运输主管部门规定的技术规范和操作规程实施作业，违反《条例》的规定，公路养护作业单位未按照国务院交通运输主管部门规定的技术规范和操作规程进行公路养护作业的，由公路管理机构责令改正，处1万元以上5万元以下的罚款；拒不改正的，吊销其资质证书。

一、本条规定的违法行为的主体

本条规定的违法行为的主体是公路养护作业单位。即公路养护实行市场化后依法成立且具备《条例》第四十六条规定的资质条件的公路养护作业单位。

二、本条规定的违法行为

本条规定的违法行为是公路养护作业单位违反《条例》的规定,未按照国务院交通运输主管部门规定的技术规范和操作规程进行公路养护作业的行为。

三、本条规定的法律责任

本条对公路养护作业单位违反《条例》规定,未按照国务院交通运输主管部门规定的技术规范和操作规程进行公路养护作业的,规定的法律责任是由公路管理机构责令改正,处1万元以上5万元以下的罚款;拒不改正的,吊销其资质证书。这里的责令改正,是行政命令。罚款是行政处罚,1万元是最低限额,5万元是最高限额,该限额均包含本数。具体罚款数额,由公路管理机构根据公路养护作业单位违法情节和违法后果自由裁量确定。对于经公路管理机构责令改正后,仍拒不改正违法行为的,由公路管理机构吊销其资质证书。这里的"拒不改正"包括明确表示不予改正,也包括虽表示改正,但未能达到规定要求等情况。吊销资质证书的行为,属于更严厉的行政处罚,《条例》第四十六条对公路养护作业单位实行资质管理,从技术力量、作业经历等方面规定了公路养护作业单位资质条件,同时明确公路养护作业单位资质的具体管理办法由国务院交通运输主管部门另行制定。因此,对于养护作业单位资质的管理,应当进一步结合交通运输部有关规定进行细化。吊销公路养护作业单位的资质证书,意味着公路养护作业单位丧失进入公路养护作业市场的资格,不能再进行公路养护作业经营。吊销资质证书的行政处罚,不能适用简易程序,只能适用一般程序。作出吊销资质证书的处罚决定前,应当告知当事人有要求举行听证的权利,当事人要求听证的,应当组织听证。

四、本条规定的行政处罚的实施主体

本条规定的行政处罚的实施主体是公路管理机构。

第七十一条　造成公路、公路附属设施损坏的单位和个人应当立即报告公路管理机构,接受公路管理机构的现场调查处理;危及交通安全的,还应当设置警示标志或者采取其他安全防护措施,并迅速报告公安机关交通管理部门。

发生交通事故造成公路、公路附属设施损坏的,公安机关交通管理部门在处理交通事故时应当及时通知有关公路管理机构到场调查处理。

【释义】　本条是关于公路、公路附属设施损坏的报告和调查的有关程序的规定。

一、造成公路、公路附属设施损坏的单位和个人应当积极履行报告、采取相关安全防护措施的义务并接受有关部门的现场调查处理

违反《条例》有关规定造成公路、公路附属设施损坏的原因,存在多种情况,如在公路、公路用地范围内挖沟引水、采石、取土、采空作业的,在公路桥梁跨越的河道上下游一定范围内抽取地下水、架设浮桥以及修建其他危及公路桥梁安全的设施的,利用公路桥梁进行牵拉、吊装作业的,未经批准进行涉路施工的,车辆违法超限运输的,载运易燃、易爆、剧毒、放射性等危险物品

发生事故的,车辆装载物触地拖行及掉落、遗洒或者飘散等不同情况。不论何种行为,只要造成公路、公路附属设施损坏的,都应当按照本条规定,立即报告公路管理机构,接受公路管理机构的现场调查处理。

该条规定与《公路法》第五十三条、第八十五条第二款的规定是基本一致的。《公路法》第五十三条规定:"造成公路损坏的,责任者应当及时报告公路管理机构,并接受公路管理机构的现场调查。"第八十五条第二款规定:"对公路造成较大损害的,必须立即停车,保护现场,报告公路管理机构,接受公路管理机构的调查、处理后方得驶离。"造成公路、公路附属设施损坏的单位和个人未履行报告义务的,考虑到《公路法》已有相应规定,《条例》未直接设定相应的法律责任。《公路法》第七十八条规定:"违法本法第五十三条规定,造成公路损坏,未报告的,由交通主管部门处1 000 元以下的罚款。"具体执法中,公路管理机构可以按照《公路法》第七十八条规定对未履行报告义务的单位和个人予以处理。

本条规定,造成公路、公路附属设施损坏的单位和个人应当立即报告公路管理机构,接受公路管理机构的现场调查处理。公路管理机构的现场调查处理权与《公路法》对公路管理机构的授权是一致的。《公路法》第七十条规定:"交通主管部门、公路管理机构负有管理和保护公路的责任,有权检查、制止各种侵占、损坏公路、公路用地、公路附属设施及其他违反本法规定的行为。"法律法规的这些条款规定,明确了公路管理机构对公路路产损坏的法定调查处理权,同时也排除了其他部门和单位对公路路产损坏案件的调查处理权。

造成公路、公路附属设施损坏的单位和个人,除了立即报告公路管理机构、接受公路管理机构的现场调查处理外,如果损坏的公路、公路附属设施危及交通安全,造成公路、公路附属设施损坏的单位和个人还应当履行安全防护义务,及时设置警示标志或者采取其他安全防护措施，并迅速报告公安机关交通管理部门。公安机关交通管理部门接到当事人的报告后，应当立即派员到现场维持交通秩序，并及时开展相关调查处理工作。

二、发生交通事故造成公路、公路附属设施损坏的，公安机关交通管理部门应当通知公路管理机构到场调查处理

因交通事故造成公路、公路附属设施损坏的，公安机关交通管理部门在处理时应当及时通知公路管理机构到场调查处理，并协助公路管理机构做好公路、公路附属设施损坏的追偿工作。主要是因为车辆具有流动性，如果在公路、公路附属设施损坏后，公路管理机构不能够及时到场处理，容易发生相关车辆逃离现场，逃避调查，逃避理应承担的责任的情况。公路管理机构在接到公安机关交通管理部门的通知后，要及时派人赶到出事地点，按照规定进行调查处理，并对受损公路、公路附属设施尽快组织或通知相关责任单位进行修复。《中华人民共和国道路交通安全法实施条例》第八十八条也明确规定："机动车发生交通事故，造成道路、供电、通信等设施毁损的，驾驶人应当报警等候处理，不得驶离。机动车可以移动的，应当将机动车移至不妨碍交通的地点。公安机关交通管理部门应当将事故有关情况通知有关部门。"因此，公安机关交通管理部门在处理交通事故时，应当及时通知公路管理机构到场调查处理，是其法定义务。及时通知公路管理机构，也能使公路管理机构及时掌握公路及其附属设施受损情况，尽快组织抢修受损公路，恢复交通。公安机关交通管理部门违反法定义务，不及时通知公路管理机构的，属于行政不作为，应当依法承担相应行政责任。此外，公路管理机构在日常公路巡查过程中，发现公路上出现交通事故的，也要及时通知公安机关交通管理部门，并协助其做好现场保护、维持交通秩序、抢救伤员等工作。

目前,我国部分省份开始试点了路警联勤模式,在整合公路路政和公安交警两支执法队伍的现有资源的基础上,进行联合指挥、联合巡查、联合执法、联合应对突发事件,实现执法信息互通共享,这种管理模式是对公路管理工作模式的有益探索和创新,能够进一步优化路政和交警的资源配置,不仅有效提高了对公路违法行为以及道路交通安全违法行为的震慑力和打击力度,而且大幅提高了对突发事件的快速反应能力和处置能力。本条明确了公安机关交通管理部门的通知义务,为路警联勤模式的建立和推广提供了必要的法律依据。

第七十二条　造成公路、公路附属设施损坏,拒不接受公路管理机构现场调查处理的,公路管理机构可以扣留车辆、工具。

公路管理机构扣留车辆、工具的,应当当场出具凭证,并告知当事人在规定期限内到公路管理机构接受处理。逾期不接受处理,并且经公告3个月仍不来接受处理的,对扣留的车辆、工具,由公路管理机构依法处理。

公路管理机构对被扣留的车辆、工具应当妥善保管,不得使用。

【释义】　本条是关于公路管理机构实施扣留车辆、工具的行政强制措施相关处理程序的规定。

本条规定的扣留车辆、工具,是保障公路管理机构对公路、公路附属设施损坏进行调查处理得以顺利进行的一种行政强制措施,在违法行为人利用车辆和工具实施破坏公路、公路附属设施的行为时,若违法行为人拒不接受公路管理机构的调查处理,公路管理机构对与违法行为有直接关系的车辆或工具采取扣留措施,也是消除正在发生的违法行为的一种措施。采取这项行政强制措施,要注意不能损害当事人的合法权益,对当事人与案件无关的车辆和工具,不得进行扣留。

一、公路管理机构有权采取扣留车辆、工具的行政强制措施

可以从以下四个方面进行理解:

(一)造成了公路、公路附属设施损坏的后果;

(二)对于危害行为没有限制类别,只要是造成公路、公路附属设施损坏的行为,均应适用本条规定;

(三)违法行为人拒不接受公路管理机构在现场进行的调查处理;

(四)扣留车辆、工具这一措施是选择性措施,公路管理机构可以选择扣留的方式,但通过其他非强制途径能够达到行政管理目的的,也可以不予扣留。

二、公路管理机构扣留车辆、工具应当遵守有关程序规定

公路管理机构采取这项行政强制措施,应当严格按照规定的程序进行。如《中华人民共和国行政强制法》第十八条规定:“行政机关实施行政强制措施应当遵守下列规定:(一)实施前须向行政机关负责人报告并经批准;(二)由两名以上行政执法人员实施;(三)出示执法身份证件;(四)通知当事人到场;(五)当场告知当事人采取行政强制措施的理由、依据以及当事人依法享有的权利、救济途径;(六)听取当事人的陈述和申辩;(七)制作现场笔录;(八)现场笔录由当事人和行政执法人员签名或者盖章,当事人拒绝的,在笔录中予以注明;(九)当事人不到场的,邀请见证人到场,由见证人和行政执法人员在现场笔录上签名或者盖章;(十)法律、法规规定的其他程序。”第十九条规定:“情况紧急,需要当场实施行政强制措施的,行政执法人员应当在二十四小时内向行政机关负责人报告,并补办批准手续。行政机关负责人认为不应当采取行政强制措施的,应当立即解除。”

公路管理机构采取扣留车辆、工具的行政强制措施时,应当当场出具凭证。这里所称的当场出具凭证,是指制作并当场交付扣留决定书和清单。决定书应当载明下列事项:当事人的姓名或者名称、地址;查封、扣押的理由、依据和期限;查封、扣押场所、设施或者财物的名称、数量等;申请行政复议或者提起行政诉讼的途径和期限;公路管理机构的名称、印章和日期。清单为一式二份,由当事人和公路管理机构分别保存。公路管理机构还应告知当事人在规定期限内到公路管理机构接受处理。逾期仍不接受处理,或者拒绝前来接受处理的,或者公路管理机构无法联系当事人的,公路管理机构应当进行公告。公告方式可采取在公路管理机构所在地报纸、公路管理机构网站、公路管理机构办公场所对外公告栏等地方进行。公路管理机构发布公告之日起3个月内,当事人仍不来接受处理的,对扣留的车辆、工具,由公路管理机构依法处理。对扣留的车辆、工具依法处理,属于应当强制报废的,或者涉嫌走私、盗抢的车辆,或者涉嫌作为犯罪工具的车辆等情况,应当移交有关机关按程序处理;对于其他情况,要依照《中华人民共和国物权法》、《中华人民共和国拍卖法》、《中华人民共和国行政强制法》等相关法律法规予以处理。如《中华人民共和国行政强制法》第四十六条第三款规定:"没有行政强制执行权的行政机关应当申请人民法院强制执行。但是,当事人在法定期限内不申请行政复议或者提起行政诉讼,经催告仍不履行的,在实施行政管理过程中已经采取查封、扣押措施的行政机关,可以将查封、扣押的财物依法拍卖抵缴罚款。"公路管理机构可以依照该条的授权,对已经采取扣留措施的车辆、工具依法拍卖抵缴罚款。

三、公路管理机构应当妥善保管被扣留的车辆、工具

《中华人民共和国行政强制法》第二十六条规定:"对查封、扣押的场所、设施或者财物,行政机关应当妥善保管,不得使用

或者损毁;造成损失的,应当承担赔偿责任。对查封的场所、设施或者财物,行政机关可以委托第三人保管,第三人不得损毁或者擅自转移、处置。因第三人的原因造成的损失,行政机关先行赔付后,有权向第三人追偿。因查封、扣押发生的保管费用由行政机关承担。"查封、扣押措施是对行政相对人财产权利的限制,行政相对人在查封、扣押期间对被查封、扣押的场所、设施或者财物只是暂时失去控制权,而不是完全、永久地丧失对相关财物的权利,在这一期间,行政机关负有对相关财物的妥善保管义务,以保持其现状,不致毁损、灭失以及其他影响或降低其价值的情形。因此,被扣留的车辆、工具在依法进行处理完毕之前,公路管理机构要根据所扣留的车辆、工具的特性,采取相应措施妥善保管,非因保护被扣留的车辆、工具需要,不得使用、拆卸,不得擅自处分,也不得损毁被扣留的车辆、工具。当事人在规定期限内到公路管理机构接受调查处理的,要及时返还所扣留的车辆、工具。公路管理机构在扣留车辆、工具后至当事人处理完毕期间,如对所扣留的车辆进行使用造成损害的,应当依法进行赔偿。公路管理机构可以自行保管扣留车辆和工具,在不具备保管条件或者不便保管时,公路管理机构也可以委托第三人,一般是专业性单位代为保管。因扣留车辆、工具发生的保管费用由公路管理机构承担,不得以任何形式变相向当事人收取保管费用。

第七十三条　违反本条例的规定,公路管理机构工作人员有下列行为之一的,依法给予处分:

(一)违法实施行政许可的;

(二)违反规定拦截、检查正常行驶的车辆的;

(三)未及时采取措施处理公路坍塌、坑槽、隆起等损毁的;

(四)违法扣留车辆、工具或者使用依法扣留的车辆、工

具的；

（五）有其他玩忽职守、徇私舞弊、滥用职权行为的。

公路管理机构有前款所列行为之一的，对负有直接责任的主管人员和其他直接责任人员依法给予处分。

【释义】 本条是关于公路管理机构及其工作人员对其违法行为应当承担的行政责任的规定。

本章从两方面规定了法律责任的主体，一方面是行政相对人，对于实施违反《条例》有关公路保护的规定的，应承担相应的行政责任，即予以相应的行政处罚，或者采取相应的行政措施；另一方面是作为执法主体的公路管理机构及其工作人员，对其玩忽职守、徇私舞弊、滥用职权等行为，应承担相应的行政责任，主要是行政处分。本条即规定了对作为执法主体的公路管理机构及其工作人员应当承担的行政责任。

一、本条规定的违法行为的主体

（一）公路管理机构的工作人员，既包括公路管理机构的执法人员，也包括行使公路行政管理职责的工作人员；

（二）公路管理机构，针对公路管理机构有本条所列行为之一的，对负有直接责任的主管人员和其他直接责任人员依法给予处分。所谓“负有直接责任的主管人员和其他直接责任人员”，是指对有关违法行为负有直接、主要责任的有关领导和执行人员。

需要说明的是，根据《条例》规定，县级以上各级人民政府发展改革、工业和信息化、公安、工商、质检、住建、国土资源等部门按照职责分工，依法开展公路保护的相关工作。对负有公路保护职责的发展改革、工业和信息化、公安、工商、质检、住建、国土资源等部门及其工作人员不依法履行公路保护职责的，应当按照《中华人民共和国行政处罚法》、《中华人民共和国行政许可法》、《中华人民共和国公务员法》、《中华人民共和国行政监察法》有关规定，按照干部管理权限，由人员的任免机关或者行政监察机关等给予相应的行政处分。

二、本条规定的违法行为

（一）违法实施行政许可的

公路保护行政许可直接关系着公路设施安全、公共安全和广大人民群众的生命、财产安全，根据《中华人民共和国行政许可法》规定，《条例》明确了有关公路保护行政许可的实施条件、程序和期限。公路管理机构及其工作人员实施行政许可时，应当依照法定的权限、范围、条件和程序，遵循平等对待、便民高效、信赖保护的原则，做到不偏私、不歧视，并为申请人提供优质服务。

根据《中华人民共和国行政许可法》的相关规定，违法实施行政许可的行为，主要有：对符合法定条件的行政许可申请不予受理的；不在办公场所公示依法应当公示的材料的；在受理、审查、决定行政许可过程中，未向申请人、利害关系人履行法定告知义务的；申请人提交的申请材料不齐全、不符合法定形式，不一次告知申请人必须补正的全部内容的；未依法说明不受理行政许可申请或者不予行政许可的理由的；依法应当举行听证而不举行听证的；工作人员办理行政许可、实施监督检查，索取或者收受他人财物或者谋取其他利益，尚不构成犯罪的；对不符合法定条件的申请人准予行政许可或者超越法定职权作出准予行政许可决定的；对符合法定条件的申请人不予行政许可或者不在法定期限内作出准予行政许可决定的；实施行政许可时，擅自收费或者不按照法定项目和标准收费的；截留、挪用、私分或者变相私分实施行政许可依法收取的费用的；对行政许可不依法履行监督职责或者监督不力，造成严重后果的。

对于公路管理机构及其工作人员在行政许可中的违法行

为,任何单位和个人都有权举报,交通运输主管部门、公路管理机构以及监察部门、司法机关等应当依法查处。

(二)违反规定拦截、检查正常行驶的车辆的

拦截和检查车辆是公路路政执法的重要手段和措施,但在执法中随意拦截、检查车辆,不仅容易侵犯当事人的合法权益,造成公路“三乱”,而且极易造成交通事故,危及驾驶员以及执法人员的人身安全。公路“三乱”,通俗来讲,是指在公路上乱设站卡、乱罚款、乱收费的行为。公路“三乱”影响公路安全畅通,直接损害广大群众的合法利益,也极大地影响政府及部门形象,对于公路“三乱”问题,大家都深恶痛绝。党中央、国务院对此高度重视,始终要求坚决治理。总体来看,我国公路“三乱”治理工作大体上经历了三个阶段:一是工作起步阶段。20 世纪 80 年代初,随着改革开放和经济快速发展,公路运输需求旺盛,公路运输车辆和运输业者迅速增加,但同时也出现了许多部门甚至一些乡镇政府组织在公路上随意拦车检查罚款现象,罚款名目多达 20 多种,一度引起社会的普遍反响。1985 年国务院下发了《关于立即制止在公路上乱设卡、滥罚款、滥收费的通知》,拉开了对公路“三乱”进行治理的序幕。二是集中治理阶段。主要集中在 20 世纪 90 年代中期,1994 年国务院下发了《关于禁止在公路上乱设站卡乱罚款乱收费的通知》,对治理公路“三乱”进行了部署。1995 年中央纪委五次全会,将公路“三乱”作为三股不正之风的第一位,列入了反腐败工作任务,交通、公安、纠风办、林业、农业等部门密切配合,在全国范围内开展了集中治理工作。通过集中治理,上路执法部门由原来的 18 家,减少到目前的交通、公安、林业、农业等 4 家。三是巩固深化阶段。1998 年以来,按照“巩固成果、防止反弹”的总体要求,向县乡公路延伸,组织开展了争创所有公路基本无“三乱”活动,着力构建治理工作长效机制,从源头上预防和遏制公路“三乱”的发生。

为规范拦截、检查车辆行为,路政执法人员在执法活动中确

需拦车的,应当以确保安全为原则,并遵守下列程序:上路拦车前应当明确执法的任务、方法、要求和安全防护规定,检查安全防护装备;根据公路条件和交通状况,选择安全和不妨碍通行的地点进行拦车,避免引发交通堵塞;在距检查地点至少200米处开始摆放发光或者反光的警示标志,间隔设置减速提示标牌、反光锥筒等安全防护设备;拦车时使用停车示意牌和规范的指挥手势,严格执行安全防护规定,注意自身安全;指挥车辆停放在安全地点,再进行检查,并认真做好有关记录。拦车安全防护规定包括以下主要内容:不得在同一地点双向同时拦截车辆;不得在行车道上拦截、检查车辆或者处罚当事人;遇有拒绝停车接受处理的,不得站在车辆前面强行拦截,或者采取脚踏车辆踏板、强行攀扒车辆等方式,强行责令驾驶人停车;遇有驾车逃跑的,除可能对公路设施安全有严重威胁以外,不得驾驶机动车追缉,可以采取通知前方收费站、超限检测站点或者执法人员进行截查,或者记下车牌号以便事后追究法律责任等方式予以处理。公路管理机构应当定期对拦车情况进行总结讲评,及时发现和纠正存在的不足,明确改进措施。

此外,高速公路上行驶的车辆车速较快,在高速公路上拦截、检查行驶的车辆,极易发生交通事故,造成人员和财产损失。根据《中华人民共和国道路交通安全法》第六十九条规定,任何单位、个人不得在高速公路上拦截检查行驶的车辆,公安机关的人民警察依法执行紧急公务除外。因此,公路管理机构路政执法人员不得在高速公路上拦截检查正常行驶的车辆。当然,车辆因交通事故或故障等原因处于停止状态或者在高速公路服务区、收费广场时,公路管理机构路政执法人员可以依法进行检查。

(三)未及时采取措施处理公路坍塌、坑槽、隆起等损毁的

公路管理机构、公路经营企业等公路养护责任主体在公路巡查过程中发现或接到公安机关交通管理部门通知及其他人员报告发现公路坍塌、坑槽、隆起等损毁情况时,应当根据情况

及时设置警示标志，并采取措施修复。否则，造成严重后果的，将依据本条规定对相关人员给予处分。这里要注意的是，“及时采取措施处理”并不等于“随时采取措施处理”。公路管理机构或公路经营企业在接到报告后及时采取措施进行处理，或者是在按照规定执行巡查任务时发现公路坍塌、坑槽、隆起等损毁后及时采取措施进行处理，即应视为履行了“及时采取措施”的义务。但若在巡查中已经发现或接到公安机关交通管理部门通知或者在接到其他人员报告后，在合理的时间内仍未对公路坍塌、坑槽、隆起等毁损情况采取措施进行处理的，应当给予处分。

（四）违法扣留车辆、工具或者使用依法扣留的车辆、工具的

根据《条例》规定，公路管理机构扣留车辆、工具应限于四种情形：一是采取故意堵塞超限检测站点通行车道、强行通过超限检测站点等方式扰乱超限检测秩序的，公路管理机构可以扣留车辆；二是采取短途驳载等方式逃避超限检测的，公路管理机构可以扣留车辆；三是造成公路、公路附属设施损坏，拒不接受现场调查处理的，公路管理机构可以扣留车辆、工具；四是经批准进行超限运输的车辆，未按照指定时间、路线和速度行驶且拒不改正，或者未随车携带超限运输车辆通行证的，公路管理机构可以扣留车辆。

扣留车辆、工具时，应当遵守下列要求：一是当场登记扣留车辆、工具的数量和品质；二是依法扣留车辆时，不得扣留车辆所载货物，并提醒当事人妥善处理车辆所载货物；三是妥善保管扣留车辆、工具，不得使用或者损毁，未经法定程序不得处置。因扣留车辆、工具发生的保管费用由有关公路管理机构承担。需要强调的是，超出法规授权扣留车辆、工具的行为是违法行为，违反程序扣留车辆、工具的行为也是违法行为。

（五）有其他玩忽职守、徇私舞弊、滥用职权行为的

本条前四项规定的内容均为玩忽职守、徇私舞弊和滥用职

权的行为,本项为兜底条款,以解决前面列举四项内容之外的其他行为。玩忽职守,是指国家机关工作人员不履行或者不正确履行法律所规定的职责,其中不履行职责是指职务上的不作为,不尽职责;不正确履行职责是指对本职工作马马虎虎,漫不经心,不负责任。徇私舞弊,是指为了徇个人私利或者亲友私情,故意不顾事实和违反法律,作枉法处理或枉法决定。滥用职权,是指国家机关工作人员违反法律规定的权限和程序,滥用职权,致使公共财产、国家和人民利益遭受重大损失的行为。

三、本条规定的法律责任

本条规定的法律责任是行政责任,即行政处分,是行政机关、法律法规授权组织对其工作人员违法失职行为尚不构成犯罪、依据法律法规的权限而给予的一种惩戒措施。《中华人民共和国公务员法》第一百零六条规定:“法律、法规授权的具有公共事务管理职能的事业单位中除工勤人员以外的工作人员,经批准参照本法进行管理”,公路管理机构工作人员实施了第一款第一至第五项不履行职责行为的,应当视其情节,参照《中华人民共和国公务员法》、《中华人民共和国行政监察法》、《行政机关公务员处分条例》有关规定,按照干部管理权限,由人员的任免机关或者行政监察机关等给予其警告、记过、记大过、降级、撤职、开除的处分。

(一)警告

对违反行政纪律的行为主体提出告诫,使之认识到应当承担的行政责任,以便加以警惕,使其注意并改正错误,不再犯此类错误。这种处分适用于违反行政纪律行为轻微的人员。

(二)记过

记载或者登记过错,以示惩处之意。这种处分,适用于违反行政纪律行为比较轻微的人员。

（三）记大过

记载或者登记较大或者严重的过错，以示严重惩处的意思。这种处分，适用于违反行政纪律行为比较严重，给国家和人民群众造成一定损失的人员。

（四）降级

降低其工资等级。这种处分，适用于违反行政纪律，使国家和人民的利益受一定损失，但仍然可以继续担任现任职务的人员。

（五）撤职

撤销现任职务。这种处分，适用于违反行政纪律行为严重，已不适宜担任现任职务的人员。

（六）开除

取消其公职。这种处分，适用于犯有严重错误已丧失国家工作人员基本条件的人员。

在受处分期间不得晋升职务和级别，其中受记过、记大过、降级、撤职处分的，不得晋升工资档次。受处分的期间为：警告，六个月；记过，十二个月；记大过，十八个月；降级、撤职，二十四个月。行政处分应当依法作出，公路管理机构的工作人员对行政处分决定不服的，可以向人事、监察等部门提出申诉。

四、本条规定的行政处分的实施主体

本条规定的行政处分的实施主体，指的是对公路管理机构工作人员及对公路管理机构内负有直接责任的主管人员和其他直接责任人员依法给予处分的实施机关。根据《中华人民共和国公务员法》、《中华人民共和国行政监察法》、《中华人民共和国行政许可法》、《行政机关公务员处分条例》等法律、法规的规定，对公路管理机构工作人员及对公路管理机构内负有直接责任的主管人员和其他直接责任人员依法给予行政处分，由上述人员的任免机关或者监察机关按照管理权限决定。

第七十四条 违反本条例的规定,构成违反治安管理行为的,由公安机关依法给予治安管理处罚;构成犯罪的,依法追究刑事责任。

【释义】 本条是关于违反《条例》规定,构成违反治安管理行为或者犯罪行为的处理的规定。

关于本条规定的责任主体,既包括行政相对人,也包括交通运输主管部门、公路管理机构以及发展改革、工业和信息化、公安、工商、质检、住建、国土资源、安全生产监督管理等其他依照职责分工行使公路保护行政管理职责的主体。

关于违反本条规定的行为,对于扰乱公共秩序,妨害公共安全,侵犯人身权利、财产权利,妨害社会管理,具有社会危害性,依照《中华人民共和国刑法》的规定构成犯罪的,依法追究刑事责任;尚不够刑事处罚的,由公安机关依照《中华人民共和国治安管理处罚法》给予治安管理处罚。

一、关于构成违反治安管理行为的行政责任

由于公路线长、网络密集、覆盖面大,因此破坏公路保护的情况也比较多样。对于哪些行为构成违反治安管理行为的,总的判断原则是,违反治安管理的行为一般具有三个特征:一是具有一定社会危害性,会对国家、社会和公民的合法权益造成危害;二是属于违反了《中华人民共和国治安管理处罚法》等治安管理方面的法规的行为;三是行为情节尚不构成刑事处罚。公安部以公通字〔2005〕95 号文发布了《公安部关于规范违反治安管理行为名称的意见》,对《中华人民共和国治安管理处罚法》规定的违反治安管理行为名称进行了梳理和规范,实践中也可以作为判断的参考之一。《条例》涉及的构成违反治安管理行为主要有:

(一)盗窃、损毁公共设施

《中华人民共和国治安管理处罚法》第三十三条第一项规

定:“有下列行为之一的,处10日以上15日以下拘留:(一)盗窃、损毁油气管道设施、电力电信设施、广播电视设施、水利防汛工程设施,或者水文监测、测量、气象测报、环境监测、地质监测、地震监测等公共设施的;”

(二)道路施工不设置安全防护设施或者故意损毁、移动道路施工安全防护设施

《中华人民共和国治安管理处罚法》第三十七条第二项规定:“有下列行为之一的,处5日以下拘留或者500元以下罚款;情节严重的,处5日以上10日以下拘留,可以并处500元以下罚款:(二)在车辆、行人通行的地方施工,对沟井坎穴不设覆盖物、防围和警示标志的,或者故意损毁、移动覆盖物、防围和警示标志的;”

(三)盗窃、损毁路面公共设施

《中华人民共和国治安管理处罚法》第三十七条第三项规定:“有下列行为之一的,处5日以下拘留或者500元以下罚款;情节严重的,处5日以上10日以下拘留,可以并处500元以下罚款:(三)盗窃、损毁路面井盖、照明等公共设施的。”

(四)拒不执行紧急状态下的决定、命令

《中华人民共和国治安管理处罚法》第五十条第一项规定:“有下列行为之一的,处警告或者200元以下罚款;情节严重的,处5日以上10日以下拘留,可以并处500元以下罚款:(一)拒不执行人民政府在紧急状态情况下依法发布的决定、命令的;”

(五)阻碍执行职务

《中华人民共和国治安管理处罚法》第五十条第二项规定:“有下列行为之一的,处警告或者200元以下罚款;情节严重的,处5日以上10日以下拘留,可以并处500元以下罚款:(二)阻碍国家机关工作人员依法执行职务的;”

(六)伪造、变造、买卖公文、证件、证明文件、印章

《中华人民共和国治安管理处罚法》第五十二条第一项规

定:"有下列行为之一的,处 10 日以上 15 日以下拘留,可以并处 1 000 元以下罚款;情节较轻的,处 5 日以上 10 日以下拘留,可以并处 500 元以下罚款:(一)伪造、变造或者买卖国家机关、人民团体、企业、事业单位或者其他组织的公文、证件、证明文件、印章的;"

(七)买卖、使用伪造、变造的公文、证件、证明文件

《中华人民共和国治安管理处罚法》第五十二条第二项规定:"有下列行为之一的,处 10 日以上 15 日以下拘留,可以并处 1 000 元以下罚款;情节较轻的,处 5 日以上 10 日以下拘留,可以并处 500 元以下罚款:(二)买卖或者使用伪造、变造的国家机关、人民团体、企业、事业单位或者其他组织的公文、证件、证明文件的;"

(八)驾船擅自进入、停靠国家管制的水域、岛屿

《中华人民共和国治安管理处罚法》第五十三条规定:"船舶擅自进入、停靠国家禁止、限制进入的水域或者岛屿的,对船舶负责人及其有关责任人员处 500 元以上 1 000 元以下罚款;情节严重的,处 5 日以下拘留,并处 500 元以上 1 000 元以下罚款。"

(九)隐藏、转移、变卖、损毁依法扣押、查封、冻结的财物

《中华人民共和国治安管理处罚法》第六十条第一项规定:"有下列行为之一的,处 5 日以上 10 日以下拘留,并处 200 元以上 500 元以下罚款:(一)隐藏、转移、变卖或者损毁行政执法机关依法扣押、查封、冻结的财物的;"

(十)伪造、隐匿、毁灭证据

《中华人民共和国治安管理处罚法》第六十条第二项规定:"有下列行为之一的,处 5 日以上 10 日以下拘留,并处 200 元以上 500 元以下罚款:(二)伪造、隐匿、毁灭证据或者提供虚假证言、谎报案情,影响行政执法机关依法办案的;"

根据《中华人民共和国治安管理处罚法》的规定,治安管理

工作由公安机关负责。公路管理机构在依法查处公路违法行为过程中,发现违法事实的情节、违法事实造成的后果等,根据《中华人民共和国治安管理处罚法》的规定,涉嫌构成违反治安管理行为的,及时移送公安机关处理或将有关信息及时通知公安机关。

二、关于构成犯罪行为的刑事责任

对于哪些行为构成犯罪行为,总的判断原则是,犯罪行为一般具有两个特征:一是具有社会危害性;二是具有依法应受惩罚性,要严格按照《中华人民共和国刑法》规定的犯罪的主体、客体、主观行为、客观行为要件进行判断。《条例》涉及的需要追究刑事责任的犯罪主要有:

(一)以危险方式危害公共安全罪

《中华人民共和国刑法》第一百一十四条规定:"放火、决水、爆炸以及投放毒害性、放射性、传染病病原体等物质或者以其他危险方法危害公共安全,尚未造成严重后果的,处3年以上10年以下有期徒刑。"第一百一十五条规定:"放火、决水、爆炸以及投放毒害性、放射性、传染病病原体等物质或者以其他危险方法致人重伤、死亡或者使公私财产遭受重大损失的,处10年以上有期徒刑、无期徒刑或者死刑。过失犯前款罪的,处3年以上7年以下有期徒刑;情节较轻的,处3年以下有期徒刑或者拘役。"

(二)破坏交通设施罪

《中华人民共和国刑法》第一百一十七条规定:"破坏轨道、桥梁、隧道、公路、机场、航道、灯塔、标志或者进行其他破坏活动,足以使火车、汽车、电车、船只、航空器发生倾覆、毁坏危险,尚未造成严重后果的,处3年以上10年以下有期徒刑。"第一百一十九条规定:"破坏交通工具、交通设施、电力设备、燃气设备、易燃易爆设备,造成严重后果的,处10年以上有期徒刑、无期徒刑或者死刑。过失犯前款罪的,处3年以上7年以下有期徒刑;情节较轻的,处3年以下有期徒刑或者拘役。”

(三)交通肇事罪

《中华人民共和国刑法》第一百三十三条第一款规定:“违反交通运输管理法规,因而发生重大事故,致人重伤、死亡或者使公私财产遭受重大损失的,处3年以下有期徒刑或者拘役;交通运输肇事后逃逸或者有其他特别恶劣情节的,处3年以上7年以下有期徒刑;因逃逸致人死亡的,处7年以上有期徒刑。”

(四)生产、销售不符合安全标准的产品罪

《中华人民共和国刑法》第一百四十六条规定:“生产不符合保障人身、财产安全的国家标准、行业标准的电器、压力容器、易燃易爆产品或者其他不符合保障人身、财产安全的国家标准、行业标准的产品,或者销售明知是以上不符合保障人身、财产安全的国家标准、行业标准的产品,造成严重后果的,处5年以下有期徒刑,并处销售金额50%以上2倍以下罚金;后果特别严重的,处5年以上有期徒刑,并处销售金额50%以上2倍以下罚金。”第一百四十六条规定的生产、销售不符合安全标准的产品罪,实际上对车辆生产、销售提出了要求,车辆作为从事公路运输的特殊产品,其生产不仅要符合有关安全标准,还应当符合其他强制性技术规范。近些年,一些车辆生产、改装厂家受利益驱动,迎合市场,普遍将小车改大,或者将大车小标,一批明显违反国家规定的超大超重车辆在公路上挂牌行驶,使超限运输呈规模化,不仅加剧了道路运输市场的无序竞争,破坏了正常的社会经济秩序,同时极易引发交通安全事故,严重危及人民群众的生命财产安全,对违反第一百四十六条规定,构成犯罪的,应当追究相关刑事责任。

(五)妨害公务罪

《中华人民共和国刑法》第二百七十七条第一款规定:“以

暴力、威胁方法阻碍国家机关工作人员依法执行职务的,处3年以下有期徒刑、拘役、管制或者罚金。”

(六)伪造、变造、买卖国家机关公文、证件、印章罪

《中华人民共和国刑法》第二百八十条第一款规定:“伪造、变造、买卖或者盗窃、抢夺、毁灭国家机关的公文、证件、印章的,处3年以下有期徒刑、拘役、管制或者剥夺政治权利;情节严重的,处3年以上10年以下有期徒刑。”在公路方面,本条主要适用于伪造、变造、买卖超限运输车辆通行证等国家机关公文、证件等行为。

(七)滥用职权罪和玩忽职守罪

《中华人民共和国刑法》第三百九十七条规定:“国家机关工作人员滥用职权或者玩忽职守,致使公共财产、国家和人民群众利益遭受重大损失的,处3年以下有期徒刑或者拘役;情节特别严重的,处3年以上7年以下有期徒刑。本法另有规定的,依照规定。国家机关工作人员徇私舞弊,犯前款罪的,处5年以下有期徒刑或者拘役;情节特别严重的,处5年以上10年以下有期徒刑。本法另有规定的,依照规定。”

违反《条例》的规定,构成犯罪的,由公安机关或者司法机关依法追究刑事责任。同时,公路管理机构在依法查处违法行为过程中,发现违法事实的情节、违法事实造成的后果等,根据《中华人民共和国刑法》以及相关司法解释的规定,涉嫌构成犯罪,依法需要追究刑事责任的,应当按照《行政执法机关移送涉嫌犯罪案件的规定》及时移送司法机关处理,不得以行政处罚代替刑事处罚。

第六章　附　　则

【本章提要】附则，是附在法律、法规、规章最后部分的规则，是法的整体中作为总则和分则辅助性内容而存在的一个组成部分，一般不对实质性内容作出规定，即不规定权利和义务。从立法实践看，附则通常包括：一是法律、法规、规章中的用语解释，对专用术语进行必要的解释，可以使有关规定更加明确，便于法律、法规、规章的实施；二是法律、法规、规章适用范围的补充性规定，适用范围多数放在总则中，但也可将适用范围的补充性规定放在附则中；三是有关授权立法的规定，主要是为了增强法律、法规、规章的可操作性，或者为了规范与该法律、法规、规章规定事项有关的某一特定事项，授予特定的机关制定实施细则性、单行性法规或者规章的权力；四是有关解释权的规定，即明确规定有权解释该法律、法规、规章的机关；五是有关生效日期的规定；六是与其他有关法律、法规、规章的关系的规定，如明确废止其他有关法律、法规、规章，或者明确规定其他有关法律、法规、规章与该法律、法规、规章的规定不一致的，以该法律、法规、规章的规定为准。需要说明的是，上述内容并非在每部法律、法规、规章中都必须具备的规定，而是根据具体情况和立法需要，有选择地予以规定。因此，每部法律、法规、规章的情况不一，附则规定的内容也不尽一致。

本章共三条，分别对村道、专用公路保护工作以及军事运输使用公路的法律适用和《条例》生效日期作了规定。

第七十五条　村道的管理和养护工作，由乡级人民政府参照本条例的规定执行。

专用公路的保护不适用本条例。

【释义】　本条是关于村道及专用公路保护工作的法律适用的规定。

一、村道的管理和养护工作由乡级人民政府参照《条例》的规定执行

（一）村道是全国公路网的有机组成部分

《条例》所称村道，是指直接为农民群众生产、生活服务，不属于乡道及以上公路的建制村与建制村之间和建制村与外部联络的主要公路，包括建制村之间的主要连接线，建制村与乡道及以上公路的主要连接线，建制村所辖区域内已建成通车并达到四级及以上技术标准的公路。

2003 年以来，根据党中央、国务院关于建设社会主义新农村的战略部署，交通运输部提出了“修好农村路，服务城镇化，让农民兄弟走上油路和水泥路”的建设目标，各级人民政府加大资金投入，村道建设得到全面快速发展。截止到 2011 年底，全国村道总里程达到 196.4 万公里。村道交通条件的改善，让广大农民群众亲身感受到改革开放带来的成果，对加强农村产业结构调整、发展现代农业和增加农民收入，发挥了重要作用，成为农民群众直接受益的“民心工程”。但受到当时的立法条件、公路交通的发展水平和认知能力所限，1998 年 1 月 1 日施行的《公路法》未将村道纳入调整范围。随着近年来村道通车里程的迅速增长，村道保护需求与保护能力之间的矛盾愈显突出，如管理养护主体不明确、养护资金缺少稳定渠道、养护机制缺乏活力等，一定程度上制约了村道的健康持续发展。

2005 年 9 月 29 日，国务院办公厅印发了《农村公路管理养护体制改革方案》(国办发〔2005〕49 号),规定村道与乡道、县道同属农村公路范畴,是全国公路网的有机组成部分,是农村重要的公益性基础设施,要求进一步加强管理和养护。改革方案主要从以下方面对包括村道在内的农村公路管理体制改革提出了具体要求:

一是明确职责,建立健全以县为主的农村公路管理养护体制。农村公路原则上以县级人民政府为主负责管理养护工作,省级人民政府主要负责组织筹集农村公路养护资金,监督农村公路管理养护工作。各省、自治区、直辖市人民政府可结合当地实际,对有关地方政府及其交通运输主管部门管理养护农村公路的具体职责作出规定。省级人民政府交通运输主管部门负责制订本地区农村公路建设规划,编制下达农村公路养护计划,监督检查养护计划执行情况和养护质量,统筹安排和监管农村公路养护资金,指导、监督农村公路管理工作。县级人民政府是本地区农村公路管理养护的责任主体,其交通运输主管部门具体负责管理养护工作。主要职责是:负责组织实施农村公路建设规划,编制农村公路养护建议性计划,筹集和管理农村公路养护资金,监督公路管理机构的管理养护工作,检查养护质量,组织协调乡镇人民政府做好农村公路及其设施的保护工作。县级人民政府交通运输主管部门所属的公路管理机构具体承担农村公路的日常管理和养护工作,拟订公路养护建议计划并按照批准的计划组织实施,组织养护工程的招投标和发包工作,对养护质量进行检查验收,负责公路路政管理和路权路产保护。县级人民政府交通运输主管部门没有设立专门的公路管理机构的,可委托省级或市级公路管理机构的派出(直属)机构承担具体管理工作,不宜另设机构。乡镇人民政府有关农村公路管理、养护、保护以及养护资金筹措等方面的具体职责,由县级人民政府结合当地实际确定。经济条件比较好的乡镇要积极投入力量,共同做好农村公路管理养护工作。

二是建立稳定的农村公路养护资金渠道,加强资金使用管理。公路养路费(包括汽车养路费、拖拉机养路费和摩托车养路费)应主要用于公路养护,首先保证公路达到规定的养护质量标准,并确保一定比例用于农村公路养护,如有节余,再安排公路建设。具体按以下原则掌握:公路养路费总收入(扣除合理的征收成本及交警费用)用于公路养护(含大中修、小修保养及其他管理养护)的资金比例不得低于80%。要采取有效措施降低人员经费支出,缓解公路养护资金紧张状况。省级人民政府交通运输主管部门每年在统筹安排汽车养路费时,用于农村公路养护工程的资金水平不得低于以下标准:县道每年每公里7 000元,乡道每年每公里3 500元,村道每年每公里1 000元。目前实际高于上述标准的,要维持现标准,不得降低。市、县交通运输主管部门征收的拖拉机养路费、摩托车养路费实行收支两条线管理,原则上全部用于农村公路养护,由省级人民政府交通运输主管部门核定用于农村公路养护的基数。地方各级人民政府应根据农村公路养护的实际需要,统筹本级财政预算,安排必要的财政资金,保证农村公路正常养护。对一些特殊困难地区,中央财政要加大转移支付力度,增强这些地区的财政保障能力。随着农村公路里程的增加和地方财力的增长,用于农村公路养护的财政资金要逐步增加。加强农村公路养护资金的管理和监督。农村公路养护资金统一由省级人民政府交通运输主管部门根据农村公路养护计划,综合平衡,统筹安排,专款专用。除市、县两级财政资金和拖拉机养路费、摩托车养路费外,其余资金全部由省级人民政府交通运输主管部门根据农村公路养护计划拨付县级人民政府交通运输主管部门;市、县两级财政资金由相应的财政部门拨付县级人民政府交通运输主管部门;农村公路养护资金纳入国库集中支付改革范围的,按照国库集中支付的有关规定办理。县级农村公路养护专项资金由县级人民政府交通运输主管部门按养护计划用于辖区内农村公路的养护,接受财政部门的监管。审计部门要定期对农村公路养护资金使用情况进行审计。

三是实行管养分离,推进公路养护市场化。在对公路管理机构科学定岗和核定管理人员的基础上,逐步剥离各级交通运输主管部门及其公路管理机构中的养护工程单位,将直接从事大中修等养护工程的人员和相关资产进行重组,成立公路养护公司,通过招投标方式获得公路养护权。公路养护公司实行自负盈亏,与职工依法签订劳动合同,按企业用工制度进行管理。所有等级公路的大中修等养护工程向社会开放,逐步采取向社会公开招投标的方式,择优选定养护作业单位,鼓励具备资质条件的公路养护公司跨地区参与公路养护工程竞争。逐步取消养护包干费,全面实行养护工程费制度,养护工程费由公路管理机构按照养护定额和养护工程量核定,依照养护合同拨付,充分发挥资金使用效益。对等级较低、自然条件特殊等难以通过市场化运作进行养护作业的农村公路,可实行干线支线搭配,建设、改造和养护一体化招标,也可以采取个人(农户)分段承包等方式进行养护。

四是完善配套措施,确保改革平稳进行。抓紧制订和完善农村公路养护技术政策、技术规范和养护管理办法。交通运输部要针对农村公路管理养护的特点和规律,研究制订指导性意见。省级人民政府交通运输主管部门要对本地区农村公路养护成本进行测算,建立公路养护数据库,制订符合本地实际的农村公路管理养护制度、技术规范、养护定额、质量评定标准和验收标准。市、县交通运输主管部门也要建立相应的数据库,制订具体的管理制度和办法。各省、自治区、直辖市人民政府要加强对本地区农村公路管理养护体制改革工作的领导,按照改革的总体要求和基本原则,紧密结合当地实际,制订具体的实施方案,并报交通运输部、国家发展和改革委员会备案。交通运输部、国家发展和改革委员会要加强对各地改革工作的指导,地方各级交通运输主管部门和公路管理机构要认真组织落实改革方案,并做好职工的思想政治工作,确保改革的顺利进行。

为稳步推进农村公路管理养护体制改革并巩固阶段性成果,使村道保护工作有法可依,《条例》首次在行政法规层面上确立了村道的法律地位,即公路按照其在公路路网中的地位分为国道、省道、县道、乡道和村道。

(二)村道的管理和养护主体是乡级人民政府

乡级人民政府应当在上级人民政府及其交通运输主管部门的指导、帮助下,做好本行政区域内村道的管理和养护工作。这与《农村公路管理养护体制改革方案》要求建立健全以县为主的农村公路管理养护体制并不矛盾。县级人民政府仍然是本地区包括村道在内的农村公路管理养护的责任主体,负责筹集和管理农村公路养护资金,组织、协调交通运输主管部门、乡镇人民政府依职责做好农村公路及其设施的保护工作。经济条件比较好的乡镇要积极投入力量,共同做好农村公路管理养护工作。

(三)村道的管理和养护工作参照《条例》的规定执行

《条例》第三十四条规定:"县级人民政府交通运输主管部门或者乡级人民政府可以根据保护乡道、村道的需要,在乡道、村道的出入口设置必要的限高、限宽设施,但是不得影响消防和卫生急救等应急通行需要,不得向通行车辆收费。"这是《条例》对乡级人民政府关于村道保护职责的直接规定,乡级人民政府应当积极履行此项职责。《条例》关于公路保护的其他条文规定,由乡级人民政府在村道的管理和养护工作中,根据当地实际情况参照执行。

二、专用公路的保护工作不适用《条例》

专用公路,是指由企业或者其他单位建设、养护和管理,专为或者主要为本企业或者本单位提供运输服务的道路,包括矿山企业的矿区专用道路、森林企业的林区专用道路、国防科研基地的专用道路等。

截止到2011年底，全国专用公路里程为6.9万公里。但专用公路不属于公路范畴，其保护工作不适用《条例》。需要强调的是，专用公路通常与公路相连，需要与公路网规划相衔接，《公路法》分别就编制专用公路规划以及专用公路改划为社会公路的问题作了规定；除此之外，《公路法》其他条文均不适用于专用公路。

（一）《公路法》关于编制专用公路规划以及专用公路规划与公路规划之间关系的规定

根据《公路法》第十五条规定，专用公路规划由专用公路的主管单位编制，经其上级主管部门审定后，报县级以上人民政府交通运输主管部门审核。专用公路规划应当与公路规划相协调。县级以上人民政府交通运输主管部门发现专用公路规划与国道、省道、县道、乡道规划有不协调的地方，应当提出修改意见，专用公路主管部门和单位应当作出相应的修改。

（二）《公路法》关于专用公路改变使用性质划为省道、县道或者乡道的规定

根据《公路法》第十九条规定，国家鼓励专用公路用于社会公共运输。专用公路主要用于社会公共运输时，由专用公路的主管单位申请，或者由有关方面申请，专用公路的主管单位同意，并经省、自治区、直辖市人民政府交通运输主管部门批准，可以改划为省道、县道或者乡道。

第七十六条　军事运输使用公路按照国务院、中央军事委员会的有关规定执行。

【释义】　本条是关于军事运输使用公路的规定。

军事运输，是指运用国家、军队和社会的交通运输设施、设备和运载工具，组织实施军事运输和交通保障的总称。与铁路、水路、航空等其他军事运输方式相比，公路军事运输具有覆盖范

围广、通达程度深、机动性能强的特点。新形式下部队执行多样化军事任务越来越多,军事运输使用公路的要求也越来越高,为保障战时军事运输和平时执行特殊军事运输任务的车辆安全、快速通行公路,本条作了特别规定,主要包括两层含义:

(一)军事运输使用公路应当遵守《中华人民共和国道路交通安全法》、《公路法》、《条例》等法律、法规的规定。上述法律、法规分别是我国道路交通安全管理领域和公路设施保护领域的根本法律制度,军事运输使用公路时,应当遵守相关规定。

(二)国务院、中央军事委员会对军事运输使用公路有特别规定的,应当优先适用国务院、中央军事委员会的有关规定。根据《中华人民共和国宪法》规定,中央军事委员会是国家机构的组成部分之一,有权行使部分国家权力。《中华人民共和国立法法》也已明确规定军事机关有权制定军事法规、军事规章。新中国成立以来,国务院、中央军事委员会加快了军事运输立法工作,初步建立了以《中华人民共和国国防法》为上位法的军事交通运输法律体系。在法规层面,主要有《军事交通运输条例》、《国防交通条例》、《民用运力国防动员条例》、《陆空军船艇条例》等。在规章层面,主要有《公路军事运输规则》、《铁路军事运输管理办法》、《水路军事运输管理办法》等。此外,还存在大量的政策文件。根据《中华人民共和国立法法》确立的"特别法优于一般法"原则[①],军事运输使用公路优先适用国务院、中央军事委员会的有关规定。

第七十七条　本条例自 2011 年 7 月 1 日起施行。1987 年 10 月 13 日国务院发布的《中华人民共和国公路管理条例》同时废止。

①《中华人民共和国立法法》第八十三条规定:同一机关制定的法律、行政法规、地方性法规、自治条例和单行条例、规章,特别规定与一般规定不一致的,适用特别规定;新的规定与旧的规定不一致的,适用新的规定。

【释义】　本条是关于《条例》生效日期及《中华人民共和国公路管理条例》废止日期的规定。

一、《条例》自2011年7月1日起施行

法律、法规、规章的生效日期，是指法律、法规、规章对其所调整的社会关系发生约束力的具体时间。生效日期的规定，是法律规范性文件的重要组成部分，是其产生社会规范功能的时间起点，关系到公民、法人、其他社会组织等社会主体从何时起可以按照法律、法规、规章规定享有权利并履行义务，影响着法律、法规、规章的实施和适用。《中华人民共和国立法法》第五十一条规定："法律应当明确规定施行日期"。《行政法规制定程序条例》第二十七条第二款规定："签署公布行政法规的国务院令载明该行政法规的施行日期"。因此，法律、法规、规章都必须明确规定其产生法律效力的具体日期。从我国立法实践看，关于法律、法规、规章的生效时间，其表述方式通常有以下三种模式：

（一）在法律条文中规定"本法（本条例、本办法）自某年某月某日起施行"。目前，绝大多数法律、法规、规章均采用这种模式，即法律、法规、规章公布之后间隔一段时间，才正式生效施行。一方面是为了在法律、法规、规章生效前，预留一定的时间，让社会各界更好地了解和熟知法律、法规、规章内容；另一方面也是为了实施法律、法规、规章做好组织、思想、制度以及物质条件等方面的相应准备，保证法律、法规、规章更好地实施。

（二）在法律条文中规定"本法（本条例、本办法）自公布之日起施行"。根据《行政法规制定程序条例》规定，涉及国家安全、外汇汇率、货币政策的确定以及公布后不立即施行将有碍行政法规施行的，可以自公布之日起施行，具体时间一般为国务院总理签署发布国务院令的时间，如《乳品质量安全监督管理条例》、《汶川地震灾后恢复重建条例》、《全国污染源普查条例》、

《突发公共卫生事件应急条例》、《安全生产许可证条例》、《国有土地上房屋征收与补偿条例》、《国家赔偿费用管理条例》等。

（三）法律、法规、规章公布后先予以试行或暂行，而后由立法部门加以补充完善，再通过为正式法律、法规、规章，公布施行，在试行期间也具有约束力。这是一种较为特殊的情况，在立法实践中并不多见，主要是考虑到某些有密切联系的法律、法规、规章之间的配套衔接问题。如《中华人民共和国企业破产法（试行）》（失效）第四十三条规定："本法自全民所有制工业企业法实施满三个月之日起试行，试行的具体部署和步骤由国务院规定。"

《条例》采用了上述第一种模式。2011 年 3 月 7 日，国务院总理温家宝签署国务院第 593 号令公布《条例》，自 2011 年 7 月 1 日起施行。《条例》的颁布日期与生效日期之间有 4 个月的时间间隔，主要是为了方便社会各界了解和熟悉本条例，同时也便于政府和相关部门充分做好贯彻实施的各项准备工作，包括对公路保护相关地方性法规、部门规章、地方政府规章及相关规范性文件进行清理，制定配套规章及规范性文件，组织学习、培训和宣传等。《条例》自 2011 年 7 月 1 日起生效以后，任何单位和个人都应当严格遵守，依法办事；各级人民政府及其有关部门特别是交通运输主管部门和公路管理机构应当认真、严格地执行《条例》，对于违反《条例》的行为，要依法予以惩罚，维护法律法规的权威和尊严。

二、《条例》不具有溯及力

所谓溯及力，又称溯及既往的效力，是指法律、法规、规章生效以后能否适用于生效以前的行为和事件。如果适用，就表明具有溯及力；如果不能适用，就表明没有溯及力。目前，世界各国采用的通例是从旧兼从轻的原则，即新法原则上不溯及既往，但是新法不认为犯罪或者处刑较轻的，适用新法。

根据《中华人民共和国立法法》第八十四条的规定，"法律、行政法规、地方性法规、自治条例和单行条例、规章不溯及既往，但为了更好地保护公民、法人和其他组织的权利和利益而作的特别规定除外”，我国法律、法规、规章也采用不溯及既往的原则，一般是没有溯及力的，如果有溯及力，在法律条文中应对此作出明确规定。《条例》对溯及力问题没有作出规定，表明《条例》没有溯及力，即《条例》施行以前的行为和事件，不能依据《条例》的规定进行处理。

三、《中华人民共和国公路管理条例》自 2011 年 7 月 1 日起废止

1987 年 10 月 13 日国务院发布的《中华人民共和国公路管理条例》，主要调整公路规划、建设、养护、通行费和养路费征收与稽查、路政管理等法律关系，从结构和内容上看，属于一部小型版的公路法，但与《公路法》相比，存在内容重复、陈旧等问题。特别是在成品油价格和税费改革后，国家取消了公路养路费等六项收费，并逐步有序取消了政府还贷二级公路收费，在此背景下，2008 年 12 月 27 日国务院发布第 543 号令，对《中华人民共和国公路管理条例》有关养路费征收的内容进行了修改，现行的《公路法》、《收费公路管理条例》和《公路安全保护条例》基本上可以涵盖《中华人民共和国公路管理条例》的所有内容。为优化公路法律体系，国务院在颁布《公路安全保护条例》时，明确规定《中华人民共和国公路管理条例》自 2011 年 7 月 1 日起废止。

附　　录

附录 1

中华人民共和国国务院令

第 593 号

《公路安全保护条例》已经 2011 年 2 月 16 日国务院第 144 次常务会议通过，现予公布，自 2011 年 7 月 1 日起施行。

总理　温家宝
二〇一一年三月七日

公路安全保护条例

第一章　总　　则

第一条　为了加强公路保护，保障公路完好、安全和畅通，根据《中华人民共和国公路法》，制定本条例。

第二条　各级人民政府应当加强对公路保护工作的领导，依法履行公路保护职责。

第三条　国务院交通运输主管部门主管全国公路保护

工作。

县级以上地方人民政府交通运输主管部门主管本行政区域的公路保护工作;但是,县级以上地方人民政府交通运输主管部门对国道、省道的保护职责,由省、自治区、直辖市人民政府确定。

公路管理机构依照本条例的规定具体负责公路保护的监督管理工作。

第四条 县级以上各级人民政府发展改革、工业和信息化、公安、工商、质检等部门按照职责分工,依法开展公路保护的相关工作。

第五条 县级以上各级人民政府应当将政府及其有关部门从事公路管理、养护所需经费以及公路管理机构行使公路行政管理职能所需经费纳入本级人民政府财政预算。但是,专用公路的公路保护经费除外。

第六条 县级以上各级人民政府交通运输主管部门应当综合考虑国家有关车辆技术标准、公路使用状况等因素,逐步提高公路建设、管理和养护水平,努力满足国民经济和社会发展以及人民群众生产、生活需要。

第七条 县级以上各级人民政府交通运输主管部门应当依照《中华人民共和国突发事件应对法》的规定,制定地震、泥石流、雨雪冰冻灾害等损毁公路的突发事件(以下简称公路突发事件)应急预案,报本级人民政府批准后实施。

公路管理机构、公路经营企业应当根据交通运输主管部门制定的公路突发事件应急预案,组建应急队伍,并定期组织应急演练。

第八条 国家建立健全公路突发事件应急物资储备保障制度,完善应急物资储备、调配体系,确保发生公路突发事件时能够满足应急处置工作的需要。

第九条 任何单位和个人不得破坏、损坏、非法占用或者非法利用公路、公路用地和公路附属设施。

第二章　公路线路

第十条　公路管理机构应当建立健全公路管理档案，对公路、公路用地和公路附属设施调查核实、登记造册。

第十一条　县级以上地方人民政府应当根据保障公路运行安全和节约用地的原则以及公路发展的需要，组织交通运输、国土资源等部门划定公路建筑控制区的范围。

公路建筑控制区的范围，从公路用地外缘起向外的距离标准为：

（一）国道不少于20米；

（二）省道不少于15米；

（三）县道不少于10米；

（四）乡道不少于5米。

属于高速公路的，公路建筑控制区的范围从公路用地外缘起向外的距离标准不少于30米。

公路弯道内侧、互通立交以及平面交叉道口的建筑控制区范围根据安全视距等要求确定。

第十二条　新建、改建公路的建筑控制区的范围，应当自公路初步设计批准之日起30日内，由公路沿线县级以上地方人民政府依照本条例划定并公告。

公路建筑控制区与铁路线路安全保护区、航道保护范围、河道管理范围或者水工程管理和保护范围重叠的，经公路管理机构和铁路管理机构、航道管理机构、水行政主管部门或者流域管理机构协商后划定。

第十三条　在公路建筑控制区内，除公路保护需要外，禁止修建建筑物和地面构筑物；公路建筑控制区划定前已经合法修建的不得扩建，因公路建设或者保障公路运行安全等原因需要拆除的应当依法给予补偿。

在公路建筑控制区外修建的建筑物、地面构筑物以及其他设施不得遮挡公路标志,不得妨碍安全视距。

第十四条 新建村镇、开发区、学校和货物集散地、大型商业网点、农贸市场等公共场所,与公路建筑控制区边界外缘的距离应当符合下列标准,并尽可能在公路一侧建设:

(一)国道、省道不少于50米;

(二)县道、乡道不少于20米。

第十五条 新建、改建公路与既有城市道路、铁路、通信等线路交叉或者新建、改建城市道路、铁路、通信等线路与既有公路交叉的,建设费用由新建、改建单位承担;城市道路、铁路、通信等线路的管理部门、单位或者公路管理机构要求提高既有建设标准而增加的费用,由提出要求的部门或者单位承担。

需要改变既有公路与城市道路、铁路、通信等线路交叉方式的,按照公平合理的原则分担建设费用。

第十六条 禁止将公路作为检验车辆制动性能的试车场地。

禁止在公路、公路用地范围内摆摊设点、堆放物品、倾倒垃圾、设置障碍、挖沟引水、打场晒粮、种植作物、放养牲畜、采石、取土、采空作业、焚烧物品、利用公路边沟排放污物或者进行其他损坏、污染公路和影响公路畅通的行为。

第十七条 禁止在下列范围内从事采矿、采石、取土、爆破作业等危及公路、公路桥梁、公路隧道、公路渡口安全的活动:

(一)国道、省道、县道的公路用地外缘起向外100米,乡道的公路用地外缘起向外50米;

(二)公路渡口和中型以上公路桥梁周围200米;

(三)公路隧道上方和洞口外100米。

在前款规定的范围内,因抢险、防汛需要修筑堤坝、压缩或者拓宽河床的,应当经省、自治区、直辖市人民政府交通运输主管部门会同水行政主管部门或者流域管理机构批准,并采取安全防护措施方可进行。

第十八条 除按照国家有关规定设立的为车辆补充燃料的场所、设施外,禁止在下列范围内设立生产、储存、销售易燃、易爆、剧毒、放射性等危险物品的场所、设施:

(一)公路用地外缘起向外100米;

(二)公路渡口和中型以上公路桥梁周围200米;

(三)公路隧道上方和洞口外100米。

第十九条 禁止擅自在中型以上公路桥梁跨越的河道上下游各1 000米范围内抽取地下水、架设浮桥以及修建其他危及公路桥梁安全的设施。

在前款规定的范围内,确需进行抽取地下水、架设浮桥等活动的,应当经水行政主管部门、流域管理机构等有关单位会同公路管理机构批准,并采取安全防护措施方可进行。

第二十条 禁止在公路桥梁跨越的河道上下游的下列范围内采砂:

(一)特大型公路桥梁跨越的河道上游500米,下游3 000米;

(二)大型公路桥梁跨越的河道上游500米,下游2 000米;

(三)中小型公路桥梁跨越的河道上游500米,下游1 000米。

第二十一条 在公路桥梁跨越的河道上下游各500米范围内依法进行疏浚作业的,应当符合公路桥梁安全要求,经公路管理机构确认安全方可作业。

第二十二条 禁止利用公路桥梁进行牵拉、吊装等危及公路桥梁安全的施工作业。

禁止利用公路桥梁(含桥下空间)、公路隧道、涵洞堆放物品,搭建设施以及铺设高压电线和输送易燃、易爆或者其他有毒有害气体、液体的管道。

第二十三条 公路桥梁跨越航道的,建设单位应当按照国家有关规定设置桥梁航标、桥柱标、桥梁水尺标，并按照国家标准、行业标准设置桥区水上航标和桥墩防撞装置。桥区水上航标由航标管理机构负责维护。

通过公路桥梁的船舶应当符合公路桥梁通航净空要求，严格遵守航行规则，不得在公路桥梁下停泊或者系缆。

第二十四条 重要的公路桥梁和公路隧道按照《中华人民共和国人民武装警察法》和国务院、中央军委的有关规定由中国人民武装警察部队守护。

第二十五条 禁止损坏、擅自移动、涂改、遮挡公路附属设施或者利用公路附属设施架设管道、悬挂物品。

第二十六条 禁止破坏公路、公路用地范围内的绿化物。需要更新采伐护路林的，应当向公路管理机构提出申请，经批准方可更新采伐，并及时补种；不能及时补种的，应当交纳补种所需费用，由公路管理机构代为补种。

第二十七条 进行下列涉路施工活动，建设单位应当向公路管理机构提出申请：

（一）因修建铁路、机场、供电、水利、通信等建设工程需要占用、挖掘公路、公路用地或者使公路改线；

（二）跨越、穿越公路修建桥梁、渡槽或者架设、埋设管道、电缆等设施；

（三）在公路用地范围内架设、埋设管道、电缆等设施；

（四）利用公路桥梁、公路隧道、涵洞铺设电缆等设施；

（五）利用跨越公路的设施悬挂非公路标志；

（六）在公路上增设或者改造平面交叉道口；

（七）在公路建筑控制区内埋设管道、电缆等设施。

第二十八条 申请进行涉路施工活动的建设单位应当向公路管理机构提交下列材料：

（一）符合有关技术标准、规范要求的设计和施工方案；

（二）保障公路、公路附属设施质量和安全的技术评价报告；

（三）处置施工险情和意外事故的应急方案。

公路管理机构应当自受理申请之日起20日内作出许可或者不予许可的决定；影响交通安全的，应当征得公安机关交通管理部门的同意；涉及经营性公路的，应当征求公路经营企业的意见；不予许可的，公路管理机构应当书面通知申请人并说明理由。

第二十九条 建设单位应当按照许可的设计和施工方案进行施工作业，并落实保障公路、公路附属设施质量和安全的防护措施。

涉路施工完毕，公路管理机构应当对公路、公路附属设施是否达到规定的技术标准以及施工是否符合保障公路、公路附属设施质量和安全的要求进行验收；影响交通安全的，还应当经公安机关交通管理部门验收。

涉路工程设施的所有人、管理人应当加强维护和管理，确保工程设施不影响公路的完好、安全和畅通。

第三章 公路通行

第三十条 车辆的外廓尺寸、轴荷和总质量应当符合国家有关车辆外廓尺寸、轴荷、质量限值等机动车安全技术标准，不符合标准的不得生产、销售。

第三十一条 公安机关交通管理部门办理车辆登记，应当当场查验，对不符合机动车国家安全技术标准的车辆不予登记。

第三十二条 运输不可解体物品需要改装车辆的，应当由具有相应资质的车辆生产企业按照规定的车型和技术参数进行改装。

第三十三条 超过公路、公路桥梁、公路隧道限载、限高、限宽、限长标准的车辆，不得在公路、公路桥梁或者公路隧道行驶；超过汽车渡船限载、限高、限宽、限长标准的车辆，不得使用汽车渡船。

公路、公路桥梁、公路隧道限载、限高、限宽、限长标准调整的，公路管理机构、公路经营企业应当及时变更限载、限高、限宽、限长标志；需要绕行的，还应当标明绕行路线。

第三十四条 县级人民政府交通运输主管部门或者乡级人民政府可以根据保护乡道、村道的需要，在乡道、村道的出入口设置必要的限高、限宽设施，但是不得影响消防和卫生急救等应急通行需要，不得向通行车辆收费。

第三十五条 车辆载运不可解体物品，车货总体的外廓尺寸或者总质量超过公路、公路桥梁、公路隧道的限载、限高、限宽、限长标准，确需在公路、公路桥梁、公路隧道行驶的，从事运输的单位和个人应当向公路管理机构申请公路超限运输许可。

第三十六条 申请公路超限运输许可按照下列规定办理：

（一）跨省、自治区、直辖市进行超限运输的，向公路沿线各省、自治区、直辖市公路管理机构提出申请，由起运地省、自治区、直辖市公路管理机构统一受理，并协调公路沿线各省、自治区、直辖市公路管理机构对超限运输申请进行审批，必要时可以由国务院交通运输主管部门统一协调处理；

（二）在省、自治区范围内跨设区的市进行超限运输，或者在直辖市范围内跨区、县进行超限运输的，向省、自治区、直辖市公路管理机构提出申请，由省、自治区、直辖市公路管理机构受理并审批；

（三）在设区的市范围内跨区、县进行超限运输的，向设区的市公路管理机构提出申请，由设区的市公路管理机构受理并审批；

（四）在区、县范围内进行超限运输的，向区、县公路管理机构提出申请，由区、县公路管理机构受理并审批。

公路超限运输影响交通安全的，公路管理机构在审批超限运输申请时，应当征求公安机关交通管理部门意见。

第三十七条 公路管理机构审批超限运输申请，应当根据实际情况勘测通行路线，需要采取加固、改造措施的，可以与申请人签订有关协议，制定相应的加固、改造方案。

公路管理机构应当根据其制定的加固、改造方案，对通行的公路桥梁、涵洞等设施进行加固、改造；必要时应当对超限运输车辆进行监管。

第三十八条 公路管理机构批准超限运输申请的，应当为超限运输车辆配发国务院交通运输主管部门规定式样的超限运输车辆通行证。

经批准进行超限运输的车辆，应当随车携带超限运输车辆通行证，按照指定的时间、路线和速度行驶，并悬挂明显标志。

禁止租借、转让超限运输车辆通行证。禁止使用伪造、变造的超限运输车辆通行证。

第三十九条 经省、自治区、直辖市人民政府批准，有关交通运输主管部门可以设立固定超限检测站点，配备必要的设备和人员。

固定超限检测站点应当规范执法，并公布监督电话。公路管理机构应当加强对固定超限检测站点的管理。

第四十条 公路管理机构在监督检查中发现车辆超过公路、公路桥梁、公路隧道或者汽车渡船的限载、限高、限宽、限长标准的，应当就近引导至固定超限检测站点进行处理。

车辆应当按照超限检测指示标志或者公路管理机构监督检查人员的指挥接受超限检测，不得故意堵塞固定超限检测站点通行车道、强行通过固定超限检测站点或者以其他方式扰乱超限检测秩序，不得采取短途驳载等方式逃避超限检测。

禁止通过引路绕行等方式为不符合国家有关载运标准的车辆逃避超限检测提供便利。

第四十一条 煤炭、水泥等货物集散地以及货运站等场所的经营人、管理人应当采取有效措施，防止不符合国家有关载运标准的车辆出场(站)。

道路运输管理机构应当加强对煤炭、水泥等货物集散地以及货运站等场所的监督检查，制止不符合国家有关载运标准的车辆出场（站）。

任何单位和个人不得指使、强令车辆驾驶人超限运输货物，不得阻碍道路运输管理机构依法进行监督检查。

第四十二条 载运易燃、易爆、剧毒、放射性等危险物品的车辆，应当符合国家有关安全管理规定，并避免通过特大型公路桥梁或者特长公路隧道；确需通过特大型公路桥梁或者特长公路隧道的，负责审批易燃、易爆、剧毒、放射性等危险物品运输许可的机关应当提前将行驶时间、路线通知特大型公路桥梁或者特长公路隧道的管理单位，并对在特大型公路桥梁或者特长公路隧道行驶的车辆进行现场监管。

第四十三条 车辆应当规范装载，装载物不得触地拖行。车辆装载物易掉落、遗洒或者飘散的，应当采取厢式密闭等有效防护措施方可在公路上行驶。

公路上行驶车辆的装载物掉落、遗洒或者飘散的，车辆驾驶人、押运人员应当及时采取措施处理；无法处理的，应当在掉落、遗洒或者飘散物来车方向适当距离外设置警示标志，并迅速报告公路管理机构或者公安机关交通管理部门。其他人员发现公路上有影响交通安全的障碍物的，也应当及时报告公路管理机构或者公安机关交通管理部门。公安机关交通管理部门应当责令改正车辆装载物掉落、遗洒、飘散等违法行为；公路管理机构、公路经营企业应当及时清除掉落、遗洒、飘散在公路上的障碍物。

车辆装载物掉落、遗洒、飘散后，车辆驾驶人、押运人员未及时采取措施处理，造成他人人身、财产损害的，道路运输企业、车辆驾驶人应当依法承担赔偿责任。

第四章 公路养护

第四十四条 公路管理机构、公路经营企业应当加强公路养护,保证公路经常处于良好技术状态。

前款所称良好技术状态,是指公路自身的物理状态符合有关技术标准的要求,包括路面平整,路肩、边坡平顺,有关设施完好。

第四十五条 公路养护应当按照国务院交通运输主管部门规定的技术规范和操作规程实施作业。

第四十六条 从事公路养护作业的单位应当具备下列资质条件:

(一)有一定数量的符合要求的技术人员;

(二)有与公路养护作业相适应的技术设备;

(三)有与公路养护作业相适应的作业经历;

(四)国务院交通运输主管部门规定的其他条件。

公路养护作业单位资质管理办法由国务院交通运输主管部门另行制定。

第四十七条 公路管理机构、公路经营企业应当按照国务院交通运输主管部门的规定对公路进行巡查,并制作巡查记录;发现公路坍塌、坑槽、隆起等损毁的,应当及时设置警示标志,并采取措施修复。

公安机关交通管理部门发现公路坍塌、坑槽、隆起等损毁,危及交通安全的,应当及时采取措施,疏导交通,并通知公路管理机构或者公路经营企业。

其他人员发现公路坍塌、坑槽、隆起等损毁的,应当及时向公路管理机构、公安机关交通管理部门报告。

第四十八条 公路管理机构、公路经营企业应当定期对公路、公路桥梁、公路隧道进行检测和评定,保证其技术状态符合有关技术标准;对经检测发现不符合车辆通行安全要求的,应当进行维修,及时向社会公告,并通知公安机关交通管理部门。

第四十九条 公路管理机构、公路经营企业应当定期检查公路隧道的排水、通风、照明、监控、报警、消防、救助等设施,保持设施处于完好状态。

第五十条 公路管理机构应当统筹安排公路养护作业计划，避免集中进行公路养护作业造成交通堵塞。

在省、自治区、直辖市交界区域进行公路养护作业，可能造成交通堵塞的，有关公路管理机构、公安机关交通管理部门应当事先书面通报相邻的省、自治区、直辖市公路管理机构、公安机关交通管理部门，共同制定疏导预案，确定分流路线。

第五十一条 公路养护作业需要封闭公路的，或者占用半幅公路进行作业，作业路段长度在2公里以上，并且作业期限超过30日的，除紧急情况外，公路养护作业单位应当在作业开始之日前5日向社会公告，明确绕行路线，并在绕行处设置标志；不能绕行的，应当修建临时道路。

第五十二条 公路养护作业人员作业时，应当穿着统一的安全标志服。公路养护车辆、机械设备作业时，应当设置明显的作业标志，开启危险报警闪光灯。

第五十三条 发生公路突发事件影响通行的，公路管理机构、公路经营企业应当及时修复公路、恢复通行。设区的市级以上人民政府交通运输主管部门应当根据修复公路、恢复通行的需要，及时调集抢修力量，统筹安排有关作业计划，下达路网调度指令，配合有关部门组织绕行、分流。

设区的市级以上公路管理机构应当按照国务院交通运输主管部门的规定收集、汇总公路损毁、公路交通流量等信息，开展公路突发事件的监测、预报和预警工作，并利用多种方式及时向社会发布有关公路运行信息。

第五十四条 中国人民武装警察交通部队按照国家有关规定承担公路、公路桥梁、公路隧道等设施的抢修任务。

第五十五条 公路永久性停止使用的，应当按照国务院交通运输主管部门规定的程序核准后作报废处理，并向社会公告。

公路报废后的土地使用管理依照有关土地管理的法律、行政法规执行。

第五章　法律责任

第五十六条　违反本条例的规定，有下列情形之一的，由公路管理机构责令限期拆除，可以处5万元以下的罚款。逾期不拆除的，由公路管理机构拆除，有关费用由违法行为人承担：

（一）在公路建筑控制区内修建、扩建建筑物、地面构筑物或者未经许可埋设管道、电缆等设施的；

（二）在公路建筑控制区外修建的建筑物、地面构筑物以及其他设施遮挡公路标志或者妨碍安全视距的。

第五十七条　违反本条例第十八条、第十九条、第二十三条规定的，由安全生产监督管理部门、水行政主管部门、流域管理机构、海事管理机构等有关单位依法处理。

第五十八条　违反本条例第二十条规定的，由水行政主管部门或者流域管理机构责令改正，可以处3万元以下的罚款。

第五十九条　违反本条例第二十二条规定的，由公路管理机构责令改正，处2万元以上10万元以下的罚款。

第六十条　违反本条例的规定，有下列行为之一的，由公路管理机构责令改正，可以处3万元以下的罚款：

（一）损坏、擅自移动、涂改、遮挡公路附属设施或者利用公路附属设施架设管道、悬挂物品，可能危及公路安全的；

（二）涉路工程设施影响公路完好、安全和畅通的。

第六十一条　违反本条例的规定，未经批准更新采伐护路林的，由公路管理机构责令补种，没收违法所得，并处采伐林木价值3倍以上5倍以下的罚款。

第六十二条　违反本条例的规定，未经许可进行本条例第二十七条第一项至第五项规定的涉路施工活动的，由公路管理机构责令改正，可以处3万元以下的罚款；未经许可进行本条例第二十七条第六项规定的涉路施工活动的，由公路管理机构责令改正，处5万元以下的罚款。

第六十三条 违反本条例的规定，非法生产、销售外廓尺寸、轴荷、总质量不符合国家有关车辆外廓尺寸、轴荷、质量限值等机动车安全技术标准的车辆的，依照《中华人民共和国道路交通安全法》的有关规定处罚。

具有国家规定资质的车辆生产企业未按照规定车型和技术参数改装车辆的，由原发证机关责令改正，处4万元以上20万元以下的罚款；拒不改正的，吊销其资质证书。

第六十四条 违反本条例的规定，在公路上行驶的车辆，车货总体的外廓尺寸、轴荷或者总质量超过公路、公路桥梁、公路隧道、汽车渡船限定标准的，由公路管理机构责令改正，可以处3万元以下的罚款。

第六十五条 违反本条例的规定，经批准进行超限运输的车辆，未按照指定时间、路线和速度行驶的，由公路管理机构或者公安机关交通管理部门责令改正；拒不改正的，公路管理机构或者公安机关交通管理部门可以扣留车辆。

未随车携带超限运输车辆通行证的，由公路管理机构扣留车辆，责令车辆驾驶人提供超限运输车辆通行证或者相应的证明。

租借、转让超限运输车辆通行证的，由公路管理机构没收超限运输车辆通行证，处1 000元以上5 000元以下的罚款。使用伪造、变造的超限运输车辆通行证的，由公路管理机构没收伪造、变造的超限运输车辆通行证，处3万元以下的罚款。

第六十六条 对1年内违法超限运输超过3次的货运车辆，由道路运输管理机构吊销其车辆营运证；对1年内违法超限运输超过3次的货运车辆驾驶人，由道路运输管理机构责令其停止从事营业性运输；道路运输企业1年内违法超限运输的货运车辆超过本单位货运车辆总数10%的，由道路运输管理机构责令道路运输企业停业整顿；情节严重的，吊销其道路运输经营许可证,并向社会公告。

第六十七条 违反本条例的规定,有下列行为之一的,由公路管理机构强制拖离或者扣留车辆,处3万元以下的罚款:

(一)采取故意堵塞固定超限检测站点通行车道、强行通过固定超限检测站点等方式扰乱超限检测秩序的;

(二)采取短途驳载等方式逃避超限检测的。

第六十八条 违反本条例的规定,指使、强令车辆驾驶人超限运输货物的,由道路运输管理机构责令改正,处3万元以下的罚款。

第六十九条 车辆装载物触地拖行、掉落、遗洒或者飘散,造成公路路面损坏、污染的,由公路管理机构责令改正,处5 000元以下的罚款。

第七十条 违反本条例的规定,公路养护作业单位未按照国务院交通运输主管部门规定的技术规范和操作规程进行公路养护作业的,由公路管理机构责令改正,处1万元以上5万元以下的罚款;拒不改正的,吊销其资质证书。

第七十一条 造成公路、公路附属设施损坏的单位和个人应当立即报告公路管理机构,接受公路管理机构的现场调查处理;危及交通安全的,还应当设置警示标志或者采取其他安全防护措施,并迅速报告公安机关交通管理部门。

发生交通事故造成公路、公路附属设施损坏的,公安机关交通管理部门在处理交通事故时应当及时通知有关公路管理机构到场调查处理。

第七十二条 造成公路、公路附属设施损坏,拒不接受公路管理机构现场调查处理的,公路管理机构可以扣留车辆、工具。

公路管理机构扣留车辆、工具的,应当当场出具凭证,并告知当事人在规定期限内到公路管理机构接受处理。逾期不接受处理,并且经公告3个月仍不来接受处理的,对扣留的车辆、工具,由公路管理机构依法处理。

公路管理机构对被扣留的车辆、工具应当妥善保管，不得使用。

第七十三条 违反本条例的规定，公路管理机构工作人员有下列行为之一的，依法给予处分：

（一）违法实施行政许可的；

（二）违反规定拦截、检查正常行驶的车辆的；

（三）未及时采取措施处理公路坍塌、坑槽、隆起等损毁的；

（四）违法扣留车辆、工具或者使用依法扣留的车辆、工具的；

（五）有其他玩忽职守、徇私舞弊、滥用职权行为的。

公路管理机构有前款所列行为之一的，对负有直接责任的主管人员和其他直接责任人员依法给予处分。

第七十四条 违反本条例的规定，构成违反治安管理行为的，由公安机关依法给予治安管理处罚；构成犯罪的，依法追究刑事责任。

第六章 附 则

第七十五条 村道的管理和养护工作，由乡级人民政府参照本条例的规定执行。

专用公路的保护不适用本条例。

第七十六条 军事运输使用公路按照国务院、中央军事委员会的有关规定执行。

第七十七条 本条例自 2011 年 7 月 1 日起施行。1987 年 10 月 13 日国务院发布的《中华人民共和国公路管理条例》同时废止。

附录 2

中华人民共和国公路法

（1997 年 7 月 3 日第八届全国人民代表大会常务委员会第二十六次会议通过　根据 1999 年 10 月 31 日第九届全国人民代表大会常务委员会第十二次会议《关于修改〈中华人民共和国公路法〉的决定》第一次修正　根据 2004 年 8 月 28 日第十届全国人民代表大会常务委员会第十一次会议《关于修改〈中华人民共和国公路法〉的决定》第二次修正）

第一章　总　　则

第一条　为了加强公路的建设和管理，促进公路事业的发展，适应社会主义现代化建设和人民生活的需要，制定本法。

第二条　在中华人民共和国境内从事公路的规划、建设、养护、经营、使用和管理，适用本法。

本法所称公路，包括公路桥梁、公路隧道和公路渡口。

第三条　公路的发展应当遵循全面规划、合理布局、确保质量、保障畅通、保护环境、建设改造与养护并重的原则。

第四条　各级人民政府应当采取有力措施，扶持、促进公路建设。公路建设应当纳入国民经济和社会发展计划。

国家鼓励、引导国内外经济组织依法投资建设、经营公路。

第五条　国家帮助和扶持少数民族地区、边远地区和贫困地区发展公路建设。

第六条　公路按其在公路路网中的地位分为国道、省道、县道和乡道,并按技术等级分为高速公路、一级公路、二级公路、三级公路和四级公路。具体划分标准由国务院交通主管部门规定。

新建公路应当符合技术等级的要求。原有不符合最低技术等级要求的等外公路,应当采取措施,逐步改造为符合技术等级要求的公路。

第七条 公路受国家保护,任何单位和个人不得破坏、损坏或者非法占用公路、公路用地及公路附属设施。

任何单位和个人都有爱护公路、公路用地及公路附属设施的义务,有权检举和控告破坏、损坏公路、公路用地、公路附属设施和影响公路安全的行为。

第八条 国务院交通主管部门主管全国公路工作。

县级以上地方人民政府交通主管部门主管本行政区域内的公路工作;但是,县级以上地方人民政府交通主管部门对国道、省道的管理、监督职责,由省、自治区、直辖市人民政府确定。

乡、民族乡、镇人民政府负责本行政区域内的乡道的建设和养护工作。

县级以上地方人民政府交通主管部门可以决定由公路管理机构依照本法规定行使公路行政管理职责。

第九条 禁止任何单位和个人在公路上非法设卡、收费、罚款和拦截车辆。

第十条 国家鼓励公路工作方面的科学技术研究,对在公路科学技术研究和应用方面作出显著成绩的单位和个人给予奖励。

第十一条 本法对专用公路有规定的,适用于专用公路。

专用公路是指由企业或者其他单位建设、养护、管理,专为或者主要为本企业或者本单位提供运输服务的道路。

第二章　公路规划

第十二条　公路规划应当根据国民经济和社会发展以及国防建设的需要编制，与城市建设发展规划和其他方式的交通运输发展规划相协调。

第十三条　公路建设用地规划应当符合土地利用总体规划，当年建设用地应当纳入年度建设用地计划。

第十四条　国道规划由国务院交通主管部门会同国务院有关部门并商国道沿线省、自治区、直辖市人民政府编制，报国务院批准。

省道规划由省、自治区、直辖市人民政府交通主管部门会同同级有关部门并商省道沿线下一级人民政府编制，报省、自治区、直辖市人民政府批准，并报国务院交通主管部门备案。

县道规划由县级人民政府交通主管部门会同同级有关部门编制，经本级人民政府审定后，报上一级人民政府批准。

乡道规划由县级人民政府交通主管部门协助乡、民族乡、镇人民政府编制，报县级人民政府批准。

依照第三款、第四款规定批准的县道、乡道规划，应当报批准机关的上一级人民政府交通主管部门备案。

省道规划应当与国道规划相协调。县道规划应当与省道规划相协调。乡道规划应当与县道规划相协调。

第十五条　专用公路规划由专用公路的主管单位编制，经其上级主管部门审定后，报县级以上人民政府交通主管部门审核。

专用公路规划应当与公路规划相协调。县级以上人民政府交通主管部门发现专用公路规划与国道、省道、县道、乡道规划有不协调的地方，应当提出修改意见，专用公路主管部门和单位应当作出相应的修改。

第十六条　国道规划的局部调整由原编制机关决定。国道规划需要作重大修改的，由原编制机关提出修改方案，报国务院批准。

经批准的省道、县道、乡道公路规划需要修改的，由原编制机关提出修改方案，报原批准机关批准。

第十七条 国道的命名和编号，由国务院交通主管部门确定；省道、县道、乡道的命名和编号，由省、自治区、直辖市人民政府交通主管部门按照国务院交通主管部门的有关规定确定。

第十八条 规划和新建村镇、开发区，应当与公路保持规定的距离并避免在公路两侧对应进行，防止造成公路街道化，影响公路的运行安全与畅通。

第十九条 国家鼓励专用公路用于社会公共运输。专用公路主要用于社会公共运输时，由专用公路的主管单位申请，或者由有关方面申请，专用公路的主单位同意，并经省、自治区、直辖市人民政府交通主管部门批准，可以改划为省道、县道或者乡道。

第三章 公路建设

第二十条 县级以上人民政府交通主管部门应当依据职责维护公路建设秩序，加强对公路建设的监督管理。

第二十一条 筹集公路建设资金，除各级人民政府的财政拨款，包括依法征税筹集的公路建设专项资金转为的财政拨款外，可以依法向国内外金融机构或外国政府贷款。

国家鼓励国内外经济组织对公路建设进行投资。开发、经营公路的公司可以依照法律、行政法规的规定发行股票、公司债券筹集资金。

依照本法规定出让公路收费权的收入必须用于公路建设。

向企业和个人集资建设公路，必须根据需要与可能，坚持自愿原则，不得强行摊派，并符合国务院的有关规定。

公路建设资金还可以采取符合法律或者国务院规定的其他

方式筹集。

第二十二条 公路建设应当按照国家规定的基本建设程序和有关规定进行。

第二十三条 公路建设项目应当按照国家有关规定实行法人负责制度、招标投标制度和工程监理制度。

第二十四条 公路建设单位应当根据公路建设工程的特点和技术要求,选择具有相应资格的勘查设计单位、施工单位和工程监理单位,并依照有关法律、法规、规章的规定和公路工程技术标准的要求,分别签订合同,明确双方的权利义务。

承担公路建设项目的可行性研究单位、勘查设计单位、施工单位和工程监理单位,必须持有国家规定的资质证书。

第二十五条 公路建设项目的施工,须按国务院交通主管部门的规定报请县级以上地方人民政府交通主管部门批准。

第二十六条 公路建设必须符合公路工程技术标准。

承担公路建设项目的设计单位、施工单位和工程监理单位,应当按照国家有关规定建立健全质量保证体系,落实岗位责任制,并依照有关法律、法规、规章以及公路工程技术标准的要求和合同约定进行设计、施工和监理,保证公路工程质量。

第二十七条 公路建设使用土地依照有关法律、行政法规的规定办理。

公路建设应当贯彻切实保护耕地、节约用地的原则。

第二十八条 公路建设需要使用国有荒山、荒地或者需要在国有荒山、荒地、河滩、滩涂上挖砂、采石、取土的,依照有关法律、行政法规的规定办理后任何单位和个人不得阻挠或者非法收取费用。

第二十九条 地方各级人民政府对公路建设依法使用土地和搬迁居民,应当给予支持和协助。

第三十条 公路建设项目的设计和施工,应当符合依法保护环境、保护文物古迹和防止水土流失的要求。

公路规划中贯彻国防要求的公路建设项目,应当严格按照规划进行建设,以保证国防交通的需要。

第三十一条 因建设公路影响铁路、水利、电力、邮电设施和其他设施正常使用时,公路建设单位应当事先征得有关部门的同意;因公路建设对有关设施成损坏的,公路建设单位应当按照不低于该设施原有的技术标准予以修复,或者给予相应的经济补偿。

第三十二条 改建公路时,施工单位应当在施工路段两端设置明显的施工标志、安全标志。需要车辆绕行的,应当在绕行路口设置标志;不能绕行的,必修建临时道路,保证车辆和行人通行。

第三十三条 公路建设项目和公路修复项目竣工后,应当按照国家有关规定进行验收;未经验收或者验收不合格的,不得交付使用。

建成的公路,应当按照国务院交通主管部门的规定设置明显的标志、标线。

第三十四条 县级以上地方人民政府应当确定公路两侧边沟(截水沟、坡脚护坡道,下同)外缘起不少于1米的公路用地。

第四章 公路养护

第三十五条 公路管理机构应当按照国务院交通主管部门规定的技术规范和操作规程对公路进行养护,保证公路经常处于良好的技术状态。

第三十六条 国家采用依法征税的办法筹集公路养护资金,具体实施办法和步骤由国务院规定。

依法征税筹集的公路养护资金,必须专项用于公路的养护和改建。

第三十七条 县、乡级人民政府对公路养护需要的挖砂、采石、取土以及取水,应当给予支持和协助。

第三十八条 县、乡级人民政府应当在农村义务工的范围内，按照国家有关规定组织公路两侧的农村居民履行为公路建设和养护提供劳务的义务。

第三十九条 为保障公路养护人员的人身安全，公路养护人员进行养护作业时，应当穿着统一的安全标志服；利用车辆进行养护作业时，应当在公路作业车辆上设置明显的作业标志。

公路养护车辆进行作业时，在不影响过往车辆通行的前提下，其行驶路线和方向不受公路标志、标线限制；过往车辆对公路养护车辆和人员应当注意避让。

公路养护工程施工影响车辆、行人通行时，施工单位应当依照本法第三十二条的规定办理。

第四十条 因严重自然灾害致使国道、省道交通中断，公路管理机构应当及时修复；公路管理机构难以及时修复时，县级以上地方人民政府应当及时组织当地机关、团体、企业事业单位、城乡居民进行抢修，并可以请求当地驻军支援，尽快恢复交通。

第四十一条 公路用地范围内的山坡、荒地，由公路管理机构负责水土保持。

第四十二条 公路绿化工作，由公路管理机构按照公路工程技术标准组织实施。

公路用地上的树木，不得任意砍伐；需要更新砍伐的，应当经县级以上地方人民政府交通主管部门同意后，依照《中华人民共和国森林法》的规定办理审批手续，并完成更新补种任务。

第五章 路政管理

第四十三条 各级地方人民政府应当采取措施，加强对公路的保护。

县级以上地方人民政府交通主管部门应当认真履行职责，依法做好公路保护工作，并努力采用科学的管理方法和先进的技术手段，提高公路管理水平，逐步完善公路服务设施，保障公路的完好、安全和畅通。

第四十四条 任何单位和个人不得擅自占用、挖掘公路。

因修建铁路、机场、电站、通信设施、水利工程和进行其他建设工程需要占用、挖掘公路或者使公路改线的，建设单位应当事先征得有关交通主管部门的同意；影响交通安全的，还须征得有关公安机关的同意。占用、挖掘公路或者使公路改线的，建设单位应当按照不低于该段公路原有的技术标准予以修复、改建或者给予相应的经济补偿。

第四十五条 跨越、穿越公路修建桥梁、渡槽或者架设、埋设管线等设施的，以及在公路用地范围内架设、埋设管线、电缆等设施的，应当事先经有关交通主管部门同意，影响交通安全的，还须征得有关公安机关的同意；所修建、架设或者埋的设施应当符合公路工程技术标准的要求。对公路造成损坏的，应当按照损坏程度给予补偿。

第四十六条 任何单位和个人不得在公路上及公路用地范围内摆摊设点、堆放物品、倾倒垃圾、设置障碍、挖沟引水、利用公路边沟排放污物或者进行其他损坏、污染公路和影响公路畅通的活动。

第四十七条 在大中型公路桥梁和渡口周围200米、公路隧道上方和洞口外100米范围内，以及在公路两侧一定距离内，不得挖砂、采石、取土、倾倒废物，不得进行爆破作业及其他危及公路、公路桥梁、公路隧道、公路渡口安全的活动。

在前款范围内因抢险、防汛需要修筑堤坝、压缩或者拓宽河床的，应当事先报经省、自治区、直辖市人民政府交通主管部门会同水行政主管部门批准，并采取有效的保护有关的公路、公路桥梁、公路隧道、公路渡口安全的措施。

第四十八条 除农业机械因当地田间作业需要在公路上短距离行驶外，铁轮车、履带车和其他可能损害公路路面的机具，不得在公路上行驶。确需行驶的必须经县级以上地方人民政府交通主管部门同意，采取有效的防护措施，并按照公安机关指定的时间、路线行驶。对公路造成损坏的，应当按照损坏程度给予补偿。

第四十九条 在公路上行驶的车辆的轴载质量应当符合公路工程技术标准要求。

第五十条 超过公路、公路桥梁、公路隧道或者汽车渡船的限载、限高、限宽、限长标准的车辆，不得在有限定标准的公路、公路桥梁上或者公路隧道内行驶，不得使用汽车渡船。超过公路或者公路桥梁限载标准确需行驶的，必须经县级以上地方人民政府交通主管部门批准，并按要求采取有效的防护措施；运载不可解体的超限物品的，应当按照指定的时间、路线、时速行驶，并悬挂明显标志。

运输单位不能按照前款规定采取防护措施的，由交通主管部门帮助其采取防护措施，所需费用由运输单位承担。

第五十一条 机动车制造厂和其他单位不得将公路作为检验机动车制动性能的试车场地。

第五十二条 任何单位和个人不得损坏、擅自移动、涂改公路附属设施。

前款公路附属设施，是指为保护、养护公路和保障公路安全畅通所设置的公路防护、排水、养护、管理、服务、交通安全、渡运、监控、通信、收费等设施、设备以及专用建筑物、构筑物等。

第五十三条 造成公路损坏的，责任者应当及时报告公路管理机构，并接受公路管理机构的现场调查。

第五十四条 任何单位和个人未经县级以上地方人民政府交通主管部门批准，不得在公路用地范围内设置公路标志以外的其他标志。

第五十五条 在公路上增设平面交叉道口，必须按照国家有关规定经过批准，并按照国家规定的技术标准建设。

第五十六条 除公路防护、养护需要的以外，禁止在公路两侧的建筑控制区内修建建筑物和地面构筑物;需要在建筑控制区内埋设管线、电缆等设施的,当事先经县级以上地方人民政府交通主管部门批准。

前款规定的建筑控制区的范围,由县级以上地方人民政府按照保障公路运行安全和节约用地的原则,依照国务院的规定划定。

建筑控制区范围经县级以上地方人民政府依照前款规定划定后,由县级以上地方人民政府交通主管部门设置标桩、界桩。任何单位和个人不得损坏、擅自挪动该标桩、界桩。

第五十七条 除本法第四十七条第二款的规定外,本章规定由交通主管部门行使的路政管理职责,可以依照本法第八条第四款的规定,由公路管理机构行使。

第六章 收费公路

第五十八条 国家允许依法设立收费公路,同时对收费公路的数量进行控制。

除本法第五十九条规定可以收取车辆通行费的公路外,禁止任何公路收取车辆通行费。

第五十九条 符合国务院交通主管部门规定的技术等级和规模的下列公路,可以依法收取车辆通行费:

(一)由县级以上地方人民政府交通主管部门利用贷款或者向企业、个人集资建成的公路;

(二)由国内外经济组织依法受让前项收费公路收费权的公路;

(三)由国内外经济组织依法投资建成的公路。

第六十条 县级以上地方人民政府交通主管部门利用贷款或者集资建成的收费公路的收费期限,按照收费偿还贷款、集资款的原则,由省、自治区、直辖人民政府依照国务院交通主管部门的规定确定。

有偿转让公路收费权的公路,收费权转让后,由受让方收费经营。收费权的转让期限由出让、受让双方约定并报转让收费权的审批机关审查批准,但最长不得超过国务院规定的年限。

国内外经济组织投资建设公路,必须按照国家有关规定办理审批手续;公路建成后,由投资者收费经营。收费经营期限按照收回投资并有合理回报的原则,由有关交通主管部门与投资者约定并按照国家有关规定办理审批手续,但最长不得超过国务院规定的年限。

第六十一条 本法第五十九条第一款第一项规定的公路中的国道收费权的转让,必须经国务院交通主管部门批准;国道以外的其他公路收费权的转让,必经省、自治区、直辖市人民政府批准,并报国务院交通主管部门备案。

前款规定的公路收费权出让的最低成交价,以国有资产评估机构评估的价值为依据确定。

第六十二条 受让公路收费权和投资建设公路的国内外经济组织应当依法成立开发、经营公路的企业(以下简称公路经营企业)。

第六十三条 收费公路车辆通行费的收费标准,由公路收费单位提出方案,报省、自治区、直辖市人民政府交通主管部门会同同级物价行政主管部门审查批准。

第六十四条 收费公路设置车辆通行费的收费站,应当报经省、自治区、直辖市人民政府审查批准。跨省、自治区、直辖市的收费公路设置车辆通行费的费站,由有关省、自治区、直辖市人民政府协商确定;协商不成的,由国务院交通主管部门决定。同一收费公路由不同的交通主管部门组织建设或者由不同的公路经营企业经营的,应当按照"统一收费、按比例分成"的原则,统筹规划,合理设置收费站。

两个收费站之间的距离,不得小于国务院交通主管部门规定的标准。

第六十五条 有偿转让公路收费权的公路,转让收费权合同约定的期限届满,收费权由出让方收回。

由国内外经济组织依照本法规定投资建成并经营的收费公路,约定的经营期限届满,该公路由国家无偿收回,由有关交通主管部门管理。

第六十六条 依照本法第五十九条规定受让收费权或者由国内外经济组织投资建成经营的公路的养护工作,由各该公路经营企业负责。各该公路经营企业经营期间应当按照国务院交通主管部门规定的技术规范和操作规程做好对公路的养护工作。在受让收费权的期限届满,或者经营期限届满时,公路应当处于良好的技术状态。

前款规定的公路的绿化和公路用地范围内的水土保持工作,由各该公路经营企业负责。

第一款规定的公路的路政管理,适用本法第五章的规定。该公路路政管理的职责由县级以上地方人民政府交通主管部门或者公路管理机构的派出机构、人行使。

第六十七条 在收费公路上从事本法第四十四条第二款、第四十五条、第四十八条、第五十条所列活动的,除依照各该条的规定办理外,给公路经营企业造成损失的,应当给予相应的补偿。

第六十八条 收费公路的具体管理办法,由国务院依照本法制定。

第七章 监督检查

第六十九条 交通主管部门、公路管理机构依法对有关公路的法律、法规执行情况进行监督检查。

第七十条 交通主管部门、公路管理机构负有管理和保护公路的责任,有权检查、制止各种侵占、损坏公路、公路用地、公路附属设施及其他违反本法规定的行为。

第七十一条 公路监督检查人员依法在公路、建筑控制区、车辆停放场所、车辆所属单位等进行监督检查时,任何单位和个人不得阻挠。

公路经营者、使用者和其他有关单位、个人,应当接受公路监督检查人员依法实施的监督检查,并为其提供方便。

公路监督检查人员执行公务,应当佩戴标志,持证上岗。

第七十二条 交通主管部门、公路管理机构应当加强对所属公路监督检查人员的管理和教育,要求公路监督检查人员熟悉国家有关法律和规定,公正廉洁热情服务,秉公执法,对公路监督检查人员的执法行为应当加强监督检查,对其违法行为应当及时纠正,依法处理。

第七十三条 用于公路监督检查的专用车辆,应当设置统一的标志和示警灯。

第八章 法律责任

第七十四条 违反法律或者国务院有关规定,擅自在公路上设卡、收费的,由交通主管部门责令停止违法行为,没收违法所得,可以处违法所得 3 倍以下罚款,没有违法所得的,可以处 2 万元以下的罚款;对负有直接责任的主管人员和其他直接责任人员,依法给予行政处分。

第七十五条 违反本法第二十五条规定,未经有关交通主管部门批准擅自施工的,交通主管部门可以责令停止施工,并可以处 5 万元以下的罚款。

第七十六条 有下列违法行为之一的,由交通主管部门责令停止违法行为,可以处 3 万元以下的罚款:

(一)违反本法第四十四条第一款规定,擅自占用、挖掘公路的;

(二)违反本法第四十五条规定,未经同意或者未按照公路工程技术标准的要求修建桥梁、渡槽或者架设、埋设管线、电缆等设施的；

（三）违反本法第四十七条规定，从事危及公路安全的作业的；

（四）违反本法第四十八条规定，铁轮车、履带车和其他可能损害路面的机具擅自在公路上行驶的；

（五）违反本法第五十条规定，车辆超限使用汽车渡船或者在公路上擅自超限行驶的；

（六）违反本法第五十二条、第五十六条规定，损坏、移动、涂改公路附属设施或者损坏、挪动建筑控制区的标桩、界桩，可能危及公路安全的。

第七十七条 违反本法第四十六条的规定，造成公路路面损坏、污染或者影响公路畅通的，或者违反本法第五十一条规定，将公路作为试车场地的，由交通主管部门责令停止违法行为，可以处5 000元以下的罚款。

第七十八条 违反本法第五十三条规定，造成公路损坏，未报告的，由交通主管部门处1 000元以下的罚款。

第七十九条 违反本法第五十四条规定，在公路用地范围内设置公路标志以外的其他标志的，由交通主管部门责令限期拆除，可以处2万元以下的罚款；逾期不拆除的，由交通主管部门拆除，有关费用由设置者负担。

第八十条 违反本法第五十五条规定，未经批准在公路上增设平面交叉道口的，由交通主管部门责令恢复原状，处5万元以下的罚款。

第八十一条 违反本法第五十六条规定，在公路建筑控制区内修建建筑物、地面构筑物或者擅自埋设管线、电缆等设施的，由交通主管部门责令限期拆除并可以处5万元以下的罚款。逾期不拆除的，由交通主管部门拆除，有关费用由建筑者、构筑者承担。

第八十二条 除本法第七十四条、第七十五条的规定外，本章规定由交通主管部门行使的行政处罚权和行政措施,可以依照本法第八条第四款的规定由公路管理机构行使。

第八十三条 阻碍公路建设或者公路抢修,致使公路建设或者抢修不能正常进行,尚未造成严重损失的,依照治安管理处罚条例第十九条的规定处罚。

损毁公路或者擅自移动公路标志,可能影响交通安全,尚不够刑事处罚的,依照治安管理处罚条例第二十条的规定处罚。

拒绝、阻碍公路监督检查人员依法执行职务未使用暴力、威胁方法的,依照治安管理处罚条例第十九条的规定处罚。

第八十四条 违反本法有关规定,构成犯罪的,依法追究刑事责任。

第八十五条 违反本法有关规定,对公路造成损害的,应当依法承担民事责任。

对公路造成较大损害的车辆,必须立即停车,保护现场,报告公路管理机构,接受公路管理机构的调查、处理后方得驶离。

第八十六条 交通主管部门、公路管理机构的工作人员玩忽职守、徇私舞弊、滥用职权,构成犯罪的,依法追究刑事责任;尚不构成犯罪的,依法给予行政处分。

第九章 附　　则

第八十七条 本法自1998年1月1日起施行。